서기수 교수의
투자 강의 노트
주식과 부동산 투자전략

서기수

서기수 교수의
투자 강의 노트

주식과 부동산 투자전략

서기수

유원북스

PROLOGUE

필자는 1990년 2월에 한미은행이라는 곳에 입행했다. 당시에는 주식시장이 호황이어서 증권회사에 입사하고 2년 이내에 집을 못 사면 바보라는 소리를 들었을 정도였지만 나름 안정적이고 또한 외국계 은행과 합작은행이라는 점이 필자의 호기심을 자극했었던 듯싶다. 이후 여러 지점과 본점 부서에서 근무하다가 '재테크팀장'이라는 이름으로 은행권 최초로 '사이버PB'와 외부 활동을 병행하며 기업체 등 강의와 컬럼 기고 및 도서 출판을 위한 집필활동을 하면서 지금의 체력을 키웠다.

이후 거의 1년에 한 권 꼴로 책을 집필하고 1년에 수백회의 강의를 다니면서 항상 아쉬웠던 점이 내가 강의하는 내용을 하나의 교재로 통일화해서 활용하면 좋겠다는 생각이었다.

이러한 생각을 하게 된 이유는 대부분의 강의에서 저작권이나 필자의 무형재산이라는 자존감으로 교재를 제작하더라도 강의파일을 그대로 제공한 적이 없어서 항상 수강생들이 강의에서 집중하기보다 화면의 강의파일을 사진 찍기 바쁘고 담당자를 통해서 강의파일을 요청하는 사례가 빈번했기 때문이다.

이러한 고민을 하던 중 마침 유원북스의 대표님을 뵙고 상의를 하다가 아예 필자의 주식이나 금융상품, 부동산 등 투자와 관련된 강의파일을 교재화해서 책을 만들어보자는 의기투합이 이루어져 이렇게 귀한 결실을 맺게 되었다.

현재 필자는 서울 성북구 정릉에 있는 서경대학교 금융정보공학과 교수로 재직 중이다. 특정한 증권회사나 은행에서 근무하지도 않고 또 부동산 분양을 대행하거나 매물을 매도소개 시 수수료를 받는 상황도 아니다.

그만큼 객관적으로 독자의 입장에서 독자를 위한 조언과 정보를 제공할 수 있다는 의미이다. 본도서의 내용은 필자가 2022년 한 해 동안 서울시민대학과 강남구청, 성북구청 평생학습관 등에서 강의한 경제와 주식 정규과정 5주, 부동산 정규과정 5주간의 모든 강의교안을 정리했다. 아울러 추가로 강의에서 미처 하지 못했던 주식과 부동산 및 ETF나 ETN 등의 투자상품, 원자재 투자 등에 대한 조언을 함께 넣었다.

대형 서점이나 온라인 서점의 홈페이지를 방문해서 '경제경영' 파트의 '재테크'나 '투자' 등의 메뉴를 검색하면 수십 아니 수백 권의 책이 검색이 된다. 하루에도 수십 종의 신문, 잡지, 금융기관의 보고서, 블로그, 유튜브, 대고객 E-Mail 서비스 등을 통해서 투자와 재테크 정보가 공급되고 찾아볼 수 있다. 이제는 정보가 없어서 투자를 못해요...라는 말이 무안할 정도로 투자정보의 홍수 시대에 살고 있다.

이러한 시장 상황을 필자가 모를 리 있겠는가?

충분히 알고 있고 수백 권의 재테크나 투자관련 책들과 동급으로 바로 사라지는 책의 저자가 되기 싫어서 한동안 절필을 선언한 적도 있었다. 하지만 이제 학교에서 교수로 학생들과 함께하며, 그리고 객관적으로 금융상품이나 부동산 영업을 하지 않는 상황이 되어서 조심스레 다시 책이라는 매체를 빌미로 많은 분들에게 필자의 얕은 지식과 경험을 공유하고자 한다.

이 책의 장점은 위에서도 언급했듯이 필자의 실제 10회 분량의 투자 강의 교안을 펼쳐놓고 대화하듯이 작성했다. 또한 가장 현실적이고 바로 활용할 수 있는 내용을 위주로 작성했다. 그리고 어떤 과정에서 강의를 하더라도 수업교재로 삼을 만한 책으로 엮어보았다. 2022년의 세계적인 인플레이션 시대로 인한 각국이 경쟁적인 금리 인상과 원자재가격 상승으로 저금리, 저물가, 저성장의 시대에서 고금리, 고물가, 저성장의 시대로 접어들었다.

부동산 시장도 대출 금리의 인상으로 부동산 담보대출이나 갭투자를 한 투자자들이 점점 어려움을 겪고 있고 시장의 어두움이 짙어지고 있다.

이러한 시기에 이 책이 한 분의 독자에게라도 작은 희망을 주고 자산관리와 투자, 재테크... 어떤 표현을 쓰든 돈 관리에 있어서 방향성을 제시해주고 지침이 되는 곁에 두는 교과서 같은 역할을 했으면 하는 마음 간절하다.

지금부터 필자와 함께 거창하게 '부자'는 아니더라도 합리적이고 효율적인 투자의 성공을 맛보도록 하자. 마지막으로 노트북 화면에 스마트펜으로 직접 판서 작업을 하다 보니 익숙하지 않아 판서 글씨가 엉망인 점 너른 이해를 부탁드린다.

독자 여러분 모두의 가정의 행복을 기원하며 늘 같이 고민해드리겠다는 약속을 감히 드리며 투자수업 시작해보자.

2022년 12월 말 북한산이 보이는 성북구 정릉 학교 연구실에서

서 기 수

CONTENTS

CHAPTER

1

오리엔테이션

1. 큰 스승을 곁에 두자

한 해가 마무리되고 비시즌이 되면 프로야구의 각 구단들은 선수들과 연봉계약을 하고 FA(자유계약선수)자격을 취득한 다른 구단 선수를 데려오기도 하는 바쁜 시간을 보낸다. 하지만 이때 추운 겨울을 맞이하는 선수들이 있는데 바로 FA자격을 취득했지만 오라는 구단이 없거나 아예 구단에서 재계약 불가, 즉 방출통보를 받는 선수들이다. 수십 년간 야구선수로 지내다가 소속팀이 없어진다는 것은 일반인이 직장을 잃은 것 이상의 상실감과 실패의 느낌을 갖게 될 것이다. 이렇게 방출통보를 받는 경우는 크게 두 가지인데, 현역 선수로 뛰기에는 너무 나이가 많아서 앞으로 구단에서 선수로 역할을 하기가 어렵다고 보거나 나이는 젊은 편인데 2군에서도 성적이 나오지 않아 구단에 기여도가 전혀 없는 경우이다. 그런데 얼마 후 이렇게 기존 구단에서 방출된 선수가 1년 정도의 단기 계약으로 새로운 소속 구단을 찾는 기사를 보게 된다. 계약한 구단 입장에서는 아직까지 체력적으로 1년 정도는 문제가 없다고 보는 경우가 많지만 가끔은 구단의 신인선수들과 기존 선수들에게 무언가 자극과 경험을 심어주기 위해서 데려오는 경우도 있다.

한때는 좋은 성적을 거두면서 팬들도 많았던 선수지만 나이가 들면서 예전의 기량을 발휘하지는 못하는 경우에도 올림픽 등 국가대표 경험이나 우승 경험 또는 큰 대회, 중요한 경기에서의 경험들을 실전 경기가 아닌 훈련에서나 수시로 후배들에게 전수를 해달라는 취지이다.

이처럼 무엇을 달성하거나 이루고자 할 때 목표에 부합하는 분야의 성공사례나 귀감이 되는 본보기를 선정해서 참고하는 것이 시행착오를 줄이고 좀 더 목표 달성에 가까이 갈 수 있다고 보여진다.

자…우리는 지금 무엇을 목표로 하는가?

그것은 바로 투자를 통해서 남들보다 나은 수익률을 거두고 궁극적으로 재무적인 목표를 달성하는 것이라고 할 수 있다. 반드시 거창하게 '부자'까지는 아니더라도 상당한 자산을 만들어서 여유로운 미래를 만드는 것이 우리 모두의 공통된 목표일 것이다. 그렇다면 당연히 현재 대한민국의 부자들은 어떤 사람들이고 어떻게 투자를 하고 있고 어떤 투자에 관심이 많은가를 알고 접근하는 것이 목표 달성의 지름길이라고 할 수 있다.

그럼 우리의 롤모델이자 본보기는 일단 대한민국의 부자들이라고 보고 이들의 모습을 살펴보도록 하자.

대한민국 부자들의 모습 엿보기

KB금융지주 경영연구소에서 발간한 '2022년 한국 富者 보고서'에서 금융자산 10억 이상 보유한 개인인 '한국 부자'는 2021년 말 기준 42만 4천명으로 2020년 39만 3천명 대비 3만 1천명(8.0%)이 늘었고, 부자가 보유한 총 금융자산도 2021년 말 기준 2,883조원으로 전년 대비 10.1% 증가하며 증가세를 보였다. 2021년 한국 전체 인구에서 '한국 부자'가 차지하는 비중은 0.82%로, 2020년 대비 0.06%p 상승했고, 부자의 보유 총 금융자산은 한국은행이 발표한 한국 가계가 보유한 총 금융자산 4,924조원 중 58.5%를 차지했다. 그러니까 대한민국 국민 중 0.82%의 사람들이 전체 자산의 58.5%를 보유하고 있다는 의미이다.

한국 부자는 서울에 45.1%인 19만 1천명이 살고 있으며, 경기 9만 4천명, 부산 2만 9천명, 대구 1만 9천명, 인천 1만 3천명 순으로 살고 있다. 서울과 경기, 인천을 포함한 수도권에 한국 부자의 70.3%가 집중되어 있고, 수도권에서만 전년 대비 2만 2천명이 늘었다. 서울 내에서는 서초,

강남, 송파 등 강남 3구에 부자의 45.3%가 집중되어 있고, 전년 대비 5천 1백명의 부자가 늘었다.

한국 부자가 보유한 부동산자산은 2021년 말 기준 2,361조원으로 추정되며, 전년 대비 14.7% 증가했다. 2020년 전년 대비 증가율 18.6%에 이어 2년 연속 10%대였다. 이는 코로나19 팬데믹 시기에 지나친 양적완화정책과 저금리로 인한 시장의 유동성 증가로 인한 자산가격 급등에 기인한 것이지만 2022년 들어 인플레이션을 잡기 위한 금리인상이 이루어지면서 당분간 부동산 시장의 약세가 이어질 것으로 보여진다. 자세한 내용은 4장 부동산 투자수업에서 다시 알아보도록 하자.

2021년 부자 구분별 부동산자산 증가 추이를 살펴보면, 한국 부자 중 '자산가'의 부동산자산은 2020년 대비 2021년에 19.2% 늘어나며 최근 4년간 최대 증가율을 기록했고, '고자산가 이상 부자(고자산가 + 초고자산가)'의 부동산자산은 2020년에 전년 대비 33.5% 증가하며 가장 큰 폭으로 성장했다. 고자산가 이상 부자의 경우 보유한 부동산자산 중 법인명의 부동산자산 비중이 높아 2019년 대비 2020년에 부동산자산 증가율이 더 큰 것으로 해석된다.

앞에서 한국은행 국민대차대조표, 통계청 가계금융복지조사, 대법원 부동산 등기부등본 등의 데이터를 바탕으로 한국 부자가 보유한 총 금융자산은 2,115조원(부자가 소유한 법인 자산의 이중합산을 방지하기 위해 부자가 소유한 부동산 법인의 주식 규모인 768조원을 부자의 총 금융자산인 2,883조원에서 차감), 총 부동산자산은 2,361조원으로 추정했다. 한국 부자의 총자산 중 총 금융자산 비중은 41.2%, 총 부동산자산 비중은 52.8%이었다. 이는 기타자산 6%를 제외한 비중이다.

2022년 부자 가구의 총자산은 금융자산 비중 38.5%와 부동산자산 비중 56.5%로 구성됐다. 금융자산 비중과 부동산자산 비중은 부자 가구별

자산 비중의 중간값으로 보았다. 부자 가구의 총자산 중 부동산자산 비중은 부동산 가격 상승영향으로 2021년까지 증가하다 2022년 들어 소폭 감소하는 모습이다. 일반 가구의 총자산이 금융자산 비중 16.1%와 부동산자산 비중 79.5%로 구성된 것과 비교하면, 부자의 금융자산 비중은 일반 가구의 2.4배 수준이다.

한국 부자의 자산 세부 구성을 보면 거주용 부동산 비중이 27.5%로 가장 크다. 이어 '유동성 금융자산'(14.2%), '빌딩/상가'(10.8%), '거주용 외 주택'(10.8%), '예적금'(9.5%) 순이었다. 2021년 하반기 이후 금리상승 및 주택경기 냉각, 주식시장 침체 등의 영향으로 전년 대비 유동성 금융자산(+1.6%p)과 예적금(+1.4%p) 비중은 늘었다.

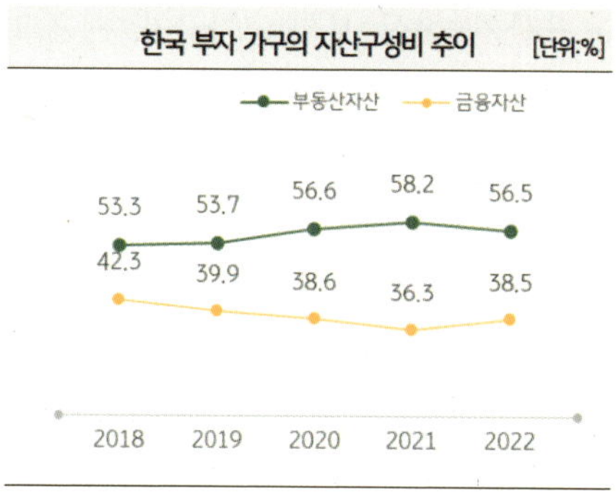

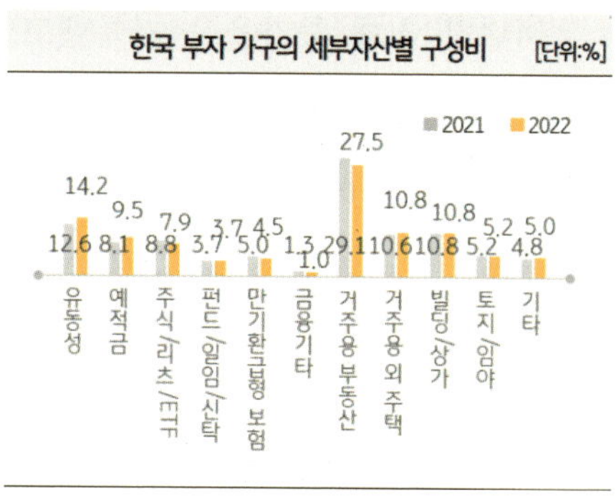

('2022 한국 부자 보고서' KB금융지주 경영연구소)

최근에 한국 부자들이 크게 관심을 두고 있는 자산관리 분야는 '국내 부동산 투자'(34.0%), '세무상담'(31.5%), '경제동향 정보수집'(30.0%)이었다. 올해 '세무상담'에 대한 관심이 늘어 2021년 3위였다가 2위로 한 단계 올라섰다. 투자 여건이 어려워지면서 수익 확대보다는 절세를 통한 관리에 관심이 증가한 때문으로 생각된다. '자산 포트폴리오 조정'에 대해서도 지난해에 비해 한 단계 상승했다. 2021년에 비해 순위의 차이가 큰 분야는 '은퇴/노후상담'으로 2021년 5위에서 올해는 7위로 두 단계 떨어졌다.

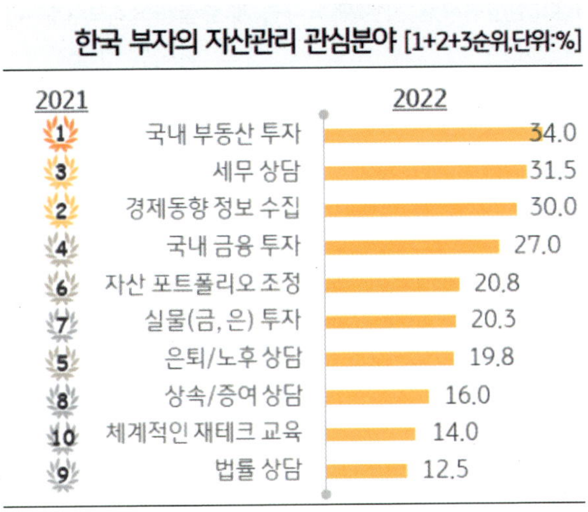

('2022 한국 부자 보고서' KB금융지주 경영연구소)

부자들은 미래에 발생이 예상되는 위험요인을 파악하고 나름대로의 대응방안도 잘 마련하고 있는 것으로 나타났다. 달러가치 상승이 예상되면 달러를 매수하고, 투자시장의 리스크를 검토해서 장기와 단기 투자를 명확하게 구분하고, 부동산 가격이 하락하면 오히려 기회로 보고 투자관심 부동산 지역이나 물건을 예의주시하고 있다. 아울러 정부의 정책변화를 관심 있게 보면서 향후 전망이나 투자가치 종목 발굴이 습관화가 되어있다.

필자에게 질문을 하는 유형도 달라서 일반인들은 주로 '현재'를 바라보는 관점에서의 질문유형이 많고 부자들은 '미래'의 예상에 대한 질문과 자산운용의 변화에 대한 질문이 많다.

삼성전자에 대한 2가지 유형 질문

1. 일반인: 교수님...삼성전자를 지금 매도하는 게 좋을까요? 보유할까요?

2. 부자: 교수님...삼성전자가 얼마까지 하락할까요? 바닥이 언제일까요?

아울러 다음 장에서 다루게 될 '경제'에 대한 흐름과 예상을 통해서 투자판단과 보유기간을 결정하게 된다.

이처럼 한국의 부자들의 모습에서 뚜렷한 투자의 철학과 항상 위험을 감안한 포트폴리오 조정활동, 향후 시장의 방향성을 예측하고 대비하는

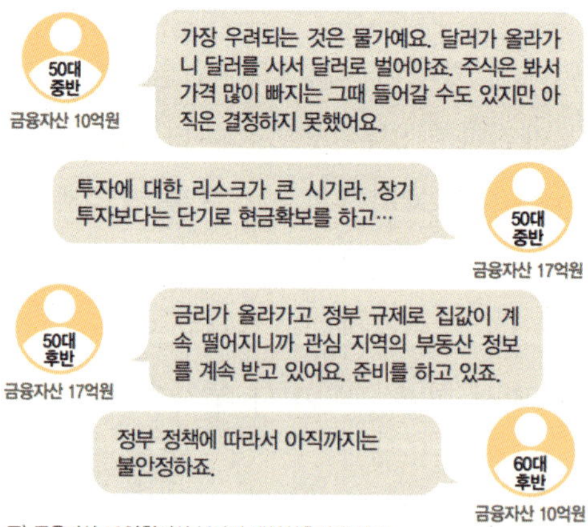

주) 금융자산 10억원이상 부자의 개인심층면접 결과

(KB금융지주경영구소 발간 '2022년 한국 부자보고서' 발췌)

습관을 알아보았다.

최근에는 다양한 채널을 통해서 정보를 얻거나 확인할 수 있다. 나와의 친분이나 직접적인 관계가 아니더라도 주변에 혹은 사회에 잘 알려진 부자 중에 따라 하고픈 부자나 성공한 케이스를 정해서 향후 나의 발전에 자극제로 삼도록 하자.

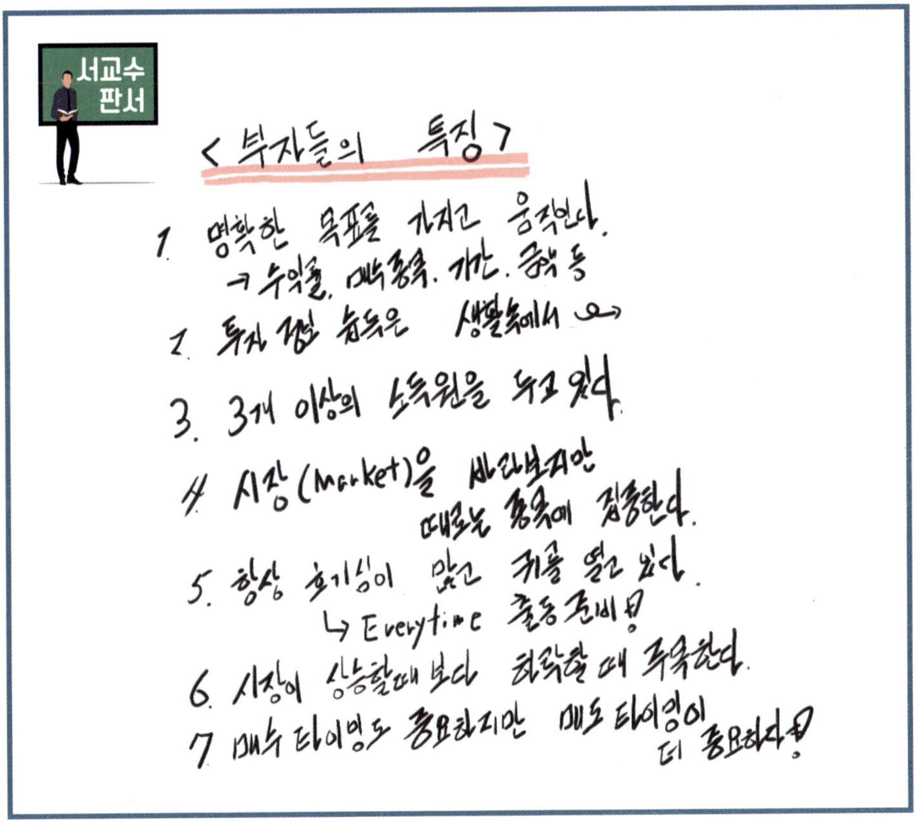

2. 내가 보기에도 내가 부자가 될 수 있겠는가?

솔직히 부자가 되는 방법을 모르는 사람이 있을까?

모두 알지만 실천이 어려울 뿐이다. 일단 최초로 종자돈을 만들어야 한다는 것을... 그리고 그 종자돈을 밑천으로 남들보다 훨씬 높은 수익률을 내는 투자를 하면 된다는 것을... 그 투자가 부동산이건 주식이건 가상화폐이건 어느 정도 수익을 내면 그만이다. 아니면 엄청난 수입을 낼 수 있는 사업을 하면 된다. 본인이 투자한 돈을 잃지 않고 사업을 크게 키워서 큰 재산을 만들면 된다.

이렇게 부자가 되는 방법을 누가 모르겠는가?

무수히 많은 영화나 드라마, 책 등 다양한 채널을 통해서 우리는 부자가 되는 모습을 봤고 실제로 그룹 회장님들이나 자산가들에 대한 뉴스나 소식을 얼마든지 주변에서 접하고 있다. 즉, 아무리 가난한 집안에서 태어났어도 부자가 되는 다양한 방법과 과정을 직·간접적으로 보고 듣고 학습하면서 알고 있다는 것이다.

그런데 왜 우리는 부자가 되지 못하는 것일까?

'에이... 그때는 경제개발이 진행되었고 국가 부흥기였기 때문에 뭐에 투자를 해도 돈을 많이 벌어 재산을 늘렸잖아요?'

'그 정도 고금리에 주가가 상승하는데 누가 돈을 못 모았겠어요?'

라고 볼멘소리를 할 수도 있다. 그렇다면 과연 여러분들이 그 시기에 태어났으면 모두 부자가 되었을까? 현재의 부자들처럼 그때 그렇게 사업을 하고 투자를 했었을까? 절대 그렇지 않았으리라...

그렇다면 지금 현재에도 많은 사람들이 높은 수익을 내고 돈을 벌고 모으고 자산을 늘려나가고 있는데 나는 무엇을 하고 있는가? 필자는 이 부분을 고민해보자는 것이다.

지금 당장 거울을 들여다보라!!

내가 보기에도 나 자신이 부자가 될 소질을 가지고 있는가? 아니면 그러한 자질이 없지만 나름 노력을 하고 있는가?

가끔 일반인 대상으로 강의를 하다보면 정말 간절히 부자가 되고 싶고 돈을 모으고 싶다고 하면서도 전혀 노력을 하지 않는 경우를 많이 보게 된다. 매일매일의 종합주가지수, 원달러 환율, 금값, 유가(WTI)의 흐름을 파악하고 있어야 하겠고, 최소한 하루에 3건 이상의 경제나 금융, 부동산 시장의 뉴스를 보는 것이 좋다. 아울러 당장 이사를 하거나 목돈이 없더라도 아파트를 분양하는 건설회사의 모델하우스(주택전시관)에 들러서 최근 인테리어나 단지 배치도를 보면서 미래의 내 집 마련과 부동산 투자의 꿈을 키워보도록 하자.

최소한 자신이 보기에도 부자는 고사하고 돈을 모으거나 투자나 재테크에 대해서 소질이 있거나 자질이 없다면 이 정도의 노력은 해야 하지 않을까?

*** 평소에 실천하는 투자의 달인되기 방법**

1. 매일 매일 코스피 지수 시황 확인
   (e.g.) 많이 올랐네? 왜 올랐지?
   엄청 하락했네? 왜 떨어졌지?
2. 매일 매일 원달러 환율, 금값, 유가(WTi) 가격 확인하기!
3. 하루에 경제, 금융, 부동산 기사 3건이상 읽는 습관
4. 아파트 모델하우스 수시로 방문하기
5. 나만의 관심 주식 종목, 부동산 지역 정하기 → 가격 흐름 꿰뚫고 있기!

3. 우리에게 항상 기회는 있다

지난 2022년은 유달리 투자시장이 어려웠다. 연초에 러시아의 우크라이나 침공과 2년 이상 이어지고 있는 코로나 바이러스(COVID-19)의 기세가 사라지지 않았고 나라별로 시행했었던 양적완화 정책의 영향으로 시장에 유동성이 넘쳐나면서 기록적인 인플레이션으로 인해서 물가상승이 하늘 높은 줄 모르고 진행되었다. 물론 미국을 중심으로 각국이 중앙은행의 기준금리 인상을 통해서 물가안정을 도모했지만 반대급부로 기업들의 대출이자 등의 부담감으로 전체적인 경제와 투자시장의 모습은 우울하기만 했었다.

그럼 2022년의 투자시장의 흐름을 통해서 앞으로의 기회를 엿보도록 하자.

2022년의 주식, 채권, 부동산, 금, 달러 등 투자수단 중 가장 높은 수익률을 올린 것은 의외로 달러로 나왔다. 대신증권에서 발표한 자료에 의하면 주식(한국 · 미국), 부동산, 금, 달러, 원자재, 채권, 예금, 가상화폐 등 주요 투자수단 중 2022년 초 대비해서 연말 가격이 상승한 것은 금, 달러, 원자재, 예금밖에 없었다고 한다. 나머지 투자수단들은 모두 손실을 봤다는 의미이다. 이는 위에서 언급한 2022년의 세계적인 지정학적, 정치적인 상황과 각국의 금리정책이 맞물려서 발생한 현상이라고 할 수 있겠다. 2022년 가격이 가장 많이 오른 것은 달러로 1월 1일 원달러 환율이 1달러에 1,185.50원에서 12월 29일 1,268.40원으로 6.99%가 상승했다.

원/달러 환율은 2022년 초에만 해도 1,100원대였으나 미국 연방준비제도(FED · 연준)의 급격한 금리 인상으로 9월 1,439.9원까지 올랐다가 연말 하락하며 조금은 안정적인 모습을 보였지만 연초 대비해서는 꽤 상승한 것이다. 만약에 연초에 투자해서 1,400원 안팎에서 매도했으면 훨씬 수익률은 좋았을 것이다. 향후에도 원달러 저점과 고점을 나름대로 선정해서 매수와 매도만 반복해도 나만의 투자 채널이 확실하게 생기는 거라고 보면 된다. 흔히 얘기하는 대박은 아니더라도 은행권의 정기예금이나 적금보다는 높은 수익률을 거두기에는 안성맞춤이 아닐까 싶다.

달러 다음으로는 금(5.12%), 원자재(4.26%), 예금(1.30%·연초 하나은행 1년 정기예금 금리 기준) 등이 플러스 수익률을 냈다. 한국금거래소에서 제공하는 국내 금거래 1돈(3.75g) 도매가격은 연초 30만 3천원에서 연말 31만 8천500원으로 상승했고 뉴욕상업거래소 서부텍사스산원유(WTI) 가격은 같은 기간 75.20달러에서 78.40달러로 올랐다. 시중은행들의 정기예금의 이자율은 여름 이후 급격한 상승을 보여서 4%대까지도 이자율이 나오고 있고 일부 저축은행이나 제2금융권의 이자율은 더 높게 제공되기 때문에 필자도 2022년 하반기부터 부동산 투자관련 강의를 할 때 예전처럼 4% 안팎의 임대수익률을 기대하고 굳이 오피스텔이나 다세대, 다가구 주택, 상가, 지식산업센터 등의 수익형 부동산에 투자할 이유가 없다고 언급하기도 했다. 물론 가격상승을 통한 자본소득(Capital Gain)을 목표로 하면 모르겠지만 단순한 월 임대료를 목표로 한다면 시중 금융기관들의 안전자산으로 위험도 없는 금융상품들의 확정금리가 꽤 높게 산정되고 있다.

저물가, 저금리의 시대에서 고물가, 고금리의 시대를 우리는 준비해야 한다.

다른 자산들의 수익률을 살펴보면 주식(한국·미국), 부동산, 채권 등은 가격이 크게 하락했다. 코스피200에 연동하는 대표적인 상장지수펀드(ETF) 'KODEX 200'은 1년 동안 24.15% 하락했고, 미국 S&P500지수의 가격변화를 추종하는 SPDR S&P500 ETF 수익률은 −19.15%의 저조한 수익률을 기록했다. 한국부동산원이 전국 주택 매매가격을 지수화해 매월 발표하는 종합주택 매매가격지수는 1월 104.70에서 11월 101.70으로 2.87% 내렸고, 채권시장의 투자 수익률 변화를 지수화한 한국신용평가 채권종합지수는 258.85에서 244.40으로 5.58% 낮아졌다. 가상화폐 시가총액 1위인 비트코인은 2022년 한 해 64.21% 폭락했다.

이러한 분위기 때문에 투자자들의 투자심리도 많이 위축되어서 금융투자협회에 따르면, 투자자예탁금은 2022년 증시 개장일인 1월 3일 71조 7328억원에서 마지막 날인 12월 29일 47조 465억원으로 24조 6863억원(−34.4%)이나 감소했다고 한다. 2022년 1월 한때 74조원을 넘어섰던 투자자 예탁금은 약세장이 계속되면서 꾸준히 감소해 10월 처음 50조원 아래로 떨어졌고 11월 16일을 마지막으로 투자자 예탁금은 50조원대를 회복하지 못하고 있다.

투자자별로 보면 여전히 개인의 매수세가 강했는데 2022년 한 해 동안 개인투자자들은 국내 증시에서 25조 3692억원을 순매수했지만 외국인과 기관투자자는 각각 11조 149억원, 13조 6025억원을 순매도했다. 2022년 국내주식시장이 급격하게 하락한 만큼, 매수세를 보인 개인투자자의 손실도 적지 않을 것으로 예상된다. 실제로 개인들이 가장 많이 매

2022년 투자 주체별 순매수 종목 수익률

개인		외국인		기관	
종목명	수익률	종목명	수익률	종목명	수익률
삼전	−29.6%	삼성SDI	−9.1%	LG에너지솔루션	−13.8%
네이버	−52.8%	우리금융지주	−9.8%	신한지주	−5.5%
카카오	−53.6%	현대글로비스	−5.2%	셀트리온	−19.1%
SK하이닉스	−41.6%	KT&G	15.8%	한진칼	−39.8%
삼성전자우	−29.7%	LG화학	−2.9%	한화솔루션	21.3%

개인, 외국인, 기관이 지난해 가장 많이 매수한 5개 종목 및 수익률. 자료=한국거래소.

수한 삼성전자의 1년 수익률은 －29.6%이고 네이버나 카카오는 －50% 이상 손실을 봐서 반토막이 되어버렸다. 하지만 외국인과 기관들의 수익률은 나름대로 선방했다고 볼 수 있고 KT&G나 한화솔루션에 투자해서 오히려 꽤 높은 수익률을 거두기도 했다(앞의 표 참조).

그렇다면 고물가, 고금리 시대이기 때문에 금융기관들의 정기예금이나 적금에만 돈을 넣어두고 당분간은 투자라는 것은 아예 하지 않는 게 좋을까?

절대 그렇지 않다. 장기적으로 보면 오히려 불황기가 더 기회라고 생각해야 한다.

1981년 1월부터 2023년 1월 3일까지의 코스피지수 그래프를 보면 그 이유를 알 수 있다. 약 42년간의 국내 주식시장의 흐름에서 총 4번 정도의 큰 기회가 있었다. 당연히 첫 기회는 1997년도 IMF외환위기 때였고, 두 번째가 2000년대 초반의 닷컴버블붕괴와 국내 카드채 사태 때였다. 세 번째는 2008년도 글로벌 금융위기이고, 마지막이 바로 2020년 초 코로나바이러스(COVID-19)의 확산시기였다.

모두 그 당시에는 투자자들이 패닉상태였고 시장의 급격한 하락과 함께 매도하기에 바쁜 분위기였다고 보면 된다. 하지만 돌이켜보면 만약에 이 4번의 기회 중에 적어도 2번 정도만 과감하게 투자를 했더라면 아마도 큰 수익률을 거두었을 것이다.

물론 사람의 마음이 모든 사람들이 주식이나 부동산이나 못 팔아서 안달인 분위기에서 선뜻 투자에 나서기가 쉽지만은 않다. 하지만 이제부터라도 진정한 기회는 위기 이후라는 점을 잊지 말고 출동준비를 하는 것도 투자전략과 전술의 하나이겠다.

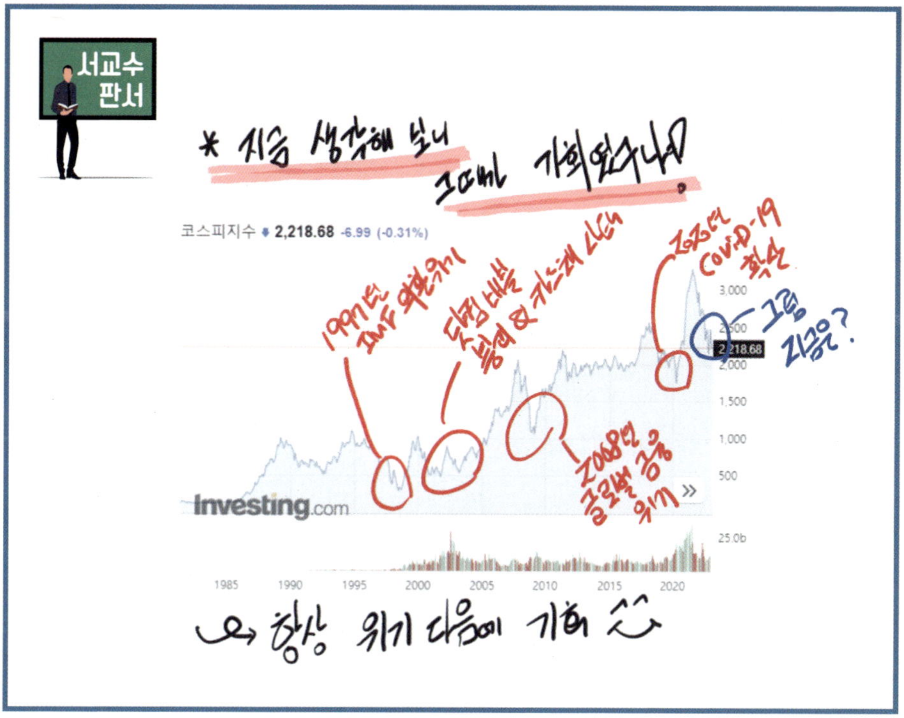

위의 그래프를 살펴보면 아무리 시장이 폭락하더라도 직전 바닥권보다 더 밑으로 하락한 적은 없었다. 이러한 장기추세를 고려해서 2022년 이후가 오히려 좋은 기회라는 생각으로 시장과 우량종목에 투자하는 전략을 세워보도록 하자.

지금까지는 투자에 대한 기본 마인드와 오리엔테이션을 진행하였다. 자 이제 본격적으로 경제와 주식, 부동산으로 구분해서 좀 더 자세한 내용을 수업하도록 하자.

CHAPTER

2

경제수업

1. 경제공부의 첫걸음 기준금리

2022년 한 해는 미국 연준의 기준금리로 시작해서 기준금리로 끝나지 않았나 싶다. 경제나 투자에 전혀 관심이 없는 사람들도 미국 연준의 기준금리 인상 뉴스로 하루를 시작했고 제롬 파월 연준 의장을 알고 있고 기준금리의 인상 정도에 따라서 베이비스텝(0.25%), 빅스텝(0.5%), 자이언트스텝(0.75%), 울트라스텝(1%)의 용어를 이해하게 되었다. 그 정도로 많은 뉴스와 정보가 쏟아져 나왔고 자의든 타의든 경제 뉴스와 용어를 알게 된 것이다.

그럼 말이 나온 김에 금리인상의 폭에 대한 표현들을 알아보도록 하자. 우선 베이비스텝(Baby step)이 있는데 기준금리를 25bp,[1] 즉 0.25% 인상하는 것을 의미한다. 최소한의 금리인상을 의미하고 지금까지 일반적인 금리인상은 0.25% 이상을 의미했다. 경제에 큰 충격을 주지 않으면서 서서히 안정적으로 금융시장의 영향을 주려는 목적이 컸다. 실제 미국 연준의 기준금리는 최근 20년 사이 2회의 인상시기가 있었는데, 첫 번째가 2004년 7월부터 2006년 6월까지 약 2년여의 기간 동안 총 17번이나 기준금리를 인상했지만 모두 0.25%씩 인상해서 전체적으로 4.25% 인상했고, 두 번째 인상시기는 2015년 12월부터 2018년 12월까지 약 3년간 9번의 인상으로 총 2.25% 인상하는 모습을 보였다. 따라서 금리 인상의 가장 기본적인 인상 폭은 0.25%, 즉 베이비스텝으로 보면 된다.

하지만 2022년 1년간 이러한 기존의 금리인상 기준이 무색해지리만

1 bp는 'Basis Point'를 의미하는데 1bp는 0.01%포인트를 말한다. 이것을 확장하면 50bp는 0.5%포인트, 100bp는 1%포인트가 된다. 만약 기준금리가 50bp 인상했다는 신문기사가 나온다면 이것은 결국 금리가 0.5%포인트 상승했다고 보면 된다.

큼 큰 폭의 인상이 이어졌다. 바로 '빅스텝(Big step)'이 그것인데 50bp, 즉 0.5% 인상을 의미한다.

2022년부터 흔해진 금리 인상폭이라고 보면 된다. 전 세계적으로 인플레이션 현상이 발생하며 물가가 급격하게 상승하면서 물가안정을 위해서

Ⅰ 2022년 한국, 미국 기준금리 상승추이 Ⅰ

• 한국 기준금리

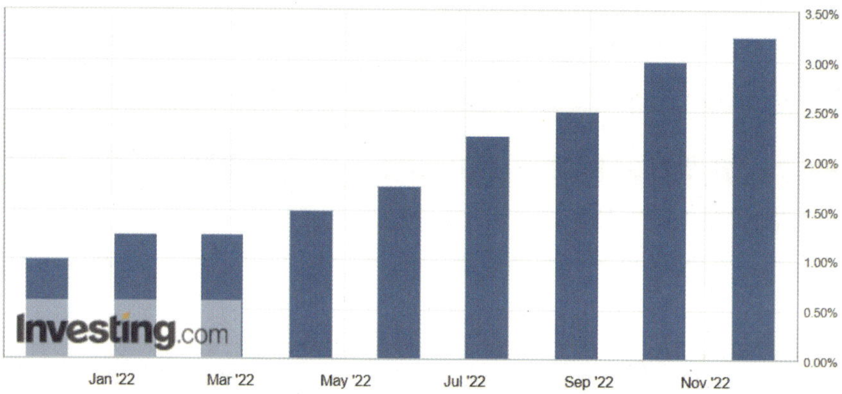

• 미국 기준금리

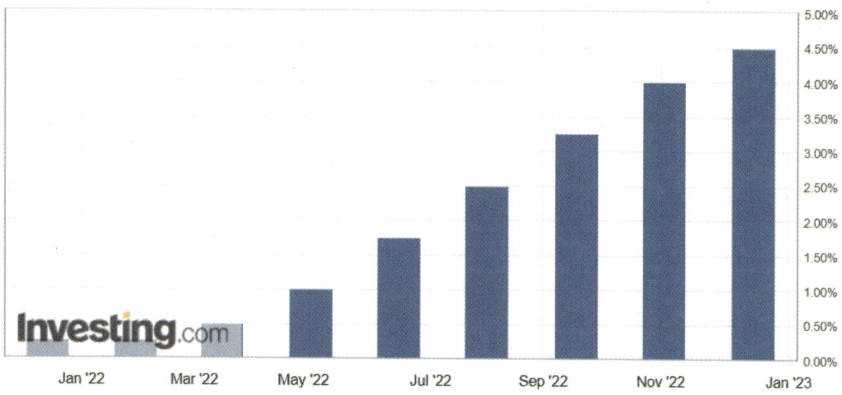

('2022 한국 부자 보고서' KB금융지주 경영연구소)

시도한 금리인상폭이다. 그런데 빅스텝이 효과가 없으니 미국이 4연속으로 올려버린 인상폭이 바로 '자이언트 스텝(Giant step)'이다. 기준금리를 75bp, 0.75%나 상승하는 것으로 미국의 소비자물가지수(CPI)가 8%를 넘나들자 이러한 금리인상이 이어졌었다. 실현되지는 않았지만 '울트라 스텝(Ultra step)'은 1%나 기준금리를 인상하는 것을 의미한다.

중요한 것은 이러한 예상이 나올 정도로 2022년 한 해는 기준금리 인상에 대한 뉴스와 예상이 시장을 지배했다고 해도 과언이 아닐 정도였다. 문제는 이러한 분위기가 계속 이어지리라는 것이고 이제는 저금리, 저물가의 시대에서 고금리, 고물가의 시대라는 점을 우리는 잊지 말아야 하겠다.

지금까지 기준금리 인상에 대한 기본 상식을 알아봤고 이제 미국 연준의 기준금리 결정 체계에 대해서 알아보도록 하자.

슬슬 어려워진다고 두려워하지 말자. 이제 이 정도의 경제지식은 상식인 시대에 우리는 살고 있다는 점을 잊지 말자.

기준금리에 대해서 좀 더 알아보기 위해서는 일단 2022년 한 해 동안 가장 뉴스에 많이 나온 단어인 미국의 연방준비제도이사회(FRB: Federal Reserve Board)에 대해서 알아야 한다.

기획재정부의 '경제배움e'에서 설명하는 내용을 살펴보면 미국 연방준비제도(FRS: Federal Reserve System)의 의사결정기구라고 되어 있다. 연방준비제도는 미국의 중앙은행 시스템으로 미국이 가지는 영향력에 의해 국제결제은행과 더불어 세계 금융경제의 주춧돌이라고 할 수 있다.

이곳의 가장 중요한 역할은 미국 달러 지폐의 발행이다. 미국의 경우 지폐만 연방준비제도가 발행하며, 경화(동전)는 미국 정부가 직접 발행한다. FRB는 12개 연방준비은행 관리총괄기관으로 본부는 워싱턴에 있는데

▎한미 기준금리 추이 비교(2022년 12월 기준)▎

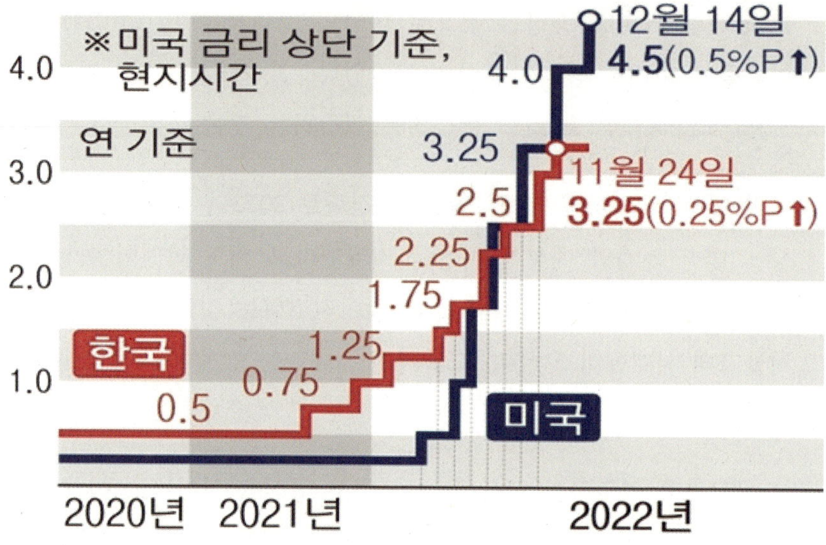

(자료: 한국은행, 미국연준))

1918년 제정된 연방준비법에 의해 발족되었다. 처음에는 연방준비국이라고 하였으나, 1935년 은행법에 의해 연방준비제도이사회로 개칭되었다. 이사회는 의장 이하 7인의 이사진으로 구성되며, 대통령이 임명하고 상원의 승인절차를 거친다. 대통령은 이사 가운데 이사회 의장과 부의장을 임명하는데 이사의 임기는 14년이며, 이사회 의장과 부의장의 임기는 4년이다. FRB의 의장은 대통령이 임명하지만 금리결정 등 통화정책 권한을 철저하게 독립적으로 행사한다. FRB의장은 세계 경제대통령으로 불리울 정도로 금융정책에 관한 한 전 세계적으로 강력한 영향력을 갖고 있다.

우리가 아침에 일어나 미국 주식시장에 대해서 뉴스를 들을 때 미국 연준 의장의 인터뷰나 멘트 하나에 전 세계의 주식시장이 상승과 하락을 하며 요동치는 것을 경험하고 있다. 이사회의 주요 임무는 신용상태의 규제와 연방준비은행에 대한 감독으로 연 8회 연방공개시장위원회(FOMC: Federal Open Market Committee)를 개최한다. FRB는 재할인율(중앙은행-시중은행 간 여신 금리) 등 금리 결정, 재무부 채권 매입과 발행(공개시장 활동), 지급준비율 결정 등의 권한을 가지는데, 각 지역은행장들이 주요 기업가 · 이코노미스트 · 시장전문가 등의 경제상황 의견을 종합해 작성하는, 이른바 '베이지 북(Beige Book)'을 1년에 8차례 발행하기도 한다.

관련 신문기사

2022년 12월 14일 쿠키뉴스

내년 금리 인상 힌트 나온다...점도표 * 파월 발언 주목

05%p 빅스텝 유력 가운데 향후 움직임 관심
9월 최종금리 46% 시장 5% 안팎 수정 전망
한은 기준금리 35% 예상 미 영향 불가피

올해 마지막 미 연방준비제도 Fed연준의 연방공개시장위원회 FOMC 회의 결과가 한국시간으로 15일 새벽 발표된다.

제롬 파월 연방준비제도(Fed) 의장. 미 FED 홈페이지 캡쳐

그동안 나온 긴축 속도조절 시그널에 기준금리를 0.5%p 올리는 빅스텝 가능성이 현재 유력한 상황이다. 시장에서 주목하는 부분은 최종 금리 수준과 기간. 미 기준금리가 올해 4.5% 안팎에서 마무리될 것으로 전망되는 가운데 시장에서는 내년 금리 움직임을 예측하기 위해 FOMC 직후 나올 향후 금리 시그널에 이목을 집중하고 있다

일단 제롬 파월 연준 의장의 그동안 발언과 미 소비자물가지수 CPI의 상승률을 고려할 때 이번 FOMC에서 기준금리 인상폭은 0.5%에 그칠 전망이다. 파월 의장은 앞서 워싱턴 싱크탱크 브루킹스연구소에서 강연을 통해 금리가 인플레이션을 제약할 수준에 근접했다며 빠르면 12월 금리인상 속도를 늦추는 것이 합리적이다고 밝힌 바 있다. 미국의 물가 상승률이 진정세를 보이는 점도 빅스텝 결정을 뒷받침한다. 미 11월 소비자물가지수 CPI는 지난해 11월보다 7.1% 올랐다. 이는 10월 상승률 7.7%와 시장 예상치 7.3%를 밑도는 수치다. CPI 상승률은 지난 9월 8%를 돌파해 고점을 형성한 후 10월 7.7%로 둔화되기 시작해 7.1%까지 떨어졌다.

◇ 점도표와 파월 발언 주목

내년 미국의 기준금리 인상 행보가 어디에서 끝날지는 FOMC 직후 공개되는 점도표에 달렸다. 점도표는 FOMC에서 연준 위원들 각자의 기준금리 전망을 담은 표다.

앞서 연준은 9월 점도표에서 내년 기준금리 전망을 4.6%로 제시한 바 있다. 이는 기존 전망이 유지될 경우 이번 FOMC의 빅스텝으로 기준금리 인상이 종점에 이르렀다는 의미를 가진다.

하지만 파월 의장이 속도조절 발언을 내놓을 당시 2023년에는 지난 9월에 예상한 것보다 약간 더 높은 금리가 필요할 수 있다고 발언한 만큼 최종금리 수준이 올라간다는 것이 시장의 중론이다. 시장에서는 내년 미국의 금리가 5% 안팎까지는 올라갈 것으로 내다보고 있다. 최소 0.25%p씩 두 차례 추가 인상을 통해 인플레이션 위험 차단에 나설 것이라는 전망이다. 만약 발표된 점도표에서 최종금리 전

망이 5%를 넘어설 경우 시장에서는 긴축 발작이 일어날 수 있다.

– 중략 –

◇ 국내 통화정책 영향 불가피

한국은행 금융통화위원회 내부에서는 국내 기준금리 상단을 3.5% 선으로 보는 시각이 우세하다. 이창용 한은총재는 지난달 기준금리 인상 직후 가진 기자회견에서 금통위원 6명 중 3명은 적정 최종금리 수준을 3.5%로 의견을 냈고 2명은 3.75% 나머지 1명은 3.25%로 제시했다고 밝혔다. 금통위 회의록을 보면 당시 매파적 통화긴축 선호 의견을 낸 한 금통위원은 향후 물가경로에 많은 불확실성이 있고 미 연준 금리인상 속도에 따라 외환시장 불안이 재개될 가능성도 배제하기 어려운 상황이므로 당분간 금리인상 기조를 유지할 필요가 있다고 생각한다고 말했다.

조계원 기자 chokw@kukinewscom

위의 기사 중에 '점도표'라는 용어가 나오는데 기사에도 나와 있듯이 19명의 FOMC위원(연준 이사 7명+연은 총재 12명)이 각자가 향후 시기별로 예상하는 기준금리를 특정 질문에 대한 답의 형식으로 각자 점을 몇 개 찍는다. 3, 6, 9, 12월 분기별 1회 발표를 하는데 점도표는 말 그대로 점(Dot)으로 된 도표(Plot)다.

질문은 4~5개 정도로 올해와 내년, 그리고 내후년 연말 등 기준으로 적절한 기준금리는 어느 수준입니까? 또 장기적으로 미국경제 잠재 성장률 수준에서 적절한 금리는 어느 수준입니까? 등의 질문이 된다.

따라서 주황색 올해 전망에서 중요한 것은 선이 그어진 위치다. 연준 위원 반수 이상이 생각하는 금리 수준을 예상할 수 있는데 결정에 관계한 구성원 한 사람 한 사람의 개별적 전망을 한 표로, 한눈에 볼 수 있기 때문이다. FOMC에서 정해진 '기준 금리'는 구성원이 합의한 단 하나의 숫자이기에 큰 의미를 지니지만, 그 하나의 숫자는 구성원 개개인의 구체적인 의견을 표현하진 못한다. 따라서 점도표가 이러한 위원 각자의 의견과 생각을 한눈에 볼 수 있는 좋은 가이드라고 보면 된다.

▌미국 연준이 2022년 12월 제시한 점도표▐

Figure 2. FOMC participants' assessments of appropriate monetary policy: Midpoint of target range or target level for the federal funds rate

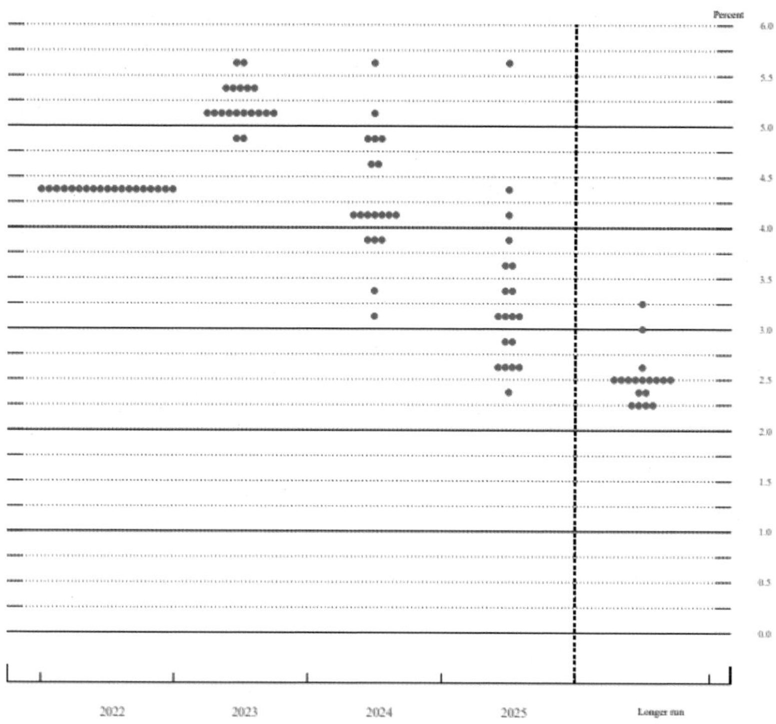

(자료: 미국연준)

위의 표가 바로 2022년 12월 미국 연준이 제시한 점도표이다. 2023년 말 기준금리 전망으로 5.0%~5.25%를 제시한 위원들이 10명으로 가장 많은 걸 알 수 있다.

2. 중앙은행 기준금리 파헤치기

지금까지 미국 연준의 기준금리의 최근 흐름에 대해서 알아봤다. 이제부터는 기본으로 돌아가서 그렇다면 중앙은행의 기준금리가 무엇이고 어떤 영향이 있는지 살펴보도록 하자.

일반인들이 돈이 필요해서 은행에 달려가 대출을 요청하면 심사를 거쳐서 대출이 실행이 된다. 물론 신용대출도 있고 담보를 설정해서 진행되는 담보대출도 있게 되는데 은행에서 대출을 실행할 때 재원은 어디에서 나올까? 다른 고객들이 여유자금을 운용하기 위해서 은행에 맡긴 예금이나 적금 등의 자금과 함께 한국은행에서 제공하는 중앙은행의 대출이 재원이 되기도 한다. 이러한 중앙은행과 일반 시중은행 간의 대출 금리를 결정할 때 적용하는 금리가 '기준금리'라고 보면 된다. 따라서 기준금리가 인상되면 자연스레 대출금리가 인상이 되는 것이고 한국은행과 금융기관 간의 모든 자금거래에 적용이 되는 금리라고 할 수 있다.

한국은행 홈페이지(bok.or.kr)의 통화정책 안내 페이지에서 설명하는 기준금리의 의미는 한국은행이 금융기관과 환매조건부증권(RP) 매매, 자금조정 예금 및 대출 등의 거래를 할 때 기준이 되는 정책금리로서 간단히 '기준금리'(base rate)라고도 한다고 설명되어 있다. 한국은행은 기준금리를 7일물 RP매각 시 고정입찰금리로, 7일물 RP매입 시 최저입찰금리(minimum bid rate)로 사용한다.

자금조정예금 금리는 기준금리에서 100bp를 차감한 이율(최저이율은 0%)로, 자금조정대출 금리는 기준금리에서 100bp를 더한 이율(기준금리가 1% 미만일 경우 기준금리의 2배)로 운용한다. 미국의 연준과 같이 한국은행 금융통화위원회는 물가 동향, 국내외 경제 상황, 금융시장 여건 등을 종합적으로 고려하여 연 8회 기준금리를 결정하고 있는데 이렇게 결정된 기준금리는 초단기금리인 콜금리에 즉시 영향을 미치고, 장단기 시장금리, 예금 및 대출 금리 등의 변동으로 이어져 궁극적으로는 실물경제 활동에 영향을 미치게 된다.

만약에 중앙은행의 기준금리가 1%로 낮아졌다면 어떤 일이 일어날까? 당연히 일반시민이나 기업에 돈을 빌려줄 때의 금리도 낮아지게 되는데 과거에는 '3%+추가금리'로 돈을 빌려주었다면 이제는 '1%의 금리+추가금리'을 붙여서 돈을 빌려주게 되니 기업이나 가계의 부담이 줄어들게 된다. 대출금리가 낮아지면 삶에 여유가 있는 사람은 돈을 빌려서 차를 바꾸고, 집을 사는 등 소비를 하게 되고 회사에서는 대출을 받아 새로운 기계를 사고, 새로운 공장을 세우게 되면서 직원도 채용하고 경제 전체가 좋아지게 되는 것이다. 따라서 일반적인 경제 살리기의 첫 걸음은 기준금리 인하라고 보면 된다. 즉, 사람들에게 은행의 예금이나 적금을 가입하지 말고 돈을 쓰거나 주식투자를 통해서 회사에 자금을 공급하자는 것이다.

미국경제가 어려울 때 '연준 기준금리 인하' 등의 기사가 나오는 배경에는 이런 이유가 있기 때문이다.

서교수 판서

* 금리 한방에 이해하기

◎ 금리 : 화폐(돈)의 시간가치
↳ 빌려준 돈이나 예금에 붙는 이자율.

금리의 종류		
기준금리 (정책적으로 결정된 금리(이자율))	VS	시장금리 (기준금리 기반 시장에서 결정되는 금리(금융기관))
실질금리 (명목금리에서 물가 상승률 고려한 금리)	VS	명목금리 (물가 상승을 고려하지 않은 금리, 인플레이션 고려 X)

☆ ◎ 금리 결정 기관
① 기준금리 → 중앙은행 (한국은행, 미국연준)
② 시장금리 → 일반 금융기관

☆ <금리가 인상되면>
1. 예금, 적금 가입 및 채권 투자 증가
2. 물가 안정
3. 시중에 통화량 감소 (돈이 줄어듦)
4. 주식시장에는 악재!
5. 대출이자 당연히 인상 ^^ 힝~.

3. 기준금리와 경제영향

경제에 대해서 알아보는데 주로 기준금리에 대한 내용이 많은 이유는 2022년 이후에도 '금리'를 빼놓고는 경제와 투자 얘기를 할 수 없기 때문이다. 그만큼 경제는 '금리'로 시작해서 '금리'로 끝난다고 해도 과언이 아니기 때문이다.

위에 판서로 기준금리가 인상된다면 어떤 현상들이 발생할지 정리했는데 자세하게 금리변동에 대한 경제와 금융부분의 영향에 대해서 알아보도록 하자.

만약에 중앙은행이 기준금리를 변경하면 금리와 환율, 대출이자 변화로 인한 자산 가격, 투자자들의 심리 등에 영향을 미치게 된다. 우선 시장 금리는 당연하게 영향을 받는데 일단 단기금리가 변동되고 이어서 장기금리에 영향을 받고 실물경제에까지 영향을 미치게 된다. 또한 금리라는 것은 '화폐의 시간가치'이기 때문에 한 나라의 화폐의 가치가 달라져서 자국통화와 외국통화의 교환비율인 '환율'에도 영향을 미치게 된다. 이러한 영향에 대한 충격을 줄이기 위해서 미국 연준의 기준금리 인상과 인하에 우리 한국은행의 금융통화위원회도 국내 기준금리를 변경하는 것이다.

하지만 2022년도에는 미국의 기준금리 상승률이 워낙 높아서 미국기준금리와 한국기준금리의 역전현상이 발생하고 있다. 이렇게 환율이 금리에 영향을 받으면 수출과 수입기업들의 실적과 이익이 달라지고 국내물가나 국제수지에도 큰 영향을 미치게 된다. 금리의 변경이 자산 가격에도 영향을 미치는데 이는 대출이자의 변화와 금융기관에 예치 중인 예금이나 적금 등의 이자율이 달라지기 때문이다. 금리가 인상되면 당연히 예금이나 적금 자산이 많은 사람에게는 이자수익이 증가해서 좋겠지만 반대로 대출을 많이 받아서 부동산 등에 투자한 사람들에게는 치명적일 수밖에 없다. 2022년에도 '영끌' 즉 영혼까지 끌어들여 투자한다고 해서 대출을 많이 받거나 전세를 안고 무리해서 부동산에 투자한 젊은 직장인들이 3% 안팎의 대출이자율이 6% 이상 올라가자 매월 이자부담액이 커지면서 현재 가계대출의 건전성이 크게 흔들리고 있는 상황이다. 이처럼 금리의 변경은 다양한 경로로 개인이나 가계 자산가격의 변화를 불러온다.

금리인상의 영향은 투자자들의 심리적인 부분에도 영향을 미쳐서 아무래도 기대인플레이션이 바뀌면서 시중 물가에 영향을 받고 기업의 실적이 변경되면서 근로자들의 임금에까지 영향을 미치게 된다.

이렇게 다양한 영향을 미치는 기준금리 인상으로 인한 국내 시장금리 변경과 영향을 우리는 알아야 하겠고 다양한 영향에 대한 대응책을 마련하고 개인들도 대출 줄이기나 금융자산 포트폴리오의 재조정에 나서야 하겠다.

구체적으로 아예 미국 금리 인상이 한국에 미치는 영향을 정리하자면 크게 자본시장과 환율, 수출입 등 실물경제로 나눠서 볼 수 있는데, 우선 자본시장에 대한 영향으로는 한국 기준금리 인상에 대한 압박이 시작되고 외국인들의 국내 투자자금 유출 위험이 발생하게 된다. 환율에 대한 영향은 종전에 언급했지만 원달러 환율이 상승, 즉 달러당 원화가격의 하락 가능성이 커지게 되고, 미국 경제의 회복 신호와 한국 수출물품의 달러자산 기준 가격하락이 이어지면서 수출이 증가하게 되지만 수입물품 가격의 상승으로 국내 내수시장의 물가상승이 발생할 수 있다.

결론적으로 미국 금리인상(통화긴축)으로 미국 장기금리 상승(위험자산

가격조정), 미국 내수 위축(글로벌 금융기관 위험관리 필요), 달러화 가치 상승(달러화 자금조달 비용 상승), 위험자산 선호현상 쇠퇴(글로벌 교역 둔화)로 이어지게 된다고 할 수 있다. 이러한 변화가 국내 경제 및 금융시장에서는 외국인 투자자들의 국내 주식 및 채권시장 투자 위축, 국내 금융기관들의 국제금융시장에서 자금조달 여건 악화로 이어지고 기업 및 가계의 자산운용과 금융과 관련된 환경이 어려워지는 현상이 이어지게 된다.

서교수 판서

* 미국 금리 인상의 한국 경제 영향

1. 실물 경제
   - 시장금리 인상으로 기업/가계 대출이자 상승
   - 내수 소비 위축 → 기업 실적 감소
   - 기업 투자 축소 → 경기 침체 악순환
2. 부동산
   - 부동산 투자 위축, 가격 하락
   - 건설 회사 신규 공급 감소
3. 금융
   - 외국 자본 유출 가능성
   - 주가, 채권가격, 원화 동반 약세
4. 수출
   - 신흥국 경기 침체
   - 수출 기업 채산성 개선

4. 고물가 · 고금리의 새로운 패러다임

수십 년간 우리는 '저금리', '저성장', '저물가'의 시대에 살아왔다. 하지만 앞으로는 '고금리', '고물가', '고환율'의 시대를 살아가게 될 것이다.

기존의 우리가 알고 있었던 그리고 배웠던 경제교과서의 내용이 모두 바뀌어야 될 만큼 경제 자산관리의 패러다임이 완전히 바뀌는 것이다. 그 단편적인 사례가 흔히 오피스텔이나 상가, 다세대, 다가구 주택 등 수익형 부동산에 대한 투자를 얘기할 때 은행의 정기예금이나 적금 금리가 2%도 안 될 정도로 워낙 낮아서 월평균 임대수익률이 연 4% 이상만 되면 투자가치가 있다고 조언하고 했다.

물론 최초의 투자 시 부담해야 하는 취득세 등 세금과 보유기간 동안의 재산세, 중개수수료, 관리비나 건강보험료 추가부담액 등을 감안하더라도 실질 임대수익률이 3%만 넘어도 해당 부동산은 사라지지 않고 그대로 유지가 되니 이 정도의 수익률이면 그만이지라고 만족해왔었다. 하지만 지금 시중은행들의 금리 수준이 어떠한가?

은행연합회의 소비자포탈(portal.kfb.or.kr) 사이트에 방문하면 모든 은행들의 예금, 적금, 대출이자율 및 각종 수수료 등을 조회할 수 있다. 2023년 1월 5일 기준으로 국내 은행별 주요 거치식 상품에 대한 금리를 조회해 보았다. 은행별로 가입방법이나 추가 금리 제공 등 조건들이 약간씩은 다르지만 최근 시중금리가 얼마나 상승했는지 여실히 알 수 있다. 불과 1년 전만 하더라도 2%대 금리에서 이제는 3년짜리 정기예금의 금리가 4%를 훌쩍 넘기고 있고 오히려 6개월에서 1년짜리 상품의 이자율이 높은 상품들도 많다는 것을 알 수 있다. 만약에 목돈이 있을 경우 월 임대료를 겨냥해서 수익형 부동산에 투자를 했다고 가정했을 때 위에서 언급한 매수시기 및 보유하면서 발생하는 다양한 비용을 감안하면 이 정도의 수익률을 기대하기는 여간 만만치가 않을 것이다. 하지만 은행의 정기예금의 경우에는 거의 무위험 자산이고 발생하는 비용이라고 하면 이자에 발생하는 이자소득세 16.5%(지방세 포함)와 혹시 금융소득종합과세 대상자라면 연 이자와 배당 소득에 대한 관리만 해주면 더 이상 비용이 발생하지는 않는다. 만약에 은퇴한 경우 매월 생활비가 필요해서 고정적으로 어느 정도 수입이 필요하다고 한다면 월 이자지급식이나 기타 다양한 금융상품으로 포트폴리오를 구성하면 된다.

절대로 부동산에 투자를 하지 말고 고금리의 시대이니 금융상품으로 자산관리를 하자는 의미가 아니고 이처럼 기존에 우리가 가지고 있었던 자산관리나 투자에 대한 패러다임이 바뀌었다는 것을 설명하기 위해 하나의 비교 사례를 언급한 것이다.

조금이라도 더 이자를 받으려면 모바일 뱅킹으로 가입을 하거나 자동이체를 등록하거나 신용카드 우수고객이 되거나 급여이체를 등록하는 등의 다양한 주거래 은행 활용법이 있으니 이는 별도로 참고하기 바란다. 이번 장에서는 이러한 부분보다는 경제 환경의 변화와 개인과 가계 금융 및 자산관리, 투자에 대한 환경변화와 대응법에 대해서 강조하고 싶을 따름이다.

현대경제연구원의 자료를 참고해서 '3고 시대의 경제 파급 경로'를 살펴보면 우리가 앞으로 마주하게 될 경제 환경과 위험요소를 알 수 있다. 일단 기본적인 경제 환경의 변화는 고물가, 고금리, 고환율의 시대가 되겠다. 물가가 올라가고 이를 잡기 위해서 각국의 중앙은행들이 금리를 인상하다보니 가계나 기업의 이자부담이 커지면서 소비가 위축되고 기업들의 실적이 줄어드는 순환이 이어진다. 이어서 전체적인 경제성장률의 하락도 압력을 받게 되는 것이다. 따라서 고금리, 고물가 상황에서는 개인이나 기업들 모두 공격적인 자산운용과 대출활용보다는 대출이자의

은행별 주요 상품별 이자율 현황

2023년 1월 5일 기준

은행	상품명	최고우대금리(단리이자 %)			
		6개월	12개월	24개월	36개월
KDB산업은행	KDBdream 정기예금	4.50	4.70	4.90	
KDB산업은행	정기예금	3.60	3.90	4.10	4.20
NH농협은행	NH왈츠회전예금 II	3.86	4.05		
NH농협은행	NH내가Green초록세상예금		3.50	3.55	3.80
신한은행	쏠편한 정기예금	4.35	4.40	4.25	4.30
우리은행	우리 첫거래 우대 정기예금	4.20	4.80	4.80	4.80
우리은행	우리 SUPER정기예금	2.95	3.00	3.20	3.30
우리은행	WON플러스예금	4.41	4.48	4.25	4.33
SC제일은행	e-그린세이브예금	4.70	5.00		
하나은행	하나의정기예금	4.40	4.45	4.10	4.00
IBK기업은행	i-ONE놀이터예금	3.40	3.55		
IBK기업은행	IBK평생한가족통장		3.65	3.70	3.80
IBK기업은행	1석7조통장(정기예금)	4.04	4.03	3.94	4.18
KB국민은행	국민수퍼정기예금	2.70	2.80	3.10	3.25
KB국민은행	KB Star 정기예금	4.12	4.21	4.07	4.19
Sh수협은행	헤이(Hey)정기예금	4.60	4.80		
DGB대구은행	IM스마트예금	3.05	3.75	3.80	3.85
DGB대구은행	DGB주거래우대예금	4.11	4.85	4.87	4.89
DGB대구은행	DGB행복파트너예금(일반형)	3.12	3.86	3.88	3.90
BNK부산은행	더(The) 특판 정기예금	4.90	5.10	4.60	4.40
광주은행	스마트모아Dream정기예금	3.98	4.08	4.19	4.32
광주은행	행운박스예금	4.20	4.45	4.35	4.25
제주은행	J정기예금(만기지급식)	4.30	4.40	4.50	4.60
전북은행	JB 다이렉트예금통장	4.00	4.60		
전북은행	JB 123 정기예금			4.30	4.40
BNK경남은행	BNK주거래우대정기예금	3.45	3.80	3.85	
BNK경남은행	BNK더조은정기예금	3.40	3.75	3.80	
케이뱅크	코드K 정기예금	4.70	5.00	4.60	4.65
카카오뱅크	카카오뱅크 정기예금	3.80	4.50	4.55	4.60

(은행연합회 소비자포탈(portal.kfb) 조회)

부담과 투자의 위험을 고려한 보수적이고 안정적인 자산운용전략을 수립하는 것이 좋겠다. 고환율에 대한 환경변화는 달러대비 수출가격이 낮아지면서 국내 수출상품들의 가격경쟁력이 개선되는 긍정적인 효과가 있는 반면 반대로 수입물가의 상승으로 국내 물가 상승이 발생하게 된다. 아울러 국내 기업들의 자재가격이나 제조비용이 늘어나면서 수익성 악화와 오히려 수출경쟁력이 약화되는 경우까지 발생할 수 있다.

❙ 3고 시대의 경제 파급 경로 ❙

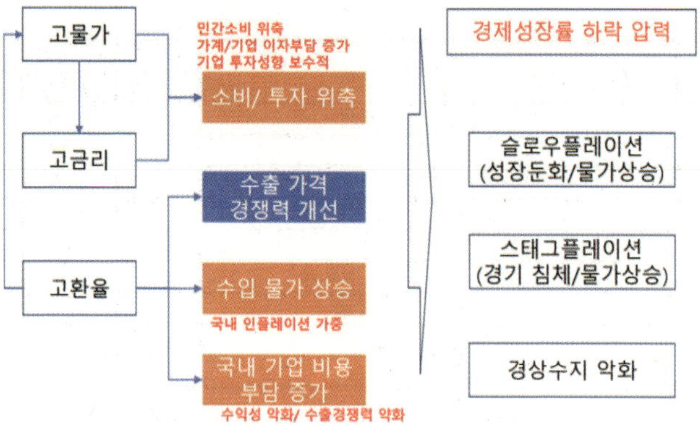

(자료: 현대경제연구원)

따라서 환율에 대한 부분은 너무 상승과 하락으로 급격하게 움직이는 것보다는 수출과 수입의 절묘한 조화가 가능한 수준에서 박스권의 가격 형성이 바람직하다고 판단된다.

만약에 고환율에 의한 수출과 수입업체들의 매출이나 비용발생이 과도하게 이어진다면 성장둔화와 물가상승이 동시에 이어지는 슬로우플레이션이 발생할 수도 있다. 슬로플레이션(slowflation)은 경제성장이 둔화하는 상황에서 물가 상승이 이어지는 현상을 뜻하는데, 느리다는 뜻의 '슬로'(slow)와 물가상승을 의미하는 '인플레이션'(inflation)의 합성어이다. 경제활동 성장세나 경기회복 속도가 둔화된 상태에서 물가상승이 나타나는 현상을 의미하고 스태그플레이션(stagflation)보다 경기 하강 강도가 완만할 때 주로 사용되는 표현이다. 글로벌 투자은행인 UBS의 발표를 참고하자면 향후 미국 경제가 몇 년간 슬로플레이션(slowflation) 시대를 경험할 것이라고 전망하고 있다. 이에 한국 경제도 슬로플레이션 국면에 진입했다고 보는 견해도 많다. 보통 경기가 좋으면 물가도 오르고 경기가 나쁘면 물가도 내려가게 되는데 경기가 나쁜데도 물가가 상승하는 예외적인 경우도 발생하게 된다. 이처럼 경기침체 상태에서 발생하는 물가상승 현상을 스태그플레이션이라고 한다.

슬로플레이션은 저성장과 고물가가 동시에 나타난다는 점에서 스태그플레이션과 비슷하지만 경기 둔화의 심각성이 스태그플레이션보다 비교적 덜한 경우를 의미한다. 스태그플레이션은 '경기침체', 즉 전분기 대비 경제성장률이 2분기 연속 마이너스를 기록하는 상황이 전제돼야 한다는 명확한 기준을 가지고 있다. 정리하자면 한 나라의 경제가 마이너스 성장까지는 아니지만 저성장을 지속하는 상태에서 물가가 상승하는 현상이 슬로플레이션이고 슬로플레이션이 지속될 경우 최악의 상황으로 스태그플레이션까지 갈 수도 있다는 것이다. 이는 경상수지 악화로 까지 이어지게 된다.

관련 신문기사

2022년 12월 19일 경향신문

고금리·고환율·고물가 '3고' 복합위기…부실징후기업 160곳 → 185곳

외부의 자금 지원이나 별도의 차입 없이는 금융기관에서 빌린 돈을 상환하기 어려운 것으로 평가되는 부실징후기업이 증가하고 있다. 고금리 · 고환율 · 고물가의 충격이 중소기업을 중심으로 확대되면서 기업 경영이 어려워진 영향이다. 내년부터 경기침체에 따른 기업들의 실적 악화도 본격화될 것으로 예상돼 신용 위기에 처하는 기업이 더 증가할 것이라는 우려가 나온다.

금융감독원은 채권은행이 올해 정기 신용위험을 평가한 결과 185개사가 부실징후기업(C · D등급)으로 판정돼 지난해(160개)보다 25개 늘었다고 19일 밝혔다.

채권은행은 부실징후기업을 선별하기 위해 매년 정기 신용위험평가

를 실시한다. 평가 등급은 A~D로 나뉘는데 C등급(경영정상화 가능성이 높은 부실징후기업)과 D등급(경영정상화 가능성이 낮은 부실징후기업)이 부실징후기업으로 분류된다. C등급은 워크아웃(기업재무구조 개선작업), D등급은 법정관리 대상이다.

기업 규모별로 보면 대기업(금융권 신용공여 500억원 이상) 중 부실징후기업은 지난해 3개사에서 2개사로 줄었다. 부실징후기업으로 선정된 대기업 2개사의 등급은 모두 C등급이었다.

반면 중소기업(금융권 신용공여 500억원 미만) 부실징후기업은 157개사에서 183개사로 한 해 동안 26곳 증가했는데, 그중에서도 D등급의 증가세가 두드러졌다. C등급을 받은 중소기업은 지난해 76개사에서 82개사로 6개사 증가했고, D등급 중소기업은 지난해 81개사에서 101개사로 20개사 급증했다.

– 이하 생략 –

박채영 기자

5. 경제전망 이해를 위한 필수 용어

매년 연말부터 다음해 초까지 다양한 연구기관이나 증권회사 리서치 센터 등에서 각종 경제전망과 산업전망, 시황분석 등의 자료를 발표한다. 이 자료에는 각 기관들 나름대로 작성한 각종 그래프와 통계표 등의 데이터가 있고 그에 대한 설명과 함께 타당한 근거를 제시하는 시장전망을 담고 있는데 그 용어나 내용이 일반인들이 쉽게 읽을 수 있는 수준이 아니라는 데에 아쉬움이 있다.

필자에게 많은 분들이 읽을 만한 책을 추천해달라고 문의를 주시는데 몇 권 추천을 해드리면서 꼭 덧붙이는 답변 중에 증권회사 리서치 자료나 연구소들의 각종 보고서를 읽어보라고 한다. 가장 시의성 있는 자료이고 이슈를 골라서 담았기 때문에 몇 개월 전 데이터와 내용을 담고 있는 일반실용서보다는 훨씬 경제와 금융 시장의 흐름을 알 수 있기 때문이다. 하지만 쉽게 읽히기 어려운 내용들이라 본 장에서는 실제 몇몇 보고서나 리포트의 사례를 통해서 우리가 경제뉴스나 각종 보고서를 편하게 읽을 수 있다는 목표를 설정해서 알아보도록 하자.

리서치 자료나 보고서 찾기

우선 하루에 한 두 개의 리포트나 보고서를 읽는다는 습관을 설정하는 것이 좋겠고 쉽게 읽히지 않더라도 영어 원서 보듯이 막힘없이 끝까지 읽어보는 연습을 하도록 하자. 우선 다양한 리포트나 보고서를 찾는 연습 먼저 해보도록 하자. 아래에 그 방법을 정리해서 소개하니 노트북이나 스마트폰에 '즐겨찾기'나 '북마크'를 해놓고 경제공부를 시작해보자.

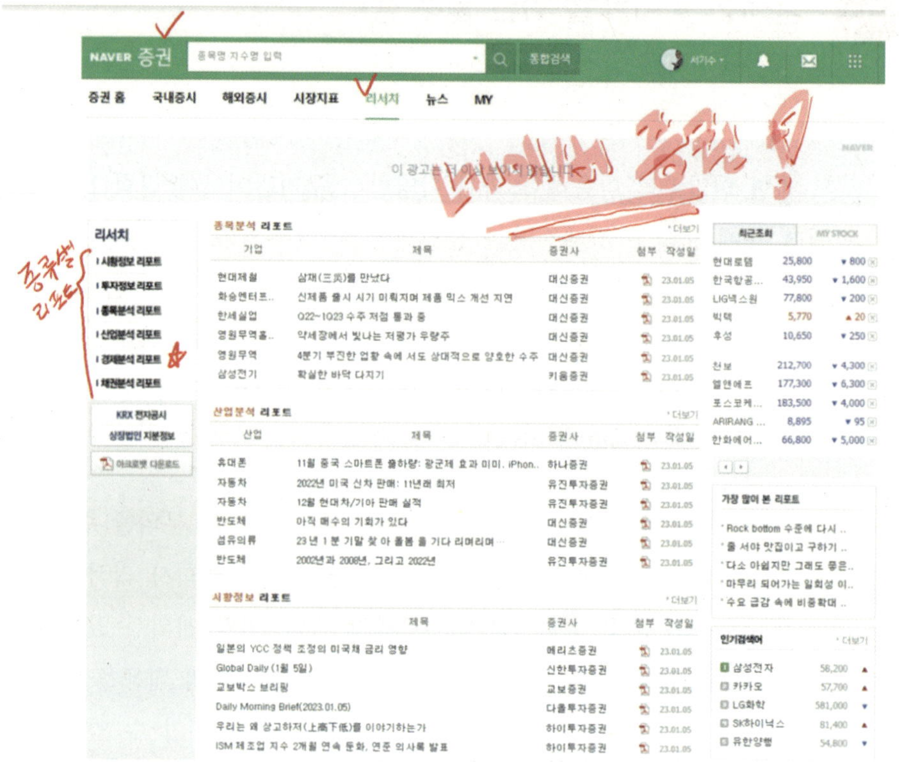

우선 가장 쉽게 각종 리포트나 보고서를 찾을 수 있는 방법은 포털사이트 네이버의 증권 홈페이지에서 '리서치' 메뉴를 클릭하면 된다. 위의 이미지처럼 왼쪽에 다양한 분야별(시황, 투자정보, 종목, 산업, 경제, 채권) 분석 리포트가 나오고 하나씩 클릭하면 매일매일 다양한 리포트를 만날 수 있다.

다음으로 필자가 가장 자주 애용하는 사이트가 바로 '한경 컨센서스'이다.

홈페이지(hkconsensus.hankyung.com)를 방문하면 메인화면에 아래 그

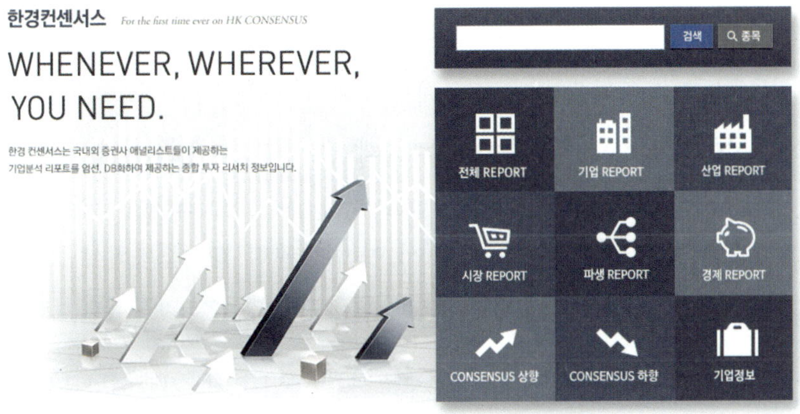

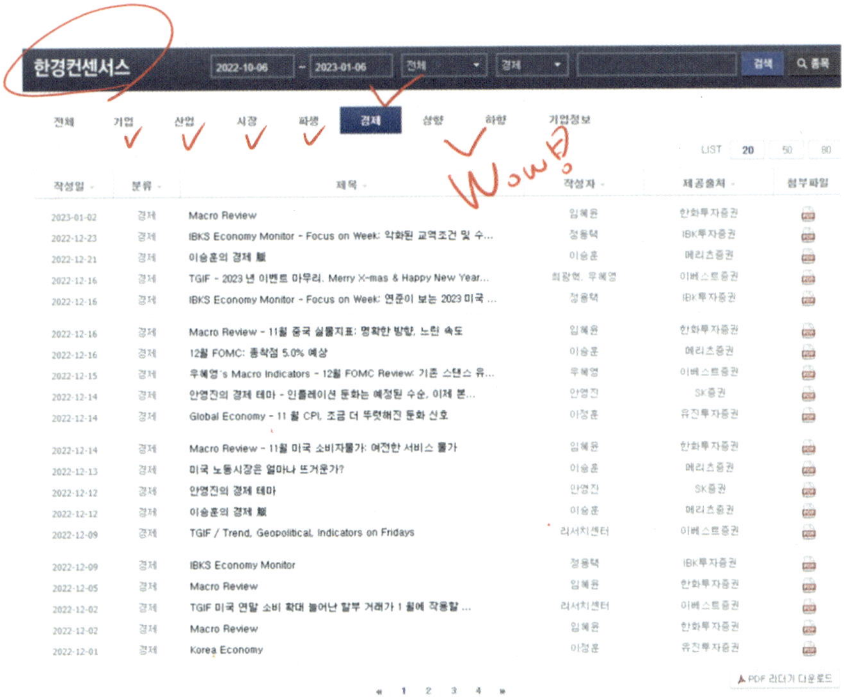

작성일	분류	제목	작성자	제공출처	첨부파일
2023-01-02	경제	Macro Review	임혜윤	한화투자증권	
2022-12-23	경제	IBKS Economy Monitor - Focus on Week: 악화된 교역조건 및 수...	정용택	IBK투자증권	
2022-12-21	경제	이승훈의 경제 짧	이승훈	메리츠증권	
2022-12-16	경제	TGIF - 2023 년 이벤트 마무리. Merry X-mas & Happy New Year...	최광혁, 우혜영	이베스트증권	
2022-12-16	경제	IBKS Economy Monitor - Focus on Week: 연준이 보는 2023 미국 ...	정용택	IBK투자증권	
2022-12-16	경제	Macro Review - 11월 중국 실물지표: 명확한 방향, 느린 속도	임혜윤	한화투자증권	
2022-12-16	경제	12월 FOMC: 종착점 5.0% 예상	이승훈	메리츠증권	
2022-12-15	경제	우혜영's Macro Indicators - 12월 FOMC Review: 기존 스탠스 유...	우혜영	이베스트증권	
2022-12-14	경제	안영진의 경제 테마 - 인플레이션 둔화는 예정된 수순, 이제 본...	안영진	SK증권	
2022-12-14	경제	Global Economy - 11 월 CPI, 조금 더 뚜렷해진 둔화 신호	이정훈	유진투자증권	
2022-12-14	경제	Macro Review - 11월 미국 소비자물가: 여전한 서비스 물가	임혜윤	한화투자증권	
2022-12-13	경제	미국 노동시장은 얼마나 뜨거운가?	이승훈	메리츠증권	
2022-12-12	경제	안영진의 경제 테마	안영진	SK증권	
2022-12-12	경제	이승훈의 경제 짧	이승훈	메리츠증권	
2022-12-09	경제	TGIF / Trend, Geopolitical, Indicators on Fridays	리서치센터	이베스트증권	
2022-12-09	경제	IBKS Economy Monitor	정용택	IBK투자증권	
2022-12-05	경제	Macro Review	임혜윤	한화투자증권	
2022-12-02	경제	TGIF 미국 연말 소비 확대 늘어난 할부 거래가 1 월에 작용할 ...	리서치센터	이베스트증권	
2022-12-02	경제	Macro Review	임혜윤	한화투자증권	
2022-12-01	경제	Korea Economy	이정훈	유진투자증권	

림과 같이 기업, 산업, 시장, 파생, 경제, 상향과 하향, 기업정보 메뉴가 나오고 '경제 REPORT' 메뉴를 클릭하면 매일매일 여러 증권회사에서 게시하는 경제관련 보고서들을 만날 수 있다. 위의 날짜 메뉴에서 기간을 정하면 최근 1주일, 1개월, 3개월, 6개월, 1년에서 3년까지 얼마든지 보고서를 찾을 수 있고 특히 메뉴 중에 '상향'과 '하향'은 증권회사들이 각 주식 종목들에 대해서 목표주가를 올리거나 내린 보고서들을 따로 모아놨기 때문에 주식 투자에 있어서 여러 증권회사가 중복해서 목표주가를 올린 종목에 대해서는 투자의 참고용으로도 활용할 만하겠다.

증권회사의 리서치 자료나 보고서가 아닌 일반 기관이나 연구소들의 다양한 보고서와 특히 외국기관에서 발표한 영어로 된 보고서를 찾으려

면 한국금융연구원(kif.re.kr)의 홈페이지를 방문하면 된다.

홈페이지의 메인하면 상단에서 '보고서'란 메뉴를 클릭하면 왼쪽에 다양한 보고서를 볼 수 있는데 하단의 '국내외 연구자료' 메뉴를 클릭하면 국내와 해외의 다양한 기관의 보고서들을 모두 볼 수 있다. 특히 해외자료도 많아서 조금만 관심을 갖고 습관만 들인다면 자료나 정보의 양은 얼마든지 제공된다고 보면 된다.

리포트(보고서)를 읽기 위한 필수 용어(사례)

여기 삼성증권이 2022년 11월 21일 발표한 '2023년 글로벌 경제전망'이라는 리포트의 한 내용을 소개한다. 최근 글로벌 경기 사이클이 코로나 팬데믹 이전과 다른 부분들을 설명하면서 최근 글로벌 금융시장의 시사점을 지역별로 일목요연하게 설명하고 있는 보고서이다.

이 리포트의 앞부분은 전체적인 내용을 요약해서 결론을 먼저 소개하는 내용이다. 하지만 몇몇 용어들은 많이 들어봤지만 우리가 쉽게 이해하고 전체적인 문장의 의도나 예상을 하려고 하면 걸어갈 때 발에 걸리는 돌부리처럼 걸리는 부분이 몇 군데 있을 것이다.

우선 첫 문장부터 '연착륙'이라는 표현이 나온다. 이 단어만 보면 넘어갈 듯도 하지만 갑자기 그럼 '경착륙'은??? 그건 뭐지? 얘하고 어떻게 다르지? 이런 생각이 들지 않을까?

글로벌 금융시장 시사점

당사는 1) 미국 경제 연착륙, 2) QT 진행에 따른 term premium의 정상화, 3) Fed 인상 종료 후 동결기조 장기화 등을 감안시, 미 10년물 실질금리가 '23년 중에도 +1.5% 내외 수준('23년 중 10년 명목금리 상단은 4.0~4.5%)을 유지할 것으로 예상. 과거 10년 평균보다 높은 실질금리 환경은 전반적인 금융자산 기대수익률을 낮추는 요인. 밸류에이션 multiple 확대를 기대할 수 없는 상황에서, 글로벌 증시에 대한 기대수익률도 향후 지속가능한 수준(이익증가+배당수익)인 연평균 7~8% 내외로 예상. 한편, 달러화의 초강세는 마무리 국면에 진입한 것으로 판단하며, '23년 초 이후 달러화의 점진적이지만 추세적인 약세 전환 예상

경제나 주식시장 전망 리포트나 보고서 등을 볼 때 가장 많이 등장하는 표현이 바로 경착륙(hard landing)과 연착륙(soft landing)이 아닐까 싶다. 경착륙은 항공기가 급격히 고도를 낮추면서 활주로에 진입하거나 착륙하는 의미이고 연착륙은 비행기나 우주선이 기체에 무리가 가지 않도록 활주로에 서서히 착륙/진입하는 기법을 가리키는 우주·항공 용어이다. 경제나 주식, 부동산 등 투자시장의 관점에서 본다면 이러한 특징을 비유적으로 표현한 것이다.

경착륙은 마치 놀이기구의 롤러코스트를 타듯이 급격한 변화나 이슈가 발생하면서 시장의 분위기가 냉각되고 주식이나 부동산 시장이 폭락하고 실업자가 급증하는 현상을 말한다. 이러한 의미 때문에 경착륙은 경기 동향의 급격한 변동을 일컫는 용어로 사용되고 있다. 이에 비해 연착륙은 경제나 시장상황이 고점에서 갑자기 하락하지 않고 급격한 경기

침체나 실업증가 등이 발생하지 않으면서 천천히 안정기에 접어드는 현상을 말한다. 무엇이건 너무 갑자기 상황이 변하거나 분위기가 바뀌면 투자자들이 당황하거나 혼란스러울 수 있다. 따라서 정부나 관련 기관에서는 갑작스런 위험이 닥쳐도 시장에 영향을 최소화하면서 대응하는 정책이나 제도가 필요하겠다. 미국 연준이 인플레이션으로 인한 물가 상승을 잡기 위해서 금리를 인상하고 있는데 최대한 연착륙을 목표로 하고 있다는 의미로 보면 된다.

다음으로 'QT'라는 영어 축약어가 나오는데 알듯 말듯 고개가 갸우뚱해진다. 하지만 이를 풀어서 놓으면 여러 번 들어보고 이미 알고 있는 내용일 것이다.

'QT'는 Quantitative Tightening의 약자로 보통 '양적긴축'이라고 부른다. 'QT'를 알기 위해서는 반대 표현인 'QE(Quantitative Easing)'도 알아야 하는데 중앙은행이 경제가 어려워지고 침체를 우려해서 궁극적으로 금리하락을 통해서 사람들에게 경제전망과 정책 금리에 대한 불확실성을 낮추고 자본조달비용이 낮아지니 기업이나 가계가 돈을 쉽게 빌리고 투자를 하고 소비를 해서 경제를 살리기 위한 정책이라고 보면 된다. 이러한 '양적완화'의 반대가 바로 '양적긴축'이 된다.

양적긴축은 중앙은행이 가지고 있는 국채나 회사채, 주식 등의 매도를 통해서 시중의 유동성(통화량)을 회수한다는 의미이다. 그럼 시중에 돈이 귀해지고 돈의 가치가 올라가게 되면서 물가가 안정화되는 효과가 발생한다. '양적완화' 즉 돈을 시중에 공급하는 정책과 '양적긴축' 즉 시중의 돈을 회수하는 정책 사이에 '테이퍼링(tapering)'이라는 용어가 등장하는데 이는 중앙은행이나 연준이 시중에 돈을 공급하는 자산매입의 규모를 점차로 축소하는 정책의 개념이다. 유동성은 어느 정도 유지가 되지만 돈의 공급속도가 점차로 줄어든다는 개념으로 시장의 충격을 완화시키는 데 목적이 있다.

위의 리포트에는 생소한 영어표현이 나오는데 바로 '기간 프리미엄' 이라고 불리는 Term premium이 그것이다. 의미를 살펴보면 장기채권 보유자에게 해당 만기까지 금리 불확실성에 대해 추가로 지불하는 가치를 의미한다. 각국 중앙은행의 정책적인 가치를 상징하는 의미로 주로 사용된다. 한 정부의 부채는 중앙은행이 찍어낸 돈으로 충분히 대체가 가능하다고 인식되고 있는데 채권금리 역시 일반적으로 중앙은행이 설정하는 예상이 기대치를 따라가게 되어 있다. 하지만 이것이 정확하게 일치하지는 않는데, 이런 차이를 시장 수급 여건을 반영하는 기간 프리미엄으로 본다. 만약에 기간 프리미엄이 0에 가깝다는 것은 시장 수요와 공급보다는 중앙은행의 정책적인 영향력이 그만큼 크다고 볼 수 있다.

우리가 흔히 채권에 대해서 알아 볼 때 위험의 크기가 동일한 자산이라도 만기가 다른 경우 수익률에 차이가 나는데 이를 기간 스프레드(term spread)라고 하고 장기자산의 수익률은 일반적인 단기 내지는 기본 수익률에 기간에 대한 가산 수익을 추가로 제공하게 된다. 예를 들어, 국고채 5년물의 수익률은 국고채 3년물의 수익률에 기간 프리미엄을 더한 것으로 공식은 '장기자산 수익률 = 단기자산 수익률 + 기간 프리미엄'이라고 할 수 있다.

사례 리포트에 알듯 말듯해서 애매한 표현으로 '명목금리'가 있다. 앞장에서 판서로 간단히 설명은 했는데 기획재정부의 '경제배움e'의 설명을 참고해서 자세히 알아보도록 하자.

명목금리는 화폐 1단위를 일정 기간 동안 빌리는 대가로 지불한 화폐액으로서 이자를 원금으로 나눈 값으로 계산한다. 명목금리의 상대적인 표현으로 실질금리가 있는데 이는 인플레이션을 감안하기 위해 명목금리에서 인플레이션율을 뺀 값으로 이자의 실질 구매력을 나타낸다. 명목금리와 실질금리의 관계는 피셔(I. Fisher) 효과에 의해 설명된다. 즉, 명목금리는 실질금리와 인플레이션율의 합계로 결정된다는 것이다. 여기에서 인플레이션율은 사람들이 예상하는 인플레이션율로, 실제 인플레이션율과 다를 수도 있다. 만일 어떤 사람이 다른 사람에게 1년간 자금을 빌려준다고 할 때 실질금리가 2%이고 예상 인플레이션율이 3%라면 명목금리를 5%로 할 때 서로 만족하며 거래를 하게 된다. 만일 1년 후에 인플레이션율이 예상보다 낮은 2%에 머물게 되면 실질금리는 3%가 되어 대출자는 이득을 얻고 차입자는 손해를 보게 되는 반면, 인플레이션율이 예상보다 높은 4%로 상승하게 되면 실질금리는 1%가 되어 대출자는 손해를 보고 차입자는 이득을 얻게 된다.

마지막으로 'Valuation multiple'의 의미는 주가수익비율(PER), 주가순자산비율(PBR) 같은 지표들은 모두 'valuation multiple'에 속한다고 보면 된다. '주식 가치 지표'의 의미로 쓰이고 있다. 흔히 'multiple'이란 회사의 재정 상황을 나타내는 지표 2가지를 서로 나눠준 것으로 정의하고 대다수의 지표들은 2가지 값 사이의 비율 값(ratio)으로 제시되고 있다. 이러한 지표들이 만들어진 이유는 당연하게도 회사 혹은 주식의 가치를 쉽고 빠르게 평가하기 위해서이다. 따라서 사례 리포트에서 Valuation multiple을 기대할 수 없다는 표현은 개별 기업의 다양한 가치를 판단할 수 있는 지표인 PER이나 PBR, EV/EBITDA[2] 등의 지표개선 기대가 쉽지

2 EV/EBITDA는 투자자가 어느 기업을 시장가격(EV, Enterprise Value)으로 매수했을 때 그 기업이 영업으로 벌어들인 이익(EBITDA, Earnings Before Interest, Tax, Depreciation and Amortization)을 몇년 만에 회수할 수 있는가를 보여주는 지표이다. EV/EBITDA가 낮을수록 그 회사의 주가가 기업가치에 비해 저평가되었다고 볼 수 있다. 예를 들어 EV/EBITDA가 2배라면 그 기업을 시장가격에 매수했을 때, 그 기업이 영업으로 벌어들인 이익(EBITDA)을 2년간 합하면 투자원금을 회수할 수 있다는 의미이다. EV/EBITDA가 마이너스이면 그 기업이 주식시장에서 거저나 다름없는, 극도로 싼 수준에 거래되고 있다는 뜻이다.
EV의 계산방법은 다음과 같다.

* EV=시가총액+순차입금(총차입금−현금과 예금)

않다는 의미로 보면 된다. 상기 지표들에 대한 설명은 다음 장 '주식투자' 편에서 자세하게 다룰 예정이다.

지금까지 하나의 리포트에 대한 사례 몇 줄만 봤는데도 이렇게 우리가 알아야 할 경제용어나 관련 내용들이 내포되어 있다. 본 도서의 분량상 모든 리포트의 용어들에 대한 설명이나 내용을 다루기는 어렵고 본 장을 통해서 '아...내가 공부할 게 참 많구나..', '내가 제대로 파악하지 못한 채 주식투자나 경제뉴스를 보고 있구나..'라는 생각만 든다면 필자의 목표는 이루었다고 할 수 있다.

6. 경제전문가 되기 위한 환율 공부

2023년 1월 6일자 한국경제신문의 기사 중에 아래와 같은 기사가 있었다.

EBITDA는 이자비용, 법인세비용, 감가상각비용을 공제하기 전의 이익을 뜻한다. 이는 기업이 자기자본과 부채를 이용해 어느 정도의 현금흐름을 창출할 수 있는지를 나타내는 지표로 EBITDA를 실무에서 계산하는 방법은 다음과 같다.

* EBITDA=영업이익+감가상각비(무형자산 감가상각비 및 유형자산 감가상각비)

EV/EBITDA가 낮다는 것은 주가가 낮으면서도 영업력이 좋고, 재무구조가 우량하다는 뜻이다.

관련 신문기사

2023년 1월 6일자 한국경제신문

하나증권 "올해 원/달러 환율 V자 흐름 예상…평균 1,255원"

하나증권은 올해 원/달러 환율이 미국 달러 가치에 발맞춰 V자 흐름을 보이며 평균 1,255원을 기록할 것으로 6일 내다봤다.

전규연 연구원은 이날 환율 전망 보고서에서 "기준금리 인상 사이클이 마무리되기 전까지 미국 연방준비제도(Fed·연준) 위원들의 매파(통화 긴축 선호)적 기조가 부각돼 1분기 외환시장은 변동성 장세가 불가피하다"면서도 "결국 주요국 통화정책 차별화에 연동돼 환율은 상반기까지 하락세를 이어갈 것"이라고 분석했다. 이어 "중국 주식에 대한 외국인 수급 개선 가능성과 위안화의 제한적 강세 흐름도 원화 강세를 지지한다"며 "2010년 이후 평균 실질실효환율 적용 시 1,240원까지 하락할 수 있다"고 부연했다. 실질실효환율은 한 나라의 화폐가 상대국 화폐와 비교해 실질적으로 어느 정도의 구매력을 가졌는지를 나타내는 환율이다.

다만 그는 "글로벌 교역량 급감과 반도체 수출 부진 등으로 국내 무역수지 적자가 연내 지속할 것"이라며 "신용 경색에 대한 경계 심리가 일부 남아있는 점 등을 고려하면 올해 말까지 환율은 1,200대에 머물 것"이라고 봤다.

또 "미국 경제가 주요 선진국 대비 양호하고 물가 안정 속도가 더딜 것이므로 연준은 연말까지 고금리를 유지할 것"이라며 "하반기 달러는 강세 전환할 전망"이라고 했다.

2023년 환율에 대한 전망 기사인데 우리가 환율을 예측함에 있어서 알아야 할 것들이 참 많다는 것을 알 수 있다. 미국 연준 위원들의 성향과 연준회의 결과도 알아야 하고, 중국 주식에 대한 외국인들의 투자 규모의 변화도 챙겨야 하고, 전 세계적인 무역 교역량과 반도체 수출현황도 체크해야 하고, 미국의 물가도 봐야 하는 등 제대로 환율의 흐름을 알고 공부하려면 연관된 지표나 경제요소들이 너무나 많다.

그만큼 원달러 환율을 비롯한 환율이 단지 한 나라의 경제상황과 금융시장에 대한 정부의 정책에 국한되지 않고 전 세계적으로 각국의 경제, 금융시장과 밀접하게 연계되어 있다고 보면 된다.

하지만 어쩌겠는가? 경제를 알려면 환율과 금리를 빼 놓고는 대화자체가 불가능할 정도로 중요한 요소이기 때문에 알고 있어야 한다. 최근에는 달러자산과 원자재에 대한 투자도 대거 관심을 받고 있기 때문에 반드시 환율에 대해서 이해하고 흐름을 예측하고 환율 상승 및 하락 예상 시 주식이나 투자관련 금융상품에 대한 포트폴리오 조정이 진행되어야 하겠다.

환율의 개념과 정의

환율(Exchange rate)은 한 나라 통화와 다른 나라 통화 간 교환비율로 두 나라 통화의 상대적인 가치를 의미한다. 예를 들어 2022년 6월 어느 날의 원/달러 환율이 1,285.4원이라고 한다면

1 달러를 사기 위해서 원화 1,285.4원을 줘야 교환이 가능합니다!!

라는 의미로 보면 된다. 환율은 상대적이기 때문에 어느 나라 통화를 기준으로 보느냐에 따라서 표현하는 방법이 다르다.

환율의 표시법에는 두 가지가 있는데 자국통화 표시법과 외국통화 표시법이 그것이다. 정리하자면 아래와 같다.

환율 표시법

1. 자국통화 표시법(직접표시법: Direct Quote)
   - 환율을 외국통화 한 단위당 자국통화 단위수로 표시
   예를 들어 USD/KRW=1,280.00, USD/JPY=134.0, USD/CNY=6.8534
   즉, 1달러를 사려면 원화로 1,280원, 엔화로는 134엔, 중국 위안화로는 6.8534 위안이 필요하다는 의미.

2. 외국통화 표시법(간접표시법, Indirect Quote)
   - 자국통화 한 단위당 외국통화 단위수로 표시하며 주로 영연방 국가들(유로, 영국, 호주)이 사용하고 있음
   예를 들어 EUR/USD=1.0510, GBP/USD=1.1894, AUD/USD=0.6749

그렇다면 우리나라는 어떤 방법을 사용할까? 위의 사례를 딱 보면 알 수 있듯이 우리나라는 자국통화 표시법, 즉 직접표시법을 사용하고 있다. 따라서 환율을 표시하는 데 주로 원화표시를 앞쪽에 두고 원/달러, 원/위안, 원/유로 등으로 표시한다. 단, 일본 엔화는 100엔당 원화값으로 표시해서 원/100엔=948.65 식으로 표시한다.

환율의 중요성과 영향

우리가 경제를 공부하기 위해서 환율을 알아야 하는데 환율의 중요성은 국민경제에 영향을 미치는 주요한 가격변수이기 때문이다. 예를 들어 환율이 상승(원화 약세)하게 되면 수출물품 가격이 하락하게 되고 수입물품 가격은 상승하게 된다. 이어서 수출증가, 수입감소 현상이 발생하고 궁극적으로 경상수지 개선효과가 발생하게 된다. 하지만 수출기업들도

자재를 수입해서 상품을 만드는 경우가 많아서 최근에는 반드시 수출기업들에게는 호재이고 수입기업들에게는 악재라고 단정할 수 없다.

환율 상승으로 발생하는 현상으로 두 번째는 수입물품의 가격이 상승하면서 국내 물가가 상승하게 된다. 또한 외화대비 원화가치가 하락하면서 기업들의 외채상환부담이 증가하게 된다. 몇 가지 사항만 언급해도 이렇게 많으니 어찌 환율의 변화에 민감하지 않을 수 있겠는가?

환율도 한 나라의 화폐 가격이라고 보고 환율이 결정되는 요인은 변동환율제에서는 외환시장의 수요와 공급으로, 고정환율제에서는 외환당국이 정한 비율로 결정이 된다. 변동환율제에서의 환율 결정요인을 좀 더 살펴보면 만약 외환시장에서 수요가 공급보다 많으면 당연히 원/달러 환율이 상승하게 되고 수요가 공급보다 작다면 원/달러 환율은 하락하게

❙ 환율 변동 요인 ❙

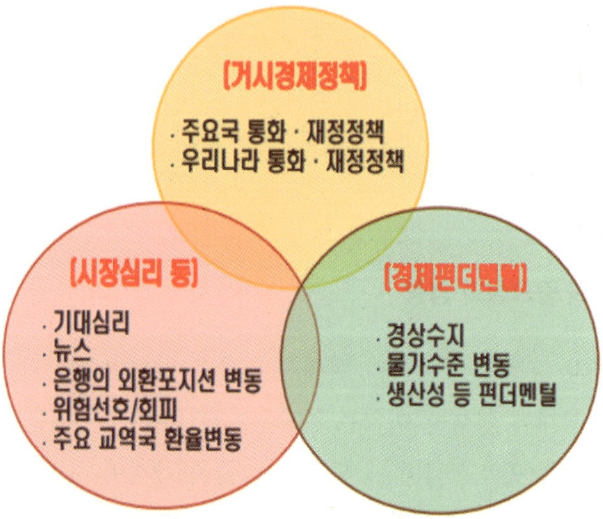

(한국은행 금융교육 자료)

된다. 수요와 공급을 사례로 보자면 우리나라의 국제수지가 흑자라면 외환의 공급이 수요보다 커진다는 의미이고 원화가치가 상승해서 환율은 하락하게 되고 만약에 개인투자자들이 대거 해외 주식에 투자를 한다면 외환시장에서 외환의 수요가 공급보다 많아져서 원화가치가 하락하면 환율은 상승하게 된다.

이처럼 한 나라의 환율은 경제펀더멘탈(Fundamental)이나 거시경제흐름과 정책, 시장심리, 경상수지나 물가수준 등에 의해서 수요와 공급이 결정되고 궁극적으로 가격변화와 상승과 하락을 반복하게 된다. 이번에는 한국은행의 경제금융 자료를 참고해서 환율변동의 요인과 흐름에 대해서 알아보도록 하자.

환율변동 요인 · 흐름

경제펀더멘탈(중장기 요인)

변동 요인	영향 흐름
국제수지	국제수지 흑자(적자) → 외환의 초과공급(수요) → 환율 하락(상승)
물가수준	물가 상승(하락) → 통화의 상대적 구매력 약화(강화) → 환율 상승(하락)
생산성	생산성 증가(하락) → 생산비용 절감(상승) → 재화가격 하락(상승) → 환율 하락(상승)

거시경제정책(중장기 요인)

변동 요인	영향 흐름
통화정책	금리 인상(인하) → 자본 유입(유출) → 환율 하락(상승)
재정정책	재정지출 증가(감소) → 경기 회복(위축) 및 금리 상승(하락) → 환율하락(상승) 반면, 재정지출 증가(감소) → 정부부채 증가(감소) 및 재정건전성 악화(개선) → 환율 상승(하락)
거시건전성 정책	거시건전성 정책 강화 → 금융 안정 → 환율 하락

금융거래에서의 환율의 종류

일반적으로 환율의 구분에는 크게 두 가지로 나누어 볼 수 있다. 명목환율과 실질환율이 그것인데 그 의미를 각각 알아보도록 하자. 우선 명목환율(nominal exchange rate)이란 한 나라의 화폐가 외국의 화폐와 교환되는 비율을 말하며, 자국 화폐로 표시한 외국 화폐의 상대적인 가치라고 말할 수 있다. 명목환율이 상승한다는 것은 자국 화폐의 가치가 외국화폐보다 상대적으로 떨어지는 것을 의미한다.

실질환율(real exchange rate)은 한 나라의 상품이 외국의 상품과 교환되는 비율을 말한다. 즉, 자국 화폐로 측정한 외국 상품의 상대적인 가치라고 할 수 있다. 실질환율이 상승한다는 것은 자국 상품의 가격이 외국상품보다 상대적으로 떨어져, 수출경쟁력이 상승함을 뜻한다. 굳이 하나 더 구분하자면 실효환율이라는 것도 있다. 실효환율(effective exchange rate)은 여러 통화 사이에서 어떤 통화의 가치가 상승하였는지, 하락하였는지를 판단하기 위해 사용되는 지표이다. 실효환율의 변화율은 교역 비중으로 가중 평균한 환율의 변화율로 산출할 수 있다

금융거래에서도 환율의 구분이 필요한데 금융거래의 목적에 따라 적용하는 환율이 다르기 때문에 환전이나 송금 등 외환거래 시 참고해야 하겠다.

금융거래에서 구분해야 할 환율 중에 첫 번째로 '매매기준율'이 있다. 매매기준율이란 매매 기준이 되는 환율로서 달러의 "원가"이며, 조달 시기 등이 다르기 때문에 약간씩 다르다. 현찰 매도율이란 환율은 우리가 원화를 팔고 외화 현찰을 살 때 환율을 말하며, 은행 입장에서는 외화를 매도하는 것이므로 현찰 매도율이라 한다. 현찰 매입율은 반대로 우리가 외화 현찰을 팔고 원화를 살 때 환율을 말하며, 은행 입장에서는 외화를 사는 것이므로 현찰 매입율이라 한다. 전신환 매도율(T/T Selling)은 원화계좌

| 은행의 대고객 환율표 정리 |

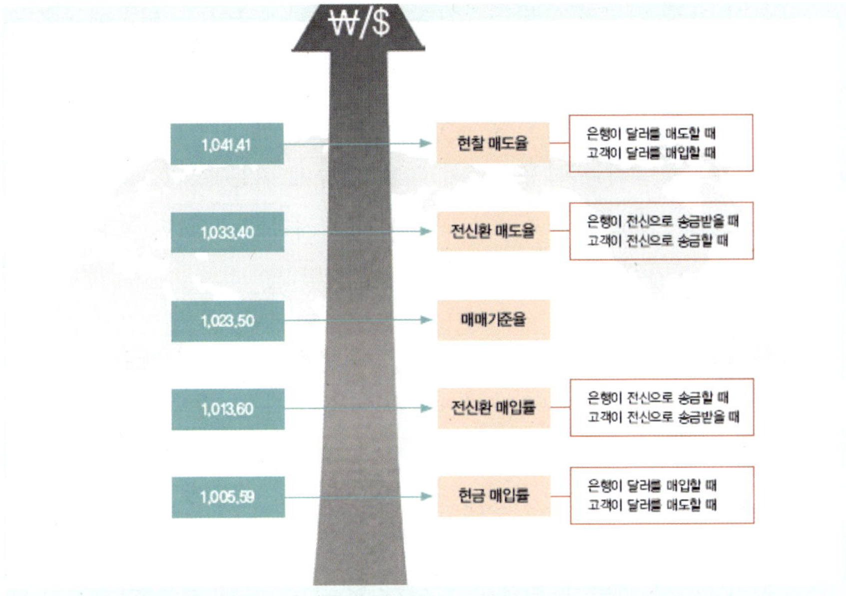

(은행연합회 월간 '금융' 잡지 칼럼 이미지 활용)

에서 외화 통장에 입금할 때, 즉 송금 보낼 때 환율을 전신환 매도율이라 한다. 은행 입장에서 전산상으로 달러를 파는 것이라고 보면 된다. 전신환 매입률(T/T Buying)은 외화 통장에서 원화계좌로 입금할 때, 즉 송금 받을 때의 환율을 전신환 매입률이라 한다. 은행 입장에서 전산상으로 달러를 사는 것이라고 보면 된다.

달러 투자방법

환율에 대해서 알아보다 보니 달러에 대한 투자방법을 어찌 알아보지 않을 수 있을까? 특히 몇 년 전부터 투자의 트렌드로 자리잡은 달러자산에 대한 투자방법을 알아보자.

우선 가장 기본적인 달러투자는 바로 외화예금이다. 외화예금은 외화자산 투자 중 쉽고 일반적인 방법이다. 여유자금을 원화로 입금하면 바로 환전돼 달러로 적립되어 통장에 외화로 인쇄가 된다. 이렇게 계좌에 원화가 아닌 달러를 보유하면서 환율 변동에 따른 이익을 기대할 수 있는데, 달러예금도 원화예금과 마찬가지로 자유로운 입출금이 가능한 일반예금과 정기예금이 있고 금리도 차이가 있다.

특히 달러 등 외화예금이나 적금에 가입하는 목적이 예금금리에 환차익까지 챙길 수 있다는 점이기 때문에 원화예금보다 수익 면에서 유리할 수 있다. 또 환차익에는 비과세 혜택이 주어지고, 예금자보호법에 따라 1인당 5,000만원 범위에서 은행이 도산하더라도 보호를 받을 수 있다.

하지만 원화예금에 비해서 금리가 낮을 수 있기 때문에 반드시 환차익도 병행해서 투자하는 목적이 아니라면 그냥 원화예금이나 적금으로 가입하는 것이 좋겠고 오히려 환율 변동으로 인한 손실이 발생할 수도 있다. 외화예금은 원화를 외화로 환전해 예치하므로 환전수수료가 발생할 수 있다는 점도 유의사항이다. 따라서 외화예금을 인출할 때는 환율이 가입 당시보다 최소 2% 이상 상승한 때 인출해야 수수료 감안 수익을 올릴 수 있다.

❙ 하나은행 외화 정기예금 이자율 사례 ❙

외화정기예금, 통화코드 : USD

이율변경일	거주자구분	금리기간 시작범위	금리기간 종료범위	금리 (연이율,세전 기준)
2023.01.06	거주자 7일미만	1일 이상	7일 미만	3.1752
2023.01.06	거주자 7일이상	7일 이상	1개월 미만	3.4786
2023.01.06	거주자 1월이상	1개월 이상	3개월 미만	4.0380
2023.01.06	거주자 3월이상	3개월 이상	6개월 미만	4.3491
2023.01.06	거주자 6월이상	6개월 이상	12개월 미만	4.6943
2023.01.06	거주자 1년제	12개월		4.7435
2023.01.06	비거주자 7일미만	1일 이상	7일 미만	3.3801
2023.01.06	비거주자 7일이상	7일 이상	1개월 미만	3.7030
2023.01.06	비거주자 1월이상	1개월 이상	3개월 미만	4.0792
2023.01.06	비거주자 3월이상	3개월 이상	6개월 미만	4.3935
2023.01.06	비거주자 6월이상	6개월 이상	12개월 미만	4.7422
2023.01.06	비거주자 1년제	12개월		4.7919

(하나은행 인터넷 뱅킹 조회 2023년 1월 7일 기준)

달러에 대한 투자 두 번째는 달러 RP가 있는데 RP는 환매조건부 채권 매도라고 해서 채권의 발행회사가 만기에 다시 사주는 것을 조건으로 발행하는 단기 금융상품이다. 증권사에서 주로 가입을 하고 예금이나 적금보다 높은 금리를 기대할 수 있고 환차익에 대해서 세금이 없지만 이자소득세는 부과하게 된다. 따라서 달러를 단기로 운용하기에 적당한 방법이라고 하겠다.

달러자산 운용 세 번째는 달러 ETF(상장지수펀드)가 있는데 달러가치에 연동되어 비교적 높은 수익률을 기대할 수 있고 환전수수료는 없지만 운용수수료 등은 발생할 수 있다.

운용수익이라는 개념보다는 달러라는 기초자산의 가격상승을 겨냥해서 투자하는 방법으로 주식에 투자하듯이 직접 매수나 매도가 가능하다.

달러채권은 달러표시 우량 회사채 등에 간접투자하거나 ETF 형태로 간접투자가 가능한 특징이 있지만 진입장벽과 위험도 높다는 점을 잊지 말아야 하겠다.

Ⅰ 달러 투자 방법 Ⅰ

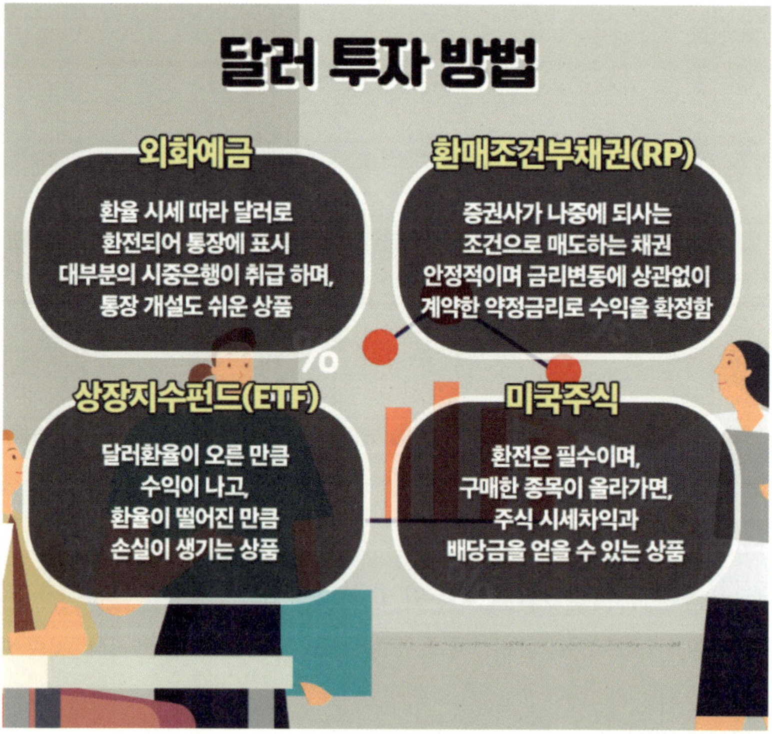

(키움저축은행 블로그)

이외에도 달러보험이 있는데 보험사에서 고객들에게 받은 보험료를 달러에 투자하는 상품이다. 보험료를 달러로 내고 만기 시점에 보험금도 달러로 받게 된다. 따라서 환율이 오르고 내리고의 변화에 따라 납입하는 보험료 대비 보험금이 달라질 수 있다.

7. 경제전문가가 되기 위한 금리공부

앞장에서도 언급했지만 경제의 공부에 있어서 가장 중요한 요소가 '금리'라고 생각한다. 다음으로 환율, 각종 지표, 나라별 정책, 수출입, 물가와 소비 등 다양한 요소가 있지만 무엇보다 우선은 '금리'에 대한 이해라고 생각한다.

금리(Interest Rate)는 화폐, 즉 돈에 대한 시간을 고려한 가치라고 보면 된다.

기원전 3000년 경 수메르인들이 곡물과 금속을 각각 양과 무게단위로 다른 사람에게 빌려주고 이자를 부과한 게 기원이라고 알려져 있다. 이 당시 이자율이 곡물이 약 33%, 은이 20~25% 정도였다고 한다.[3]

금리의 종류에는 예금금리 vs 대출금리, 고정금리 vs 변동금리, 시장금리 vs 기준금리, 단기금리 vs 장기금리 등으로 구분할 수 있다. 기준금리는 앞장에서도 언급했듯이 시중에 유통되는 화폐(돈)의 양을 조절하기 위해서 정

3 Homer and Sylla(2005), *A History of Interest Rates*.

책적으로 결정하는 금리로 모든 예금금리와 대출금리 산정의 기준이 되는 금리라고 보면 된다. 일단 대출 이자율의 경우 기준금리에 각 대출받는 고객별 신용도와 담보가치에 따라서 전체 대출금리가 결정되는 구조이다. 우리나라의 경우 한국은행의 금융통화위원회에서 회의를 통해 결정하게 되고 이렇게 결정된 금리를 토대로 한국은행에서 시중은행들과 거래할 때 금리로 적용하게 된다.

따라서 기준금리는 한 나라의 금리를 대표하는 정책금리이자 모든 금리의 기준이 된다고 이해하자. 각국 중앙은행은 경제상황이나 물가수준 등 다양한 요소들을 고려해서 기준금리를 결정하게 된다. 하지만 가장 중요한 목적은 역시 시중에 유통되는 화폐(돈, 유동성)의 양을 조절하는 것이라고 보면 된다.

기준금리와 상대적인 개념으로 '시장금리'가 있는데 금융시장에서 자금을 거래할 때 시장의 참여자들이 서로의 자금상황이나 향후 전망에 따라 수시로 변동되는 금리라고 할 수 있다. 은행 등 일반 금융기관들이 실제로 적용하고 있는 예적금 금리나 대출금리, 콜금리(금융기관 간 자금 거래 시 적용되는 초단기 금리) 등을 일컬으며 시장금리는 기준금리에 따라서 변동하게 된다.

고정금리(fixed interest rate)는 말 그대로 정기적금이나 정기예금에 가입하거나 대출을 받을 때 시중 금리에 변동이 있더라도 관계없이 가입하거나 대출 실행 시 정해져 있는 금리로 이자를 지급받거나 부담하는 금리를 말한다.

변동금리(variable interest rate)는 대출을 받았을 때 시중 금리의 변동이 있다면 변동된 금리가 적용되는 것을 의미하는데, 금리의 예상에서 금리가 내릴 것 같다면 변동금리로 대출을 받는 것이 유리하지만 금리 인상기에는 고정금리로 대출을 받는 것이 유리하겠다. 하지만 시작금리가 변동금리가 낮기 때문에 단기간 내에 목돈을 상환할 계획이 있다면 일부는 고정금리, 일부는 변동금리로 대출을 진행하도록 하자. 이러한 고민을 함에 있어서 중도상환 수수료 등의 여부와 수준도 감안해서 결정하도록 하자.

금리의 표현에 단리와 복리라는 용어가 있다. 단리(simple interest)는 원금에서 정해진 이자율과 기간을 곱해서 만기 시 원금+이자를 지급해 주는 것을 말하며, 복리(compound interest)는 원금에서 정해진 기간마다 발생한 이자를 원금에 다시 더하는 방식이다. 따라서 자산을 운용함에 있어서 단리보다는 복리 상품이 훨씬 유리하지만 현재 복리 상품은 거의 없다고 보면 된다.

참고로 최근에는 기준금리 대신 코픽스 금리(Cofix rate)를 적용해서 대출금리가 산정되는데, 코픽스 금리는 은행에서 차주에게 대출을 실행하면서 해당 금액을 조달할 때 지급하는 평균 이자를 의미한다. 쉽게 얘기해서 은행도 정기적금이나 예금 등의 수신 상품이나 한국은행 등에서 돈을 조달하는데 조달비용이 이자로 발생하게 된다. 이 금액에서 은행의 기본적인 이익을 감안해서 대출금리가 산정되는 것이다.

참고로 일상생활 속에서 우리가 접하고 고민할 수 있는 두 가지 금리에 대한 상식을 알아보도록 하자.

아래 첫 이미지는 월 10만원씩 납입하는 금융상품을 가입한다고 가정했을 때 20세부터 가입하는 것과 40세부터 가입한다고 했을 때 60세 만기시점에 두 사람의 만기 수령금액을 비교한 그래프이다. 20세부터 그러니까 20년 이상 먼저 시작한 적금의 경우에는 60세에 7,388만원을 수령하지만 20년 늦게 시작해서 40세에 적금납입을 시작한 경우 2,971만원밖에 수령하지 못한다는 의미이다. 투자나 자산관리에 있어서 미리미리 시작하는 것이 얼마나 중요한지 여실히 알 수 있는 결과이다.

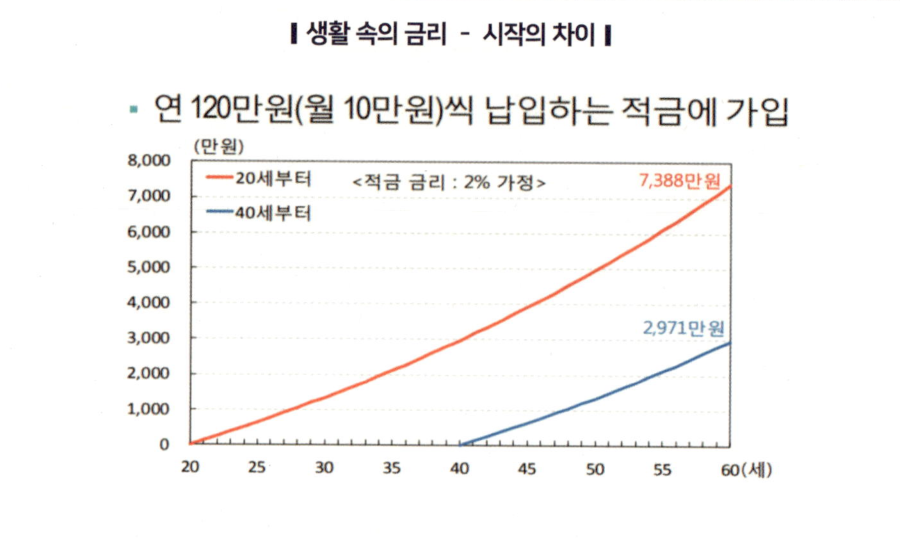

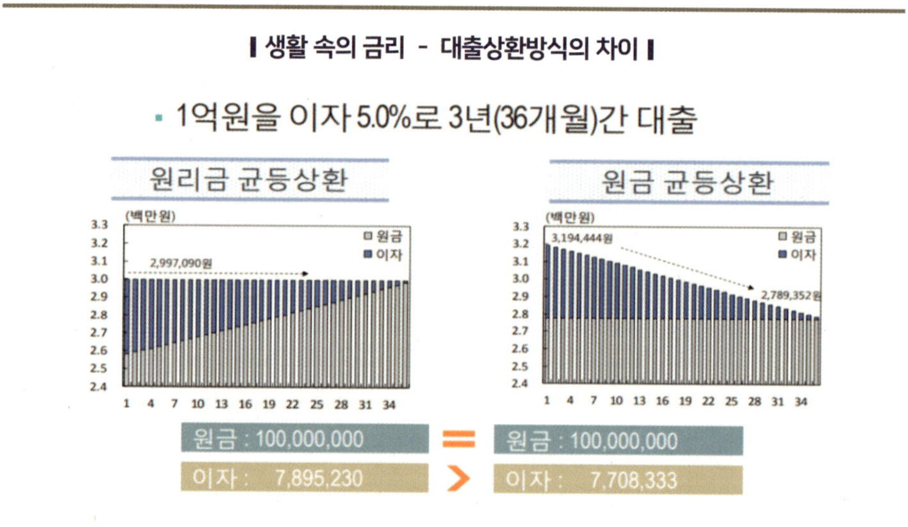

두 번째 이미지는 1억 원을 연 5%의 이자로 3년 만기 대출을 받았을 때 대출 상환방식을 원리금 균등상환 방식으로 받는 것과 원금 균등분할로 받았을 때 총 납입하는 이자금액의 차이를 보여준다. 원리금 균등분

할 상환대출 방식은 아예 대출원금과 이자율을 곱해서 매년, 매월 납입해야 하는 원리금을 계산해서 대출기간으로 분할하니 매월 납부하는 원리금이 같은 금액이 된다.

하지만 원금 균등분할 상환대출은 원금만 균등해서 대출기간으로 나누고 이자는 매월 직전 상환한 원금을 제외한 나머지 원금잔액만 가지고 이자를 계산하기 때문에 시간이 지날수록 매월 납부하는 원리금이 작아진다. 원금은 그대로지만 이자가 시간이 지날수록 줄어드는 원리라고 보면 된다. 이처럼 금리는 단순히 이론적인 내용으로 보지 말고 일상생활에서 우리가 흔히 진행하는 금융거래에서 중요한 요소로 작용하고 부담액이나 수익이 달라진다는 점을 잊지 말고 집 근처니까 회사 근처니까 아는 직원이 있으니까 그냥 거래하는 것이 아닌 꼼꼼하게 상품의 특징과 조건들을 확인하고 금융상품의 가입이나 대출을 받는 습관을 기르도록 하자.

잠깐!! 금융상식

코픽스(Cofix) 개요

정의

- COFIX(Cost of Funds Index)는 정보제공은행들의 자금조달금리를 가중평균하여 산출한 "자금조달비용지수"를 의미한다.
- 신규취급액기준 COFIX, 잔액기준 COFIX, 신 잔액기준 COFIX, 단기 COFIX로 구분하여 공시된다.

공시 시작일

- 신규취급액기준 및 잔액기준 COFIX: 2010년 2월 16일
- 신 잔액기준 COFIX: 2019년 7월 15일
- 단기 COFIX: 2012년 12월 20일

산출방법

- 신규취급액기준 COFIX, 잔액기준 COFIX, 단기 COFIX는 정보제공은행이 실제로 취급한 다음 수신상품의 금액과 금리를 가중평균하여 산출.
- 산출대상 수신 상품은 다음 8개이다.
- 정기예금, 정기적금, 상호부금, 주택부금, 양도성예금증서, 환매조건부채권매도, 표지어음매출, 금융채(후순위채 및 전환사채 제외)
  * 상품별 세부 구분기준 및 금리산정 기준 등은 한국은행의 통화금융통계 작성 기준인 '예금은행 금리조사표 작성방법'을 따름
- 신규취급액기준 COFIX는 대상월 한 달 동안 신규로 취급한 수신상품 금액(신규취급액)의 가중평균금리이다.

COFIX 금리 현황

COFIX 통계 (단위 : %)				
공시일	대상월	신규취급액기준 COFIX	잔액기준 COFIX	신 잔액기준 COFIX
2022/12/15	2022/11	4.34	3.19	2.65
2022/11/15	2022/10	3.98	2.85	2.36
2022/10/17	2022/09	3.4	2.52	2.04
2022/09/15	2022/08	2.96	2.25	1.79
2022/08/16	2022/07	2.9	2.05	1.62
2022/07/15	2022/06	2.38	1.83	1.42
2022/06/15	2022/05	1.98	1.68	1.31
2022/05/16	2022/04	1.84	1.58	1.22
2022/04/15	2022/03	1.72	1.5	1.17
2022/03/15	2022/02	1.7	1.44	1.13
2022/02/15	2022/01	1.64	1.37	1.08
2022/01/17	2021/12	1.69	1.3	1.03

(은행연합회 소비자포탈(portal.kfb.or.kr)

CHAPTER

3

주식투자 수업

"그들은 변동성과 혼란에 대해 이야기하는 것을 좋아한다. 미국 신용등급 강등, 재정절벽, 브렉시트, 중국 침체, 유가 급락 등 자극적인 소재들이라면 무조건 좋다. 소위 전문가들이 이런 이야기를 할 때마다 우리는 공포에 휩쓸린 의사결정을 하게 되고, 투자를 꺼리게 된다.

이를 극복할 수 있는 방법은 매년 조정이 있을 거라고 미리 예측하는 것이다. 이번이 특별한 게 아니라 매년 있는 일과성 이벤트로 보는 것이다. 실제로 1900년 이후 매년 주가 조정은 있었으며, 평균적으로 54일, 13.5% 조정이 발생했다."

- Unshakable (흔들리지 않는 돈의 법칙), 토니 로빈스, 2017

1. 우리는 왜 주식투자를 해야 하는가?

"아니 작년 11월에 금리가 올랐잖아? 미국이 계속 금리를 올린다며? 그런데 예금과 적금 금리는 조금씩 올리고 대출 금리는 잘도 올리더니만... 정말... 우리 같은 월급쟁이는 도대체 어떻게 목돈을 만드냐고~"

"그러게...묵묵히 돈을 모은다...라는 표현이 이제는 '나 바보예요!!'라고 하더군요..."

30대 직장인인 하한가(가명)씨와 조단타(가명)씨의 대화내용이다.

실제로 최근 몇 년간 직장인들 사이에서 가상화폐인 비트코인 열풍과 부동산 시장의 가격 상승으로 인해서 상대적으로 박탈감을 느껴 이러한 푸념을 하는 경우가 많다고 한다.

누구는 비트코인으로 수십 배의 수익을 냈다고 하지만 24시간 눈이 충혈되도록 지켜볼 수도 없고 또 상승도 하지만 하락하는 모습을 보니 도저히 자신 있게 투자를 할 수도 없다. 부동산도 마찬가지로 32평형 아파트가 십 몇 억 한다느니 20억을 훌쩍 넘었다고 하는데 대출받기도 가뜩이나 점점 어려워지면서 섣불리 들어가기가 쉽지 않다. 그렇다고 최근 금리가 올랐다고는 하지만 아직은 마뜩치 않은 이자율에 15.4%의 이자소득세를 부담하면서 남에게 아쉬운 소리 안 하고 묵묵히 월급을 모으면 무슨 수가 나오겠는가?

최근에 모 신문기사에 직장인들이 월급을 모아서 내 집을 마련할 수 있는 시간이 길게는 25년까지 걸린다는 기사가 있었을 정도로 직장인들의 투자나 자산관리 방법에 대한 불안감이 최고조에 달하고 있다.

아무리 한국은행에서 최근 1년간 기준금리를 올리면서 저금리 시대는 끝났다고 하지만 급격하게 금리를 올리는 것도 부담스럽고 소폭씩 올린다면 대출금리 상승에 따른 희석효과로 실제 직장인들에게는 그림의 떡일 수 있다.

투자의 원칙 중에 '72의 법칙'이라는 것이 있다.

복리를 전제로 기본 자산이 두 배로 늘어가는 데 걸리는 시간을 계산하는 방식이다. 72를 해당 수익률로 나눌 경우 대략적으로 원금의 2배가 되는 기간이 산출된다. 그리고 72를 기간으로 나눌 때에는 그 기간 동안에 원금이 2배가 되는 수익률이 산출된다. 예를 들어 복리가 5%일 경우 투자자산이 2배가 되는 데 걸리는 시간은 72/5로 계산하게 되는데 14.4년이 걸리는 셈이다.

만약에 금리가 4%대라면 원금이 2배가 되는데 걸리는 시간은 72/4로 18년이라는 기간이 필요하다. 반대로 계산해서 10년 안에 원금을 2배로 늘리고 싶다면 72/10으로 계산하면 7.2%의 목표 수익률이 나온다.

지금의 시장금리로는 쉽게 달성할 수 없는 수익률이고 다른 포트폴리오나 투자의 대안을 찾아야 한다는 계산이 나온다. 이러한 이유로 많은 직장인들이 주식시장으로 눈을 돌린 것도 사실이다. 하지만 실상은 어떠한가?

아래의 그래프는 1981년 1월부터 2023년 1월 6일 종가까지의 코스피지수 흐름을 나타낸 것이다. 물론 42년간 코스피지수는 크게 상승했다는 것을 알 수 있다. 코스피지수에 투자가 가능한 ETF(상장지수펀드)나 인덱스 펀드가 40여년 전부터 있었던 건 아니었지만 시장에만 투자해도 상당한 수익을 냈을 것이다. 많은 언론이나 전문가들이 코스피지수 등 시장과 우량주식에 대한 장기투자를 강조하는 의미가 여기에서 나온다.

하지만 필자의 생각은 조금 다르다. 과연 40여년을 주식에 묻어둘 수 있는 인내와 끈기의 소유자가 몇 명이나 될까? 한 사람의 라이프 사이클에서 직장에 취업을 해서 정식으로 정년퇴직할 때까지의 기간도 30년이면 대단하다고 주변에서 찬사가 쏟아진다. 그런데 40년을 주식이나 코스피지수에 투자하는 것이 가능하다고 보는가?

40년은 바라지도 않는다. 20년을 봐도 취업을 20대 중후반에 한다고 해도 그 사이 결혼은 안하는가? 자녀는 태어나지 않는가? 내 집 마련은 안할 건가? 목돈이 필요한 재무적인 이벤트가 분명히 다가온다는 것이다. 물론 이 모든 이벤트를 감안해서 별도로 안정적인 자산에 운용하고 일부 소액으로 20년 이상 묻어둔다면 모르겠다.

하지만 최근 20년을 되돌아봐도 중간에 2008년 글로벌 금융위기의 폭락장이 있었고 2020년 코로나 바이러스 확산 초기의 하락장을 견뎌야 했다. 이러한 고난과 역경을 견딘다고 해도 최근 5년간의 코스피지수 흐름

❙ 약 42년간 코스피지수 흐름 ❙

❙ 최근 5년간 코스피지수 흐름 ❙

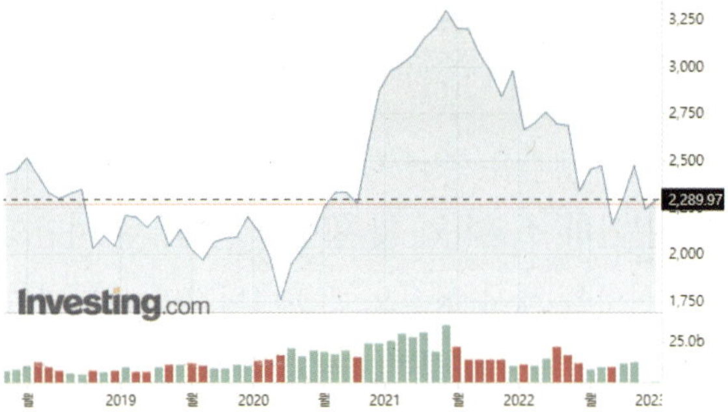

❙ 최근 1년간 코스피지수 흐름 ❙

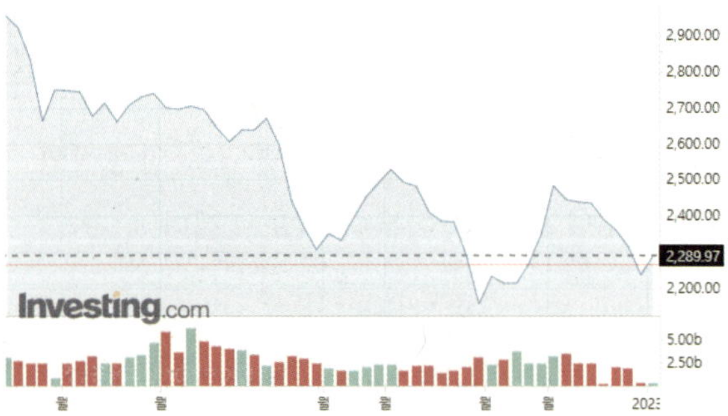

을 살펴보면 2021년의 상승장 외에는 다시 원점으로 돌아오는 모습을 볼 수 있다. 5년간 수익률이 거의 없었다는 것이다.

그렇다면 최근 1년은 어떠한가? 누구나 알고 있듯이 미국의 급격한 기준금리 인상과 전 세계적인 인플레이션 발생, 러시아의 우크라이나 침공 등 다양한 악재가 발생하면서 코스피지수 3,000포인트 초반에서 2,200포인트도 불안한 모습을 보일 정도로 하락한 한 해였다. 투자와 관련된 도서는 항상 시기성이 있기 때문에 나중에 보면 의미 없는 자료와 내용이라는 인식이 있지만 필자가 굳이 이렇게 40여년, 5년, 1년간의 자료를 통해서 강조하려는 것은 무조건 10년 이상 장기투자나 묻어둔다는 느낌의 투자의 현실을 알려주고픈 마음에서이다. 따라서 본 도서는 몇 년이 지나서 읽어도 충분히 강조하고 싶은 투자의 원칙을 이해할 수 있으리라.

물론 5년이나 10년 만에 수십 배의 상승을 보인 종목이 없는 것은 아니다. 하지만 사람이 신도 아니고 그러한 종목을 콕 짚어 투자한다는 것은 거의 불가능에 가깝기 때문에 일반적인 관점에서 언급을 했다.

"그렇다면 교수님이 강조하시려는 투자방법은 도대체 무엇이지요?"

이렇게 질문을 하고 싶으시리라 생각하며 결론을 언급하면 주기적으로 자신의 목표수익률을 정해서 수익실현을 하는 것을 원칙으로 삼되 종목분석과 선정은 다음 장에 정리하는 내용을 참고하면 그만이다.

브런치의 매거진 '주린이를 위한 경제용어'에 손주부 작가의 좋은 글이 있어서 소개하고자 한다. 제목은 '우량주에 10년간 장기투자하면 벌어지는 일'이라는 글이다.

투자의 전문가들이 하는 말 중의 하나가 우량주에 장기투자하면 돈을 번다고 하는데 과연 10년 전에 우량주를 매입해서 지금까지 보유했다면 돈을 얼마나 벌었을까 계산해 보았다. 투자원금은 총 1억 원이고, 2011년 코스피 시가총액 1위부터 10위까지의 종목별로 1천만 원씩 분산 투자를 했다고 가정했다. 그런데 그 결과가 충격적이었다. 삼성전자에 투자한 1천만 원은 2,787만원이 되었지만,[1] 현대중공업에 투자한 1천만 원은 315만원으로 줄어들었다. 공교롭게도 삼성전자, LG화학, 한국전력의 주가만 올랐고 나머지 7개 기업의 주가는 하락했다. 한국전력은 10년간 100원이 올랐지만 그 기간 동안 물가상승 등을 감안하자면 오히려 마이너스 투자와 다름없다.

최종 투자결과는 원금 1억 원이 1억 225만원이 되었고 10년간 2.2% 정도 증가한 것인데 연평균 수익률로 계산해보면 0.25%밖에 안 되는 결과이다.

시총순위	회사명	주당가격(원)		차익(원)	수익률	투자금액 (만원)	현재금액 (만원)
		2012.3.23	2022.3.22				
1	삼성전자	25,220	70,300	45,080	179%	1,000	2,787
2	현대차	225,000	173,500	(51,500)	-23%	1,000	771
3	포스코	383,500	293,000	(90,500)	-24%	1,000	764
4	현대모비스	280,000	210,000	(70,000)	-25%	1,000	750
5	기아차	72,000	71,300	(700)	-1%	1,000	990
6	LG화학	367,500	492,000	124,500	34%	1,000	1,339
7	현대중공업	288,419	90,800	(197,619)	-69%	1,000	315
8	신한지주	44,600	38,700	(5,900)	-13%	1,000	868
9	한국전력	22,950	23,050	100	0%	1,000	1,004
10	삼성생명	99,000	63,000	(36,000)	-36%	1,000	636
합계						10,000	10,225

(브런치 매거진 '주린이를 위한 경제용어' 손주부 작가 글에서 인용)

본 글이 작성된 날짜가 2021년 9월 3일로 되어 있다. 위에 삼성전자의 각주에서도 언급했지만 이 글이 작성된 이후 2022년 하락장이 이어지면

1 하지만 이마저 2022년 하락세가 이어지며 5만원대로 주가가 하락해서 2023년 1월 기준 실질 수익률은 크게 낮아진 상태이다. 본 글이 작성된 2021년 9월 초까지의 기준임을 명심하도록 하자. 이러한 수익률 하락은 다른 종목들도 같다고 보면 된다.

서 2023년 1월 6일 종가 기준 삼성전자는 59,000원, 현대차 159,500원, 포스코홀딩스 286,000원, 현대모비스 214,000원, 기아 61,500원, LG화학 594,000원, 현대중공업 104,000원, 신한지주 40,600원, 한국전력 19,500원, 삼성생명 72,400원으로 절반 정도의 종목이 추가 하락했고 나머지 종목들도 비슷하거나 소폭 상승해서 2011년 시가총액 1위~10위까지의 종목을 2023년 1월까지 11년간 투자했어도 수익률은 마이너스가 나왔다고 할 수 있다.

위에 언급한 우량종목들을 투자하지 말라는 것이 아니다. 투자를 하더라도 본인만의 수익률 구간을 정해서 일정한 시기마다 수익률 실현을 통해서 전체적인 기간 수익률을 쌓아 나가는 전략을 세우자는 것이다. 막연하게 우량종목을 장기로 묻어두고 배당수익을 고려해서 보유하는 것도 투자의 하나의 전술이라고 할 수 있지만 너무나 많은 투자자들이 '설마 망하겠어?', '언젠가는 회복되겠지…'라는 생각으로 시장상황이나 기본적인 투자가치 분석도 안하고 덥썩덥썩 주식투자에 나서고 있는 것을 우려해서 강조한 것이다.

지금부터 필자와 같이 주식투자에 대한 기본적인 지식과 기본적 분석, 기술적 분석을 통해서 단기, 중기, 장기로 '투자+보유'할 종목에 대해서 알아보도록 하자.

전체적인 자산운용의 30~50% 가량은 주식 및 주식과 관련된 상품이나 투자를 하는 것이 남들보다 나은 수익률을 거두는 지름길임을 명심하고 계속적으로 관심을 두고 공부를 해보도록 하자.

2. 왜 개인투자자들은 늘 주식투자에 실패하는가?

주식투자의 매매주체에는 흔히 개인과 외국인, 기관 투자자로 구분한다.

각종 주식 관련 보고서나 인터넷 사이트 등의 주식 관련 조회 메뉴에는 매매주체별 매수와 매도 종목에 대해서 표시해주는데, 주식투자의 투자요소 중에 중요한 하나인 '거래량'과 함께 외국인들과 기관들의 주요 매수종목도 관심을 많이 받는다.

"아니 외국투자자들이 어련히 연구하고 분석해서 이 회사 주식에 투자했겠어?"

"그러게 말이야. 나도 어제 추적 매수했어. 이제 그들이 매도할 때만 잘 잡으면 되지 않겠어?"

외국인투자자들의 수익률이 항상 높게 나오기 때문에 개인투자자들 사이에서는 외국인투자자들이 투자한 종목만 골라서 추격매수와 매도를 하는 경우도 많이 보게 된다. 물론 정확하게 주식을 분석하고 연구해서 투자가치가 높은 종목을 직접 발굴하는 것이 투자의 가장 이상적인 모습이겠지만 섣불리 누구에게 추천을 받아서 어떤 회사인지도 모르고 덥석 투자하는 것보다는 외국인투자자들의 매수와 매도 추격거래를 하는 것이 나을 수도 있다.

실제 2022년 개인투자자와 외국인투자자의 주식투자 수익률을 살펴보면 역시 외국인들의 수익률이 개인투자자들보다 훨씬 높게 나오고 있고 최근 10년간의 기간으로 봐도 한 해도 개인투자자들이 외국인투자자들의 수익률을 넘어선 경우가 없다는 것은 명백하게 외국인투자자들의 탁월한 종목 선택 능력을 인정하지 않을 수가 없다.

한국거래소와 한국예탁결제원의 아래 자료를 살펴보면 2022년 들어 개인투자자들의 가장 많은 순매수 종목 5개는 삼성전자(16조703억원), 네이버(3조2263억원), 카카오(2조2627억원), SK하이닉스(1조7164억원), 삼성전자 우선주(1조6926억원) 등 누구나 알 만한 국내 주식시장의 대표주들이다. 이들 5개 종목의 2022년 1년간 수익률을 단순 평균하면 -41.5%로 5위 안에는 못 들었지만 개인투자자 순매수 7위인 카카오뱅크의 경우 5만9100원에서 2만4300원으로 58.9%나 하락하기도 했다. 반면 외국인 투자자가 2022년 국내 주식시장에서 가장 많이 매수한 종목은 삼성SDI(1조429억원), 우리금융지주(1조246억원), 현대글로비스(9463억원), KT&G(9223억원), LG화학(8418억원) 등이었다. 이들 5개 종목은 대부분 지난 한 해 10% 미만의 하락률을 보였으며 오히려 KT&G의 경우 15.8%나 상승하기도 했다. 외국인 투자자들의 순매수 상위 5개 종목 수익률의 단순 평균은 −2.2%로 개인투자자와 큰 차이를 보였다.

한편, 기관투자자들은 2022년 LG에너지솔루션(3조5968억원)을 집중 매수한 것으로 나타났고 신한지주(5017억원), 셀트리온(4843억원), 한진칼(3343억원), 한화솔루션(2998억원)의 순서로 순매수했다. 기관투자자 순

투자자별 순매수 5개 종목 수익률 현황(2022년)

개인		외국인		기관	
종목명	수익률	종목명	수익률	종목명	수익률
삼성전자	−29.6%	삼성SDI	−9.1%	LG에너지솔루션	−13.8%
네이버	−52.8%	우리금융지주	−9.8%	신한지주	−5.5%
카카오	−53.6%	현대글로비스	−5.2%	셀트리온	−19.1%
SK하이닉스	−41.6%	KT&G	15.8%	한진칼	−39.8%
삼성전자(우)	−29.7%	LG화학	−2.9%	한화솔루션	21.3%

매수 상위 5개 종목 중 가장 많이 하락한 것은 한진칼(−39.8%)이었으며, 한화솔루션은 유일하게 '플러스' 수익률(21.3%)을 기록했다. 5개 종목 수익률의 단순 평균은 −11.4%로 역시 개인투자자들보다는 훨씬 나은 수익률을 기록했다. 2022년 코스피지수는 증시 개장일인 1월 3일 2988.77에서 마지막 날인 12월 29일 2236.40로 752.37포인트(−25.2%)나 하락했다. 코스닥 또한 같은 기간 1,037.83에서 679.29로 358.54포인트(−34.5%) 하락했다.

전 세계적으로 발생한 인플레이션으로 인한 미국 연방준비제도(Fed, 연준)의 급격한 금리 인상의 통화긴축정책과 러시아−우크라이나 전쟁, 중국의 '제로코로나'로 인한 경제위기, 영국의 재무위험 경고발생 등 각종 악재가 이어졌기 때문이다. 덕분에 2021년 6월 3300을 넘어섰던 코스피지수는 불과 1년 반 만에 1100포인트 가까이 하락하며 코로나19 직전 수준으로 돌아가고 말았다. 이러한 시장의 분위기 때문에 투자자별 투자수익률도 어느 정도 예상은 했지만 외국인이나 기관투자자들은 어느 정도 선방을 한 반면 개인투자자들은 시장 수익률의 거의 2배에 육박하는 손실을 보고 있다는 것이고 이러한 결과는 비단 2022년뿐만 아니라 과거부터 지금까지 계속 이어지고 있는 하나의 원칙처럼 되어버렸다.

개인투자자들과 외국인투자자들의 투자 성적이 이처럼 크게 차이가 나는 것은 가치있는 종목을 발굴하고 투자하는 능력의 차이라고 볼 수 있다.

개인투자자들은 외국인투자자들에 비해서 투자 전략과 분석 능력의 차이가 크고 개별 종목과 함께 투자의 중요한 고려사항으로 감안해야 하는 글로벌 정치, 경제, 금융 시장의 동향과 환율 등의 흐름을 꿰뚫고 있지 않아서이다. 그리고 개인투자자들은 습관적으로 추격매수를 하기 때문에 항상 '폭탄 돌리기'의 마지막 폭탄을 받는 경우가 많다. 즉, 외국인이나 기관투자자들보다 개인투자자의 수익률 저조 이유에는 정보에 대한 접근성이나 분석 능력, 위험 관리 측면에서 외국인이나 기관보다 낮기 때문이라는 결론을 도출할 수 있다.

똑같은 현상이 발생했는데 한 명의 개인투자자의 생각과 여러 펀드매니저나 기관의 자금운용 팀의 대응에는 당연히 큰 차이가 있을 수 있겠고, 한 회사의 같은 공시내용에도 개인의 생각과 조직, 팀, 파트별로 회의를 통한 다양한 의견수렴과 전략을 수립해서 진행하는 것과는 차이가 있을 수 있겠다. 특히 개인이 합리적 위험관리 방법인 손절매를 하는 경우가 드문 것도 개인투자자의 수익률이 낮은 중요한 원인이라고 볼 수 있고 시장의 하락 시기에 대응전략이나 매도 타이밍을 잡는 경우에 개인투자자들의 개별적인 판단이 아무래도 투자 수익률에 긍정적으로 작용하지는 않는 듯하다.

개인투자자의 투자행태에 대한 공통적 특징

자본시장 연구원의 보고서 중에 '국내 개인투자자의 행태적 편의와 거래행태'라는 보고서의 내용을 살펴보면 개인투자자의 투자행태에 대한 공통적 특징을 살펴볼 수 있다.

첫째, 직전 시점의 시장수익률이 높을수록 개인투자자의 거래량이 증가하고, 거래빈도가 높은 투자자 유형에서 이러한 관계가 더 강하게 나타난다고 한다. 또한 거래빈도가 높은 투자자 유형에서 매수주식의 수익률이 매도주식의 수익률보다 낮은 경향이 뚜렷한데 개인투자자의 과잉확신 성향이 과도한 거래를 유발하고 투자성과를 저해하는 요인임을 보여준다.

둘째, 매수가격을 기준으로 주가가 상승한 주식을 매도할 확률이 주가가 하락한 주식을 매도할 확률보다 두 배 이상 높게 나타나, 개인투자자자 거래에서 처분효과가 존재하는 것으로 확인된다. 처분효과는 투자경험이 부족한 투자자, 가치평가가 어려운 종목에서 현저하며, 처분효과가 강한 투자자일수록 투자성과는 저조한 것으로 분석된다. 셋째, 개인투자자는 외국인투자자나 국내 기관투자자에 비해 복권형 주식을 보유하고 거래하는 비중이 높고, 특히 남성투자자와 연령대가 낮은 투자자에서 이러한 경향이 강하다. 복권형 주식 선호 경향은 낮은 분산투자 수준 및 높은 거래빈도와 밀접하게 연관된 것으로 파악되며, 복권형 주식에 대한 선호가 높을수록 투자성과는 저조하다. 넷째, 종목별 순매수 개인투자자 비중은 일간 및 주간으로 양(+)의 시계열 상관관계를 보여 개인투자자의 단기군집거래 경향이 관찰된다. 단기군집거래 경향은 신규투자자와 연령대가 낮은 투자자에서, 그리고 투자자 관심도가 높은 주식에서 강하게 관찰되어 제한된 주의(limited attention)와 같은 행태적 편의와 연관된 것으로 추정된다. 또한 군집거래 이후 수익률 반전현상이 관찰되어 군집거래는 비합리적인 거래행태로 판단된다.

이상의 분석결과는 국내 주식시장 개인투자자가 다양한 행태적 편의에 노출되어 있으며 행태적 편의는 투자성과에 부정적인 영향을 미치는 요인이라는 사실을 일관되게 보여주고 있다. 결론적으로 어떠한 호재성 소문에 우루루 쫓아다니며 투자를 한다거나 수익실현보다는 저가매수의 기회를 더 엿본다는 것으로 이러한 부분을 어떻게 개선하느냐가 개인투자자들의 투자수익률 향상에 영향을 미칠 것으로 사료된다.

3. 성공적인 주식투자의 6단계 프로세스

"주식투자를 좀 하고 싶은데... 얼마나 해야 될까요? "

"내년에 전세금 올려줄 돈이 좀 있는데 마땅히 운용할 방법이 없는데...주식은 위험하겠죠?"

"주식투자를 꼭 해야 하나요? 은행이나 저축은행에 넣어두고 작더라도 이자만 받으면 안 될까요? 전 손해 보는 건 정말 못 견딜 것 같아서요."

참으로 다양한 성향의 분들과 상담을 하다보면 주식투자에 대해서만 해도 여러 가지 의견을 듣고 질문을 받는다. 일단 주식투자를 반드시 해야 하는지에 대한 질문부터 시작해서 만약에 하게 되면 얼마나 해야 하는지... 그리고 무엇보다도 어떤 종목에 투자를 해야 하는지에 귀결된다.

필자의 생각은 당연히 주식투자를 해야 한다는 의견이다. 시중 금리가 어느 정도 올라오고 있다고 하지만 어느 사이 정부의 대출금리 규제로 예금이나 적금금리도 일정한 선까지만 올라왔고 여기에 세금이나 물가 상승률을 감안하자면 아직까지는 만족스럽지 못한 이자율이기 때문이다. 그리고 단순히 주식투자로만 보지 말고 앞장에서 언급했듯이 경제 전체의 흐름 파악과 관심과 공부를 하려는 마음이 들기 위해서는 직접 내 돈이 얼마라도 주식시장에 들어가 있어야지 되기 때문이다.

필자가 주식투자를 하라는 의미는 생활비를 제하고 여유자금을 전액 하라는 것은 아니고 각 가정마다의 현재의 수입과 지출에 대한 상황과 함께 향후 10년 이내의 중장기적인 재무적인 계획을 세워놓은 다음에 정말 부담이 없는 금액으로 해보자는 것이다.

그렇다면 주식투자를 하는데 어떤 절차로 해야 하는가?

일단 가까운 증권회사 지점을 방문하거나 스마트폰 등을 활용해서 비대면으로 계좌를 만들고 HTS(Home Trading System)나 MTS(Mobile Trading System)를 다운로드 받고 사용하면 된다. 이러한 절차는 증권회사 홈페이지나 인터넷을 조회하면 자세하게 나와 있다.

어떤 투자도 마찬가지겠지만 주식투자에 있어서도 투자의 첫걸음은 역시 '투자계획 수립'을 들 수 있다. 현재의 자신 혹은 가계의 자금관리에 대한 현황을 파악하고 잉여자금 및 목표 수익률을 정하고 투자를 시작하는 것이다. 이어서 전체적인 시장의 흐름을 파악해야 한다. 개인 투자자들에게 가장 아쉬운 부분이 이 부분인데 현재 국내외 경제상황이나 금리나 환율, 정부의 재정정책 등 각종 참고사항을 무시한 채 그냥 주가가 올라갈 만한 종목 하나만 찍어달라는 요구도 많이 들어왔기 때문에 적어도 주식투자를 하는 사람이라면 최소한의 국내외 경제와 시장에 대

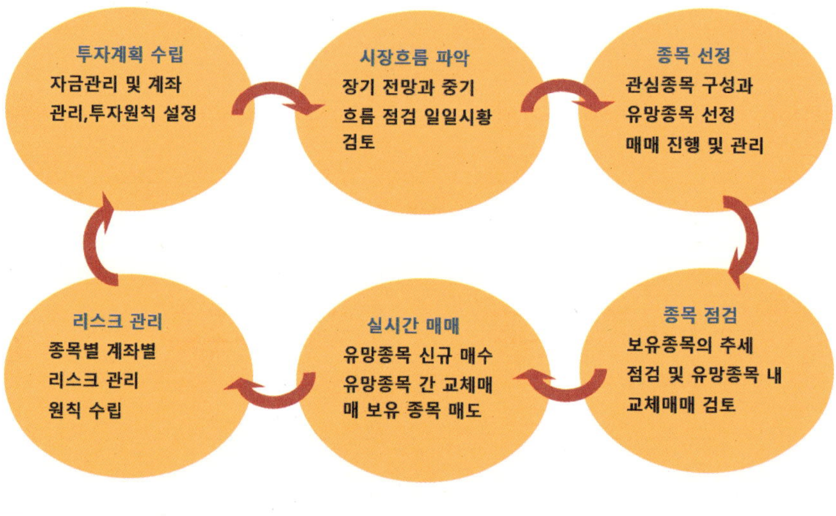

한 돌아가는 판은 알고 하도록 하자. 다음으로는 역시 주식투자의 핵심으로 종목 선정이다. 나만의 관심종목을 구성하고 최소한의 기본적 분석과 기술적 분석 등을 통해서 투자가치 있는 보석 같은 종목을 발굴해보도록 하자. 종목 선정과 점검에 대한 분석은 다음 장부터 자세하게 설명하고 있으니 끝까지 함께하도록 하자.

종목 선정까지 끝났으면 매매를 통해서 투자를 진행하고 종목 교체나 매도 타이밍을 잡기 위해서 계속적으로 관심을 갖고 지켜봐야 하겠다. 이러한 과정이 본인의 일상생활에 영향을 미쳐서는 절대 안 된다. 현재의 직업이나 생활을 유지하면서 틈틈이 오며가며 출퇴근 시간 등을 활용해서 스마트폰 등으로 정보를 얻고 투자종목 관리를 해야 한다. 업무시간에 업무를 못할 정도로 지장을 받는다면 절대 주식투자는 금물이다. 잠시 쉬는 시간이나 화장실에 갔을 때 오며가며 지하철 안에서 등 짜투리 시간을 활용하는 습관을 갖는 것이 중요하겠다.

4. 지나친 낙관보다 나만의 매도 수익률을 정하자

주식 투자자들은 투자를 실천할 때 항상 희망적이고 낙관론자가 되는 경향이 있다.

물론 투자가치를 따져보고 주변의 전문가와 상의해서 투자가치가 높고 향후 주가가 올라가서 수익을 볼 수 있다는 확신이 있기에 투자를 했겠지만 지나친 낙관론자적 자세는 바람직하지 않다.

투자 이후에 투자가치의 변화나 돌발변수나 예상치 못한 환경의 변화가 워낙 많기 때문이다. 따라서 낙관론자의 마인드보다는 객관적이고 냉정함이 투자 이후에 더 필요하지 않을까 싶다.

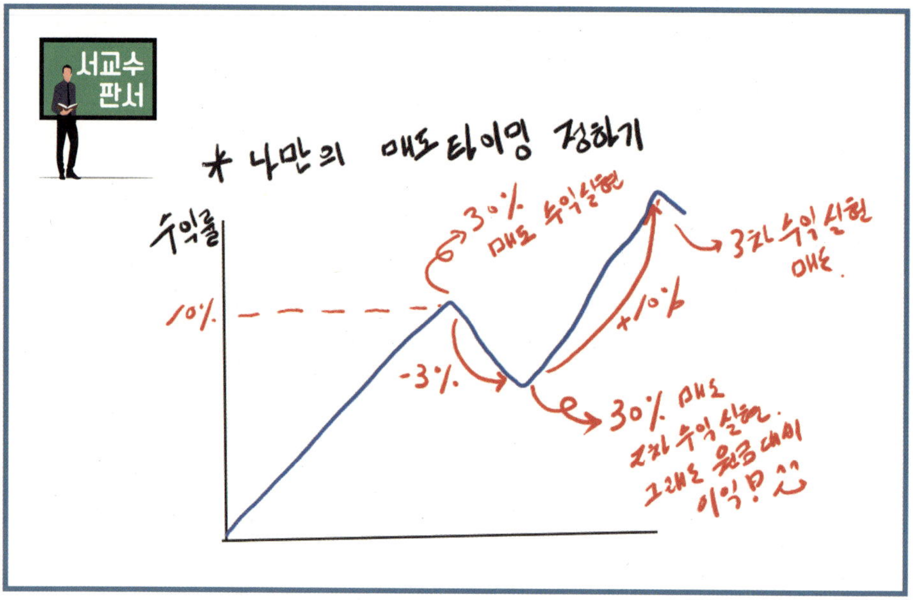

이러한 마인드의 중요성은 매도 타이밍을 정할 때 여실히 들어난다. 주식투자와 관련된 도서나 정보들은 온통 매수종목 정하기에만 집중되어 있다. 어떤 업종, 어떤 종목을 매수하자 식의 희망적이고 긍정적인 메시지만 가득하다. 하지만 정말 중요한 주식투자의 핵심 중의 하나는 바로 매도 타이밍을 정하는 것이다. 필자가 권하는 매도 타이밍의 결정은 두 가지 관점에서 상승할 때와 하락할 때를 나눠서 두 가지로 봐야 하겠고, 우선 상승할 때를 살펴보면 위에 판서한 내용으로 알아볼 수 있다. 만약에 어떤 주식을 투자해서 10% 가량 상승했다면 총 투자수량에서 30%는 매도해서 수익률을 실현하는 것이다. 하지만 대부분의 개인투자자들은 내가 주식에 투자한 다음에 10% 가량 상승하면 절대 매도하지 못한다. 낙관론자의 마인드가 충만하여 훨씬 더 상승하리라고 보는 것이다. 하지만 이때 일부 수익실현을 해둬야 한다. 그래야 혹여 하락 시 어느 정도 손실을 희석할 수 있기 때문이다.

30% 가량 매도한 이후 만약에 하락을 하게 되었을 때 1차 매도 기준으로 3~5% 가량 하락 시기에 추가로 30% 가량을 손절매하도록 하자. 그래도 원금 기준으로는 어느 정도 수익을 봤기 때문에 10% 가량 상승했을 때를 기준으로 보지 말고 최초 투자한 원금을 기준으로 보면 마음이 훨씬 편할 것이다.

2차 매도 후에 다시 주가가 상승한다면 2차 매도시점 가격 기준으로 10% 가량 상승하면 다시 3차 매도를 통해 수익을 실현하도록 하자. 지금까지의 예시는 어디까지나 투자한 종목이 투자가치가 있고 주가가 상승한다는 가정을 한 것이고 만약에 2차 매도 이후에도 주가가 계속 하락한다면 추가 손절매를 통해서 적어도 원금 유지 전략을 세우는 것이 좋겠다. 만약에 계속 상승만 한다고 해도 어느 정도의 수익률을 계속적으로 분할 매도를 통해서 실현하는 것을 권하고 싶다.

지나친 욕심으로 오히려 나중에 더 큰 손실을 부를 수 있기 때문이다. 위에 사례로 언급한 내용을 정리하자면 우선 투자 유망 종목을 선정하고 나만의 목표 수익률을 정해서 일정한 수익률 달성 시 분할 매도전략을 진행하면서 하락 시에도 평균 매수단가를 낮춘다고 속칭 물타기라고 해서 추가 매수보다는 손절매를 통해서 원금 유지 전략을 세우는 것이 바람직하다고 보여진다. 대략적으로 이러한 본인만의 매도 시기 선정을 습관화한다면 한 종목에 발목을 잡혀서 몇 년간 팔지도 못하고 애물단지 주식화되는 실수를 범하지 않을 수 있게 될 것이다.

자기결정에 대한 과신이나 낙관적인 마음이 주식 투자에 있어서 어떤 영향을 미칠까?

일본 규슈대의 기나리 유스케 교수가 일본의 4개 대학교 학생을 대상으로 실시한 연구 결과를 살펴보면 어느 정도 해답을 찾을 수 있겠다.

연구진은 설문조사에 참여한 일본 대학생 1,513명에게 닛케이 225 인덱스의 하루, 일주일, 그리고 한 달 후 값을 예측하는 과제를 냈다. 예측치와 실제 인덱스 값을 비교해 전자가 클 경우 낙관적 예측, 후자가 클 경우 비관적 예측으로 구분했다. 더불어 참여 학생들에게 인덱스 값이 포함될 신뢰구간을 예상해 설정하도록 했다. 자신감이 과한 사람은 예상구간을 매우 좁게 설정하는 성향이 있다는 것을 이용해 자기과신 정도를 측정하고자 한 것이다.

연구 결과 하루 뒤의 닛케이 225에 대해서는 비관적 예측이 나타났지만 일주일 후와 한 달 후의 값에 대해서는 모두 낙관성이 나타났다. 특히 한 달 후의 값에 대해서는 예측치가 실제값을 크게 웃돌았다.

예측기간이 길어질수록 투자자들의 낙관적 견해도 커진다는 것을 알 수 있다. 주식수익률과 낙관성은 뚜렷한 역의 관계를 가지는 것으로 나타났다. 가장 낙관적인 그룹의 일평균 수익률은 −0.53%인 반면 가장 비관적인 그룹의 일평균 수익률은 0.32%였다. 이를 샘플 기간(한 학기) 동안의 평균 수익률로 환산하면 낙관적 그룹은 −30.34%이고 비관적 그룹은 24.73%의 수익률을 거두었다.

물론 소중한 자산을 어떤 종목에 투자하면서 비관론자의 마인드를 가진 사람은 없을 것이다. 하지만 좋은 게 좋은 거라고 단정하고 한쪽으로 치우친 일방적인 생각의 지속은 때로는 수익률 실현이라는 중도 환매 내지는 매도의 타이밍을 놓칠 수가 있어서 결과적으로 큰 손해를 볼 수 있다는 점을 잊지 말자.

5. 주식과 친해지기 위한 용어들

지금까지 주식투자의 기본적인 투자 마인드에 대해서 알아봤고 이제 주식투자에 있어서 기본적으로 알아야 하는 용어를 몇 가지 알아보도록 하자.

주식의 종류에는 우선 배당의결권의 보유 여부에 따른 분류로 우선주와 보통주로 구분할 수 있다. 주식에 포함되어 있는 대표적인 두 권리인 배당수령과 경영참여(의결권) 중 어느 쪽을 강조하느냐에 의한 분류로 쉽게 얘기해서 해당 회사의 주주총회에 참석해서 경영에 의견을 발표하고 자신의 의결권을 행사하려는 투자자는 보통주에 투자하면 되고 경영참여에는 관심이 없고 오직 주가상승에 대한 관심과 배당을 강조하여 보통의 주식보다 배당(또는 회사를 정리할 경우 잔여재산분배)을 먼저 받을 수 있는 주식을 우선주라고 한다.

일반적으로 우선주는 보통주보다 평균주가는 낮은 편이고, 우선주는 보통주보다 배당금, 우선권, 주가의 이득이 있지만 의결권이 없는 점이 다른 점이다. 우선주에서 의결권이 영속적으로 제한된다는 점을 개선해 일정기간이 지나면 보통주로 바꿀 수 있도록 한 것이 신형우선주이고 배

구 분	내 용
보통주	주주가 가지는 권리를 평등하게 보유한 주식. 이익배당이나 잔여재산의 분배에서 선순위 후순위를 결정하는 기준이 되는 주식.
우선주	이익 배당이나 잔여재산의 분배 같은 재산적 이익에서 보통주보다 우선하는 주식으로 경영참여를 위한 의결권은 없음.
신형우선주	우선주 중에서 일정기간이 지나면 보통주로 변경이 가능한 주식, 최저보장 배당률을 정해 놓은 경우에도 신형우선주에 해당.

당은 회사 이익 발생 여부와 주주총회 결의에 따라 변하게 되는데 아예 최저보장 배당률을 정해 놓은 경우도 신형우선주에 해당된다.

우리가 신문의 경제기사를 보다보면 '시가총액'이라는 단어를 가끔 보게 된다.

대형주의 판단 기준이고 전체 상장기업 주가에서의 비중 등을 알아서 투자의 안정성을 확인하는 수단으로 활용되는 시가총액은 특정 기업의 발행 총수에 기준일 현재의 주식가격(주가)를 곱하면 그 기업의 전체 가치, 즉 시가총액이 된다.

주가는 증권거래소라는 시장에서 구해지게 되며, '주식의 총수×주식가격'으로 구한 금액을 시장가격으로 구한 총액이라 하여 시가총액이라 하는데, 개별주식의 가치를 알 수 있는 개별주식 시가총액과 국내 주식시장의 전체 규모를 알 수 있는 전체시장 시가총액으로 나누어 볼 수 있다.

국내 상장기업 시가총액 상위 50위(코스피)

종목명	시가총액
삼성전자	352,217,170,450,000
LG에너지솔루션	103,896,000,000,000
SK하이닉스	60,496,996,531,500
삼성바이오로직스	57,508,592,000,000
삼성전자(우)	44,189,015,790,000
LG화학	41,931,851,742,000
삼성SDI	40,296,014,580,000
현대차	34,080,075,826,500
NAVER	30,349,080,725,000
카카오	25,477,474,136,400
기아	24,929,845,840,500
POSCO홀딩스	24,187,371,780,000

KB금융	23,184,463,755,600
셀트리온	23,021,651,835,000
삼성물산	21,398,570,774,500
신한지주	20,656,665,681,400
현대모비스	20,177,010,116,000
LG전자	14,842,856,729,800
포스코케미칼	14,601,816,970,000
삼성생명	14,480,000,000,000
하나금융지주	14,440,089,628,800
SK이노베이션	13,916,067,382,000
SK	13,828,849,858,500
카카오뱅크	12,967,073,326,400
한국전력	12,518,299,501,500
KT&G	12,287,678,481,500
LG	12,080,716,262,400
LG생활건강	11,338,811,022,000
삼성전기	10,718,545,376,000
SK텔레콤	10,416,457,654,400
고려아연	10,368,568,476,000
두산에너빌리티	9,893,774,511,500
HMM	9,731,885,970,400
삼성화재	9,664,466,748,000
삼성에스디에스	9,594,847,200,000
엔씨소프트	9,396,321,416,000
현대중공업	9,232,404,064,000
우리금융지주	9,064,353,835,050
KT	8,864,745,881,600
S−Oil	8,815,232,613,600
대한항공	8,524,308,302,150
카카오페이	8,325,976,970,200
기업은행	8,133,743,863,800
크래프톤	8,122,995,697,500

아모레퍼시픽	8,042,754,362,500
한화솔루션	7,957,185,475,200
하이브	6,947,369,016,000
LG이노텍	6,437,453,104,000
롯데케미칼	6,118,162,291,500

(2023년 1월 9일 기준 한국증권거래소(krx.co.kr) 조회)

현재 국내 상장기업의 시가총액 1위는 역시 '삼성전자'로 2023년 1월 9일 기준으로 약 352조원으로 나타나고 있다. 삼성전자가 선두를 달리고 있고 2위인 LG에너지솔루션과의 격차가 3배 이상 차이가 나고 있다.

증자와 감자? 유상과 무상? 정체가 뭐니?

예전 모 신문에 아래와 같은 기사가 난 적이 있다.

관련 신문기사

쌍용, 액면가 이하 유상증자 추진

신차 개발 자금마련 위해
수백억 규모…내달 임시주총

쌍용자동차가 신차 개발 자금을 마련하기 위해 조만간 수백억원 규모의 유상증자를 하기로 했다. 11일 금융감독원에 따르면 쌍용차는 다음달 25일 임시 주주총회를 열어 '주식 액면가액 미달 발행의 건'

> 을 상정한다.
>
> 상장사가 액면가 이하 가격으로 증자하려면 주주총회 특별결의 승인을 거쳐야 한다는 자본시장법에 따른 것이다. 유가증권시장 상장사인 쌍용차의 이날 종가는 4570원으로 이 회사 주식 액면가(5000원)를 밑돈다.
>
> (이하 생략).

이 기사에서 우리는 두 가지 새로운 용어를 보게 되는데 '액면가'와 '유상증자'가 그것이다. 보통 주식은 유가증권(가치가 있는 증권)의 하나인데 유가증권은 대개 액면가를 가지고 있다. 액면가란 그 증권의 표면에 표시되어 있는 가격이며 이 증권의 기본적인 가치를 나타낸다.

주식의 경우 액면가와 시장에서 거래되는 가격은 보통 차이가 나게 되는데 그 이유는 회사를 처음 설립할 때 주주는 주식을 받고 투자를 하게 되고 주식의 표면에는 5000원, 1000원 등의 값이 쓰여 있고 본인이 투자한 돈의 크기에 맞는 주식을 받게 된다(예: 2000만원을 투자했다면 5000원 액면의 주식 4000주를 받는다).

만약 이 회사가 투자가치가 높고 향후 주가 상승의 기대가 높다면 많은 투자자들이 액면가보다 높은 가격으로 주식을 매수하게 된다. 기업이 매출이 늘어나고 수익이 많이 발생하면 많은 투자자들이 해당 기업의 주식을 매수하려고 하고 주가는 당연히 액면가보다 오르게 된다.

즉 아파트의 청약과 분양에 있어서 투자가치가 높은 아파트인 경우 분양가보다 높은 프리미엄을 주고 매수하게 되는 것과 같은 논리라고 보면 된다.

이런 상태에서 추가로 주주를 모집하면 대개 액면가보다 더 돈을 내고 주식을 매수하게 되고 회사의 수익이 줄어들거나 속해 있는 산업이 하향세라면 매도세가 많아져서 주가가 액면가 이하로 내려가기도 한다.

어떤 기업의 투자가치를 알기 위해서 알아야 할 지표 중에 자본금과 관련된 지표가 있다. 자본금은 액면가액의 합계(=주주들이 매수한 주식수의 합계×액면가액)를 말하는데 보통의 경우 주주들은 액면가대로 주식을 매수해서 투자를 하게 된다.

자본금은 회사 설립을 위해 투자된 돈의 크기를 나타내는데, 즉 기업의 규모를 나타내고 주식이 증권거래소에서 매매되는 경우에는 시가총액(=주가×주식총수)이 기업규모를 나타내는 지표가 된다. 증권거래소의 가격 같은 신뢰성 있는 가격을 구하기 어려운 때에는 자본금(=액면가×주식총수)이 기업규모를 나타내는 지표가 되기도 한다.

위의 기사에서 알게 된 또 하나의 용어가 바로 '유상증자'이다.

흔히 기업이 운영자금을 마련하기 위한 방법에는 기업대출과 CP(기업어음) 발행, 회사채 발행과 함께 증자가 있다. 증자는 위에서 설명한 자본금의 개념이 필요한데 자본금은 '주식수×액면금액'으로 구하고 이 주식수를 늘리면 자본금이 늘어나게 되며 흔히 이를 증자라고 한다. 주식수를 늘릴 때 실제 외부에서 기업으로 돈이 들어오느냐에 따라 유상증자와 무상증자로 구분하는데, 여기서 유상증자는 기업의 새로 발행되는 주식을 투자자금을 납부하고 매수하는 방법을 말하며 외부에서 기업으로 투자자금이 들어오게 된다.

유상증자는 회사의 이사회의 결의를 거쳐서 할 수 있다. 이사회에서 주식수, 배정기준일, 청약일정 등을 결정해서 공표하고 일반적으로 공개적으로 주식투자자를 모집하는 일반배정을 선호하는데 경우에 따라서는

유상증자 방식 및 주가영향

증자 방식	개념 및 주가영향
주주배정방식	유상증자의 목적에 따라 다르지만 일반적으로 투자처를 구하지 못해 기존주주들로부터 자금을 공급받는 경우에는 악재
일반공모방식	일반 대중에게 기업공개(IPO)방식으로 주식을 공모하는 방식. 보통 기존 주주들로부터 자금을 공급받지 못해서 회사가 주주들에게 신뢰를 잃었다는 의미로 악재
제3자배정방식	중소기업이 대기업이나 그룹사 등에게 제3자 배정으로 유상증자를 한다면 호재. 하지만 상장폐지를 모면하는 등 기업의 운영을 개선하기 위한 목적이라면 악재
주주배정 후 실권주 일반공모 방식	기존 주주들로부터 유상증자를 받지 못하면, 남은 주식(실권주)를 일반공모방식을 통해 증자.

투자자의 증가를 유도하기 위해서 제3자 배정방식도 겸하고 있다. 발행주식의 기준가격을 어떻게 정하느냐에 따라서 액면발행과 시가발행으로 나뉘는데, 액면발행은 주식의 액면가격을 기준으로 발행가격을 정하는 것이고 시가발행은 주식시장에서 현재 거래되고 있는 가격을 기준으로 발행가격을 결정하는 것이다.

위에서도 언급했듯이 유상증자의 호재와 악재 구분은 공시를 통해 유상증자의 목적을 파악해야 한다. 만약에 유상증자의 목적이 시설자금이나 타법인 주권 취득자금이라면 일단 호재로 봐야 하겠다. 하지만 타법인이 부실계열회사를 지원하기 위한 자금이라면 반드시 호재라고는 할 수 없겠다. 또한 단순 운영자금이나 부채상환의 경우에는 부정적으로 보는 견해가 많다. 그만큼 기업의 재무상황이 악화됨으로써 경영자금이 단기적으로 필요하다는 의미이고 실적도 좋지 않다는 의미이기 때문이다. 이러한 공시는 금융감독원에서 운영하는 전자공시시스템(dart.fss.or.kr)이나 한국거래소의 기업공시채널(kind.krx.co.kr)을 방문하면 각 기업들의 다양한 공시내용에서 확인할 수 있다.

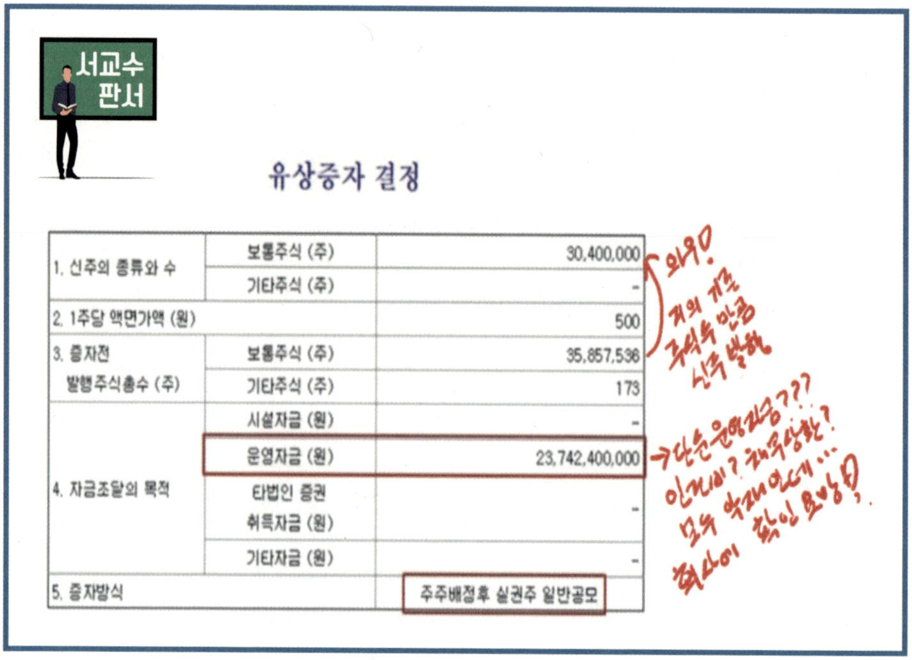

유상증자 결정

1. 신주의 종류와 수	보통주식 (주)	30,400,000
	기타주식 (주)	-
2. 1주당 액면가액 (원)		500
3. 증자전 발행주식총수 (주)	보통주식 (주)	35,857,536
	기타주식 (주)	173
4. 자금조달의 목적	시설자금 (원)	-
	운영자금 (원)	23,742,400,000
	타법인 증권 취득자금 (원)	-
	기타자금 (원)	-
5. 증자방식		주주배정후 실권주 일반공모

위의 이미지는 실제 모 기업의 유상증자 공시 사례이다. 자금조달의 목적이 운영자금으로 되어 있다. 그런데 증자 규모가 기존 발행주식에 육박하는 물량을 발행하고 있다. 이런 경우 운영자금의 목적에 따라서 호재와 악재가 정해지는데 시설자금이 나 타법인 증권 취득자금이 아니기 때문에 일단은 보수적으로 봐야 하겠고 제일 정확한 것은 직접 회사에 문의를 통해서 구체적으로 운영자금의 활용에 대해서 알아보는 것이 좋겠다.

무상증자는 주식수를 늘리는 데 드는 돈을 기업의 기존 이익에서 감당하는 것으로 늘어난 주식은 기존 주주에게 주식보유비율에 따라 나누어 주게 된다. 무상증자는 회사의 재산을 주주에게 나누어주는 셈이지만 기업에 투자되는 자금인 주식으로 준 것이기에 기업에서 돈은 빠져나가지 않게 되고 실제의 기업가치의 변동은 없고, 회계상의 이름만 변동되는 것으로 주주의 입장에서는 배당처럼 느껴지고 또 무상증자를 하려면 기업에서는 충분한 이익이 있어야 하므로 무상증자 소식은 기업이 튼튼하다는 증거가 되기도 하며, 시가보다 저렴하게 발행하기도 하므로 주가에 긍정적인 신호로 보면 된다.

결국 무상증자라는 것은 회사의 잉여금 항목에 있는 돈을 자본금으로 이동시키는 것을 의미하고 잉여금에 담겨져 있는 돈을 주식발행을 통해서 기존의 주주들이 가진 지분에 비례해서 배분해주면 잉여금은 줄어들고 자본금은 늘어나게 된다.

흔히 무상증자를 하는 이유는 기업의 가치상승과 더불어 주가상승, 기업의 이익을 자본금으로 전환하는 기능 등으로 보면 된다.

관련 신문기사

2023년 1월 3일 M메디 소비자뉴스

제약사 '주주친화' 행보 … 무상증자 · 주식배당 등 '선물 보따리'

유한 · 한미 · 종근당 등 작년 말 무증, 셀트리온 3사는 주식 · 현금 동시 배당…
씨젠 등은 중간배당

연말 배당시즌을 맞아 지난해 제약바이오기업 4곳이 무상증자를 결정했다. 2021년 9곳에 비해서는 지난해 무상증자가 짜졌다.

3일 금융감독원 전자공시시스템에 따르면 상장 제약바이오기업 중 지난해 말까지 연말 무상증자를 공시한 상장 제약바이오기업은 4곳으로 파악됐다. <표 참조>

2022년 연말 무상증자 공시 제약바이오기업

회사명	공시일	1주당 배정주식수	액면가액	신규발행 주식수	증자전 발행주식수	신주배정 기준일
유한양행	2022.11.22	0.05	1,000	3,407,181	73,231,476	2023.01.01
종근당	2022.12.08	0.05	2,500	580,426	11,988,038	2023.01.01
한미약품	2022.12.15	0.02	2,500	244,187	12,317,971	2023.01.01
JW신약	2022.12.15	0.05	500	2,299,740	46,127,437	2023.01.01

유한양행 · 한미약품 · 종근당 · JW신약 등 4곳이 연말 무상증자를 공시했다. 유한양행 · 한미약품 · 종근당은 연말 무상증자 단골손님이다.

유한양행은 2016년부터 7년째, 종근당은 2018년부터 5년째 연말마다 무상증자를 진행 중이다. 한미약품은 2013년부터 2016년을 제외한 9년째 무상증자를 결정했다. 주주친화 제약사들이다. JW중외제약과 JW홀딩스도 연말 무상증자 단골기업으로 들어갔으나 지난해에는 JW신약만이 무상증자를 결정했다. 무상증자란 주식대금을 받지 않고 주주에게 주식을 나눠주는 것을 말한다. 기업 입장에선 현금 유출 없이도 주주에게 보상이 가능하고 액면가를 유지하면서 주식 수를 늘려 자본금 증가에 따른 재무건전성을 개선하는 효과도 있다.

주주 입장에서는 돈을 들이지 않고 더 많은 주식을 가질 수 있고, 권리락 이후 주가가 상승했을 때 그만큼 수익을 얻을 수 있다. 이 때문에 통상 무상증자는 주식시장의 호재로 평가받는다. 지난해 주식배당을 결정한 업체들도 많았다.

주식배당은 신주를 발행해 주주들에게 제공한다는 점에서 사실상 무상증자와 비슷한 효과가 있다. 현금배당과는 달리 자금이 투입되지 않아 기업 입장에서 선호하는 배당정책이다. 주식배당은 자본준비금을 재원으로 하는 무상증자와 달리 이익잉여금을 재원으로 활용한다는 점에서 차이가 있다. 셀트리온그룹 내 상장사인 셀트리온, 셀트리온헬스케어, 셀트리온제약이 지난해 12월 주식 · 현금 동시배당 또는 주식배당을 각각 결정했다.

– 이하 생략 –

김진수 기자

말이 난 김에 증자의 반대표현인 '감자'에 대해서 알아보자. 감자는 증자의 반대말이며 주식수를 줄여 자본금을 줄인다는 의미이다.

보통 유상감자와 무상감자가 있는데, 기업이 주주에게 대가를 주고 주주의 재산인 주식을 없애는 것이 유상감자이고, 증권시장에서 주식을 사서 없애는 방식도 있는데 이를 자사주 매입 소각이라고 표현한다.

추후에 다시 살펴보겠지만 특정 기업의 '자사주 매입 소각'은 주식수가 줄어들면서 대부분의 주식투자 관련 지표가 좋아지는 의미로 주식투자에 상당한 호재성 소식으로 보면 된다. 기업에서는 감자를 위해 돈이 빠져나가게 되고 그 돈은 주주에게 돌아가게 된다. 회사의 재산이 실질적으로 감소된다고 하여 실질적 감자라고도 하는데 무상감자는 주주에게 돈을 주지 않고 주식수를 줄이는 것인데 회사 경영이 잘못 되어 재산을 탕진한 경우 주주에게 책임을 물어 내 놓았던 재산인 자본금을 강제로 줄여버리는 것이 무상감자이다.

무상감자의 목적은 회사의 경영에 실패한 기존 주주에게 책임을 묻고 기업 회생을 위한 신규 자금의 유입을 원활토록 하는 것으로, 일반적으로 새로 자금을 투자하는 사람들에게 기존 주주보다 유리한 조건을 부여하게 된다.

2018년 9월 21일 한국경제신문에 아래와 같은 기사가 났다.

관련 신문기사 **2018년 9월 21일 한국경제신문**

'법정관리' STX 매각 막판 진통, 8 대 1 감자에 소액주주들 반발

파인트리로 매각 내달 12일 결정
변경회생계획안 법원에 제출
소액주주들 "형평성 깨졌다" 분통

상당수 손실 떠안는 대주주 産銀
파인트리-소액주주 사이서 '난감'

기업회생절차(법정관리)를 밟고 있는 유가증권시장 상장사 STX중공업(2,720110 4.21%)의 매각 작업이 막판 진통을 겪고 있다. 파인트리파트너스로의 매각 여부를 결정하는 다음달 12일 관계인집회를 앞두고 제출된 변경회생계획안에 담긴 8 대 1 무상감자안에 소액주주들이 반발하고 있기 때문이다. 최대주주인 산업은행이 어떤 결정을 내릴지가 매각 성패를 좌우할 것으로 전망된다.

(이하 생략)

본인의 보유 주식수가 8분의 1로 줄어들기 때문에 주주들이 반발하는 것은 당연하겠고 흔히 감자는 주식투자에 있어서 주가하락의 요인으로 작용하고 있다.

한 회사의 주식에 투자를 한다면 적어도 그 회사의 재무상태나 실적 및 다양한 지표에 대해서 파악을 해야 한다. 내가 투자한 회사가 작년 매출이 얼마였는지, 이익은 얼마였는지, 받을 돈과 조만간에 갚아야 할 부채가 얼마인지를 모르고 어떻게 주식에 투자를 한다고 할 수 있겠는가?

기본적인 재무상태표의 구조와 지금까지 알아본 증자와 감자에 대해서 아래에 간단히 정리해보았다.

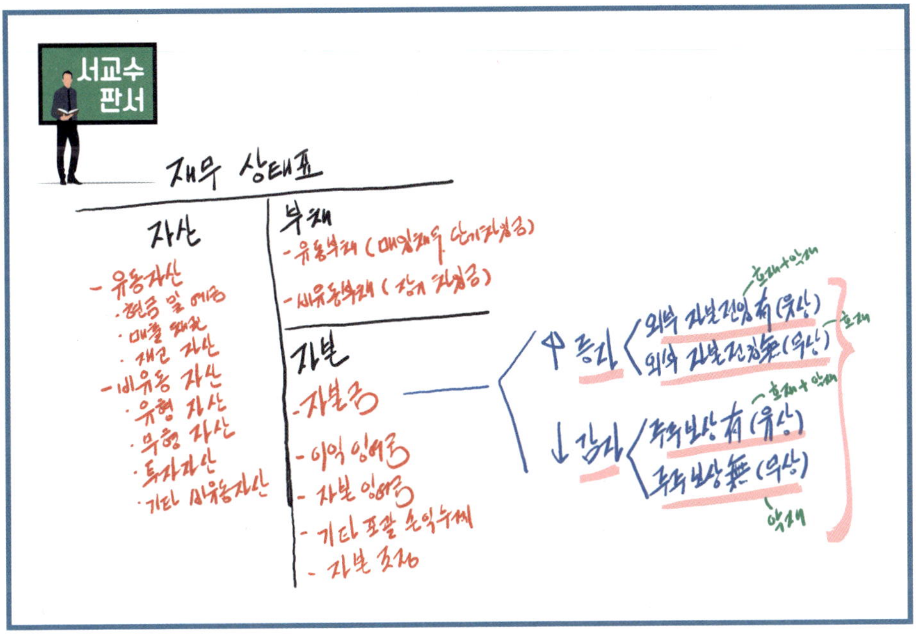

주식투자에 필요한 기본적인 용어를 알아보고 있는데 마지막으로 실제 주식이 거래되는 시장에 대해서 알아보도록 하자.

우리가 펀드나 ETF(상장지수펀드)에 투자할 때 '주가지수'에 투자하는 상품을 자주 보게 된다. 즉 개별종목 투자에 대한 리스크를 줄이고 시장의 흐름에 투자하는 것을 말하는데 주가지수란 주식의 매수와 매도가 이루어지는 시장이라고 보면 된다. 고용지수나 물가지수처럼 한 나라의 경제나 금융시장의 흐름을 읽을 수 있는 지수라고 보면 되는데, 주가지수는 대개 거래소별로 별도로 산정된다.

한국거래소(KRX)의 자료를 참고로 우리나라 주식시장에 대해서 살펴보도록 하자.

한국거래소(KOSPI)

한국거래소(Korea Exchange, KRX)는 증권 및 파생상품의 유통시장을 개설해서 운영·관리하는 주체로서 2005년 1월 27일에 기존의 한국증권거래소, 코스닥증권시장, 한국선물거래소, 코스닥위원회가 하나로 통합되어서 출범하였다.

한국거래소는 자본시장법에 의해서 설립된 주식회사로서 증권 및 선물*옵션과 같은 파생상품의 가격형성과 거래의 원활화 및 안정화를 목적으로 두고 주요 하는 일은 다음과 같다.

- 유가증권 시장과 코스닥 시장 그리고 파생상품 시장의 개설과 운영
- 증권 및 장내 파생상품의 상장
- 증권 및 파생상품의 매매체결 및 청산과 결제
- 증권 및 장내 파생상품의 이상거래 감시
- 거래소시장 내에서의 매매거래와 관련하여 발생하는 분쟁조정 등

코스닥시장(KOSDAQ)

정부가 1980년 초부터 중소기업 및 첨단벤처기업 육성을 위하여 영세한 규모의 중소기업 등이 주식시장에서 자금을 조달할 수 있도록 1987년 4월 한국증권업협회(현 금융투자협회) 내에 주식장외시장을 개설하였다.

1996년 7월에 기존 상대매매방식의 낙후된 매매방식을 경쟁매매방식으로 전환한 코스닥시장의 매매시스템이 정식 가동되었고 1997년 4월 1일

부터 미국의 NASDAQ(National Association Securities Dealers Automated Quotation)을 본따서 KOSDAQ(Korea Securities Dealers Automated Quotation)으로 중소 · 벤처기업을 위한 증권시장으로 발전하였다.

제3시장

공식 명칭은 '장외주식 호가중개시장'으로 증권거래소 상장이나 코스닥 등록 여건을 충족하지 못해서 제도권 시장으로 진입이 어려운 기업들이 발행한 주식이나 상장, 등록이 폐지된 주식들에 대해서 유동성을 부여하고 활발한 거래를 유도하기 위해서 만든 시장이다.

1999년 5월 기획재정부에서 장외주식 호가중개시장 개설을 발표한 뒤 정규시장에 상장, 등록되지 않은 주식 가운데서 한국증권업협회(현 금융투자협회)가 지정한 종목을 코스닥증권시장(주) 호가 중개시스템을 통해 거래할 수 있게 하였다.

기존 증권거래소와 코스닥 시장에 이어 2000년 3월 27일에 처음으로 개장되어 제3시장으로 불리다가 2005년 증권업협회가 제도를 변경해서 프리보드(Free Board)로 출범하게 되었다.

코넥스 시장

중소기업의 자금조달 현황을 살펴보면 대부분 은행대출에 편중되어 있고, 직접금융(주식 발행)을 통한 자금조달은 매우 낮은 수준이라 중소기업 등 비상장기업의 부채비율이 높아지고, 이자비용 부담도 상장기업에 비해 과중한 실정이며, 은행의 대출정책 변화 등에 따라 기업의 존립이 위협받을 수 있는 가능성도 증가하고 있다.

코넥스(KONEX, Korea New Exchange)는 자본시장을 통한 초기 중소·벤처기업의 성장지원 및 모험자본 선순환체계 구축을 위해 개설된 초기·중소기업전용 신시장으로 그 특징에는 「중소기업기본법」상 중소기업만 상장 가능한 시장으로서 초기 중소기업에 특화된 시장으로 보면 된다.

이런 목적으로 기술력 있는 중소기업의 성장을 지원하기 위하여 공모, 사모, 직상장 등 진입방법을 다양화하고 진입요건도 최소화하였고 그 밖에도 분반기보고서를 면제하고 수시공시사항을 축소하여 공시부담을 완화하였으며 법상 사외이사와 상근감사 설치의무를 면제하여 지배구조부담도 완화하고 있다.

아울러 코넥스시장은 전문투자자 등으로 시장참여자를 제한하나, 중소기업 투자전문성이 인정되는 벤처캐피탈(창업투자조합 등 포함) 및 엔젤투자자의 시장참여를 허용하여 모험자본의 선순환을 지원하고 있고 M&A 등 구조조정을 지원하는 시장으로 활발한 M&A의 지원 및 원활한 지분매각을 위하여 합병요건(우회상장 포함)을 완화하고 대량매매·경매매제도 등을 도입하고 있다.

6. 경제요인과 주식투자의 활용

만약에 여러분에게 목돈이 생겼다고 보자. 이 돈으로 무엇을 할까 고민하다가 주식에 한번 투자해볼까?라는 결정을 했다고 하면 가장 먼저 무엇을 할 것인가? 증권회사에 위탁계좌는 이미 개설해 놓고 스마트폰에

MTS도 다운로드 받아서 종목을 고르고 매수버튼만 누르면 된다고 했을 때 가장 먼저 무엇을 해야 할까? 물론 종목을 고르는 것인데 어떤 자료를 보고 어떤 업종에서 어떤 종목을 고를 것인가?

이러한 과정 즉, 주식투자에 대해서 흔히 얘기하는 '출동준비'가 되어 있는 예비 투자자가 많지는 않은 것 같다. 이유는 평소에 전혀 주식투자에 대해서 기본적인 체력이나 준비가 되어 있지 않았기 때문이다. '투자할 돈이 없지 종목이 없습니까?'라고 반문을 할 수 있겠지만 코스피와 코스닥의 2,670여개의 종목 중에서 고르는 것인데 많다고 아무 종목이나 덥석 매수를 할 수는 없는 노릇이다. 그렇다면 평소에 '출동준비'를 하기 위해서는 무엇을 해야 하는가? 우리가 헬스클럽이나 운동을 시작할 때 가장 많이 강조하는 부분이 '유산소 운동'을 하라고 한다. 경직되어 있는 근육도 풀고 본 운동을 하기 전 몸을 풀기 위해서인데 주식투자의 '유산소 운동'은 바로 '국내외 경제' 이해하기와 흐름 파악하기이다. 그 흐름에는 금리의 흐름, 환율의 흐름, 대체적인 원자재 가격의 흐름 등 투자에 필요한 다양한 흐름이 있다.

주식투자의 첫걸음은 '경제알기'로 이는 하향식(Top-down) 분석이라고도 한다.

말 그대로 위에서 아래로 관점을 옮겨가면서 투자를 준비하는 것인데 우선 해외경제를 살펴보고 다음으로 국내경제, 관심 산업, 종목 고르기 식으로 바라보는 것이다. 전 세계적으로 워낙 국가별 정치나 경제 뉴스와 상황이 실시간으로 반영되기 때문에 우리는 미국대통령이나 연준 의장, 중국의 시진핑주석, 영국 총리의 인터뷰기사를 챙겨봐야 하고 미국에서 발표되는 물가지수나 고용에 대한 통계를 살펴봐야 한다.

'하향식(Top-down) 분석' 방법의 순서에는 우선 일반적 경제의 시장요소 등의 현재 흐름이나 방향을 예측하고 그 결과에 따라서 경제 환경이 어떻게 바뀌고 영향은 어떻게 얼마나 받고 그러한 변화 속에 어떤 산업이나 업종이 호황을 누리게 되고 실적이 올라가고 이익이 늘어나는지 파악하고 그 안에서 가장 수혜를 받는 기업이 어디인지 확인하는 것이다. 하향식 분석의 반대는 '상향식(Bottom-up) 분석'이다.

상향식 분석은 말 그대로 하향식 분석의 반대로 하면 된다. 우선 개별 기업의 사업분야나 재무, 투자가치, 개인이나 외국인 투자자들의 선호도를 살펴보고 그 기업이 속한 산업이나 업종을 확인하고 지금까지 확인한 사항에 영향을 줄 국내외 경제상황을 살펴보는 방식으로 투자를 결정하는 것이다.

지금까지는 '산을 보지 말고 나무를 봐라'의 격언처럼 투자가치 종목만 확인하고 투자하는 개별 종목 투자의 시대라면 앞으로는 ETF(상장지수펀드)의 등장으로 코스피나 코스닥 시장전체 혹은 2차 전지나 자동차, 은행 업종 등 개별 업종에 대한 투자도 많이 활성화되어 있어서 투자의

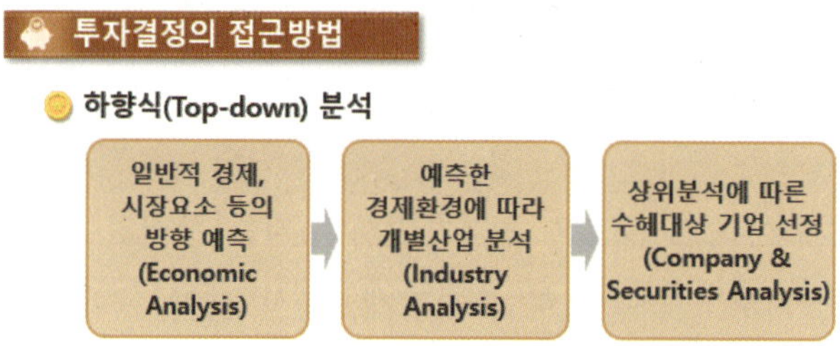

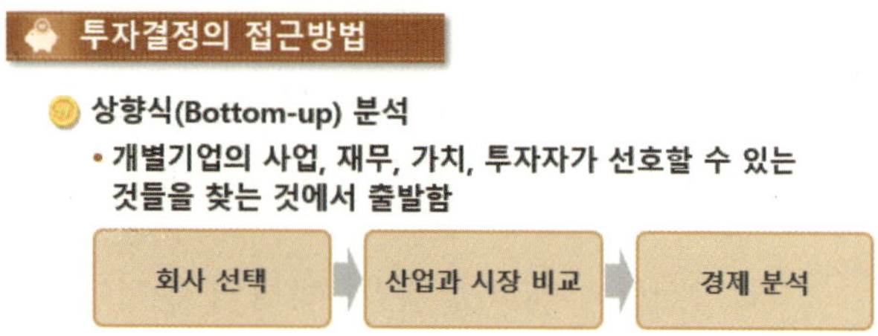

폭은 훨씬 넓어졌다고 보면 된다. 대신 그만큼 개인투자자들의 선택이 어려워지고 공부를 해야 하는 분량도 많아졌음이다.

따라서 평소에 유산소 운동을 하듯이 숨을 쉬듯이 투자에 관심을 갖고 국내외 경제와 다양한 업종별 동향, 전망에 대한 기사나 뉴스, 리포트 등에 관심을 갖고 읽어보는 자세가 중요하겠다.

개별 경제요소와 주식투자의 관계

개별 경제요소와 주가와의 관계를 알기 위해서는 기본적으로 '경제요소와 현상 → 주가변화'의 기본 흐름을 예상할 줄 알아야 한다.

일반적인 이론으로 경제가 침체되면 정부에서 금리를 인하해서 화폐가치를 떨어뜨리고 시중의 유동성을 높여서 수출기업들의 실적제고와 함께 유동성 장세를 형성해서 주가도 띄운다고 알고 있다. 즉, 금리가 인하하면 주식시장은 상승하고 금리가 상승하면 기업들의 채무이자 등 부담감이 커져서 주식시장에는 악재라고 인식하고 있다. 금리가 오르면 기업의 부채와 조달비용도 오르기 때문이다. 기업은 대출이나 회사채 발행 등의 방법으로 자금을 조달해 설비를 확충하고 원자재를 구입해서 매출을 올리는데 자금조달 비용이 늘어나면 아무래도 이익이 줄어들어 영업성과가 낮아지게 된다.

또한 금리가 인상되면 주식이나 부동산 등 투자자산의 수익과 금융사의 예금상품 등 안전자산의 수익 차이가 적어지면서 시중의 자금이 은행 등의 무위험자산의 확정이자율을 제공하는 상품으로 이동하기 때문에 어느 정도 위험을 감수해야 하는 투자자산에 대한 매력이 떨어지게 된다.

하지만 무조건 이 원칙이 맞는 건 아니다. 1980년대부터 시작된 일본의 잃어버린 30년간의 기간에 일본 정부는 마이너스 금리 정책을 펼쳤지만 주식시장은 하락을 면치 못했다. 미국의 경우에도 1950년 이후 12차례 연준의 금리 인상기 동안 S&P500은 연평균 9%의 수익률을 보였다고 한다. 이 가운데 마이너스 수익률을 기록한 금리 인상기는 석유 파동으로 경기 침체가 심각했던 1972~1974년(−8.6%) 단 한 차례였다고 하니 우리가 기존에 알고 있었던 금리의 인상과 인하에 따른 주식시장의 변화가 반드시 역의 관계라고 단정짓기는 어렵다. 오히려 다른 경제적인 요인의 영향이 컸던 적도 있다는 점을 잊지 말아야 하겠다.

2022년 들어 러시아와 우크라이나 전쟁과 중국 코로나 봉쇄로 인한 공급 문제, 세계적인 인플레이션 문제, 영국 등 유럽국가들의 재정위기설 등 다양한 변수들이 존재하고 있다. 이러한 상황에서 연준이 금리까지 인상하니 불에 기름을 붓는 격이라고 보면 된다. 결론적으로 기본적

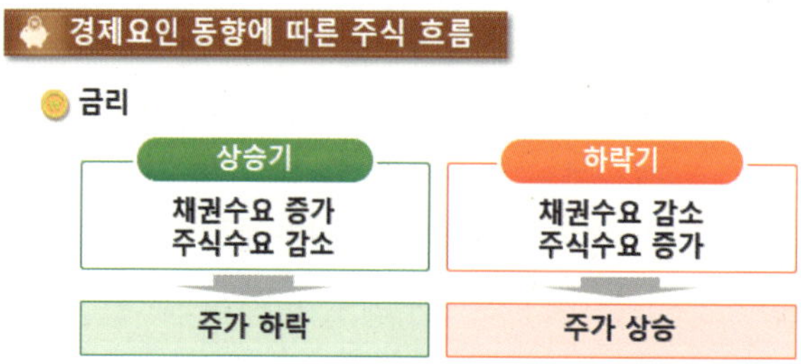

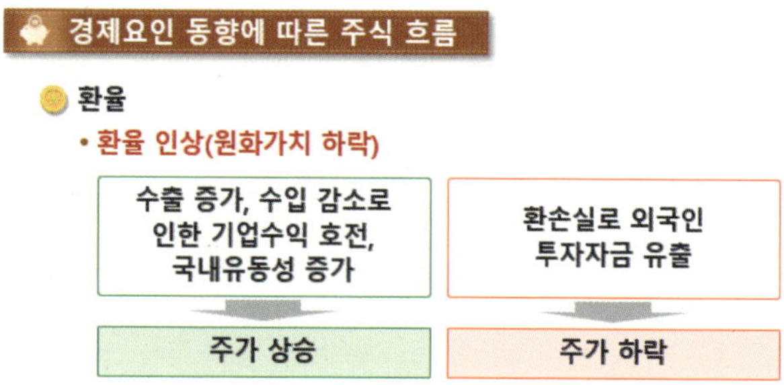

인 금리와 주식시장은 역의 움직임을 보였지만 다른 경제나 투자시장의 변수나 악재요소도 챙기는 습관을 갖도록 하자.

환율변화에 대한 주식시장의 등락은 더더욱 상황에 따라 다르다. 즉, 환율이 올라가면 자국 통화가치가 하락했다는 의미이고 수출기업들의 실적이 높아질 가능성이 높다. 아울러 국내 유동성도 증가해서 일반적으로는 주가가 상승한다고 할 수 있지만 수입업체의 경우에는 오히려 수입물량 대비 부담 금액이 늘어나서 내수 소비물가가 상승할 수 있다. 환율이 하락하면 반대의 상황에서 수출주와 수입주의 희비가 엇갈릴 수 있다.

유가(WTI)와 주식시장의 관계도 업종별로 호재와 악재 희비가 엇갈린다. 유가가 상승하면 경상수지가 악화되고 기업실적도 악화되어 궁극적으로 주식시장은 하락이 예상되지만 원유를 많이 비축하고 있는 정유주나 휘발류 가격에 대한 부담감 등으로 전기차 관련 회사들의 주가에는

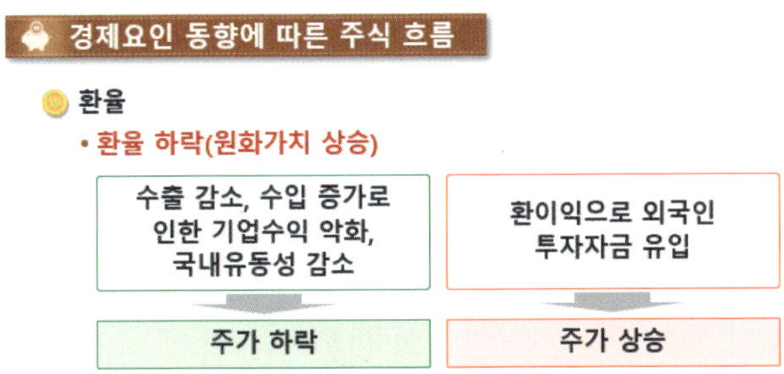

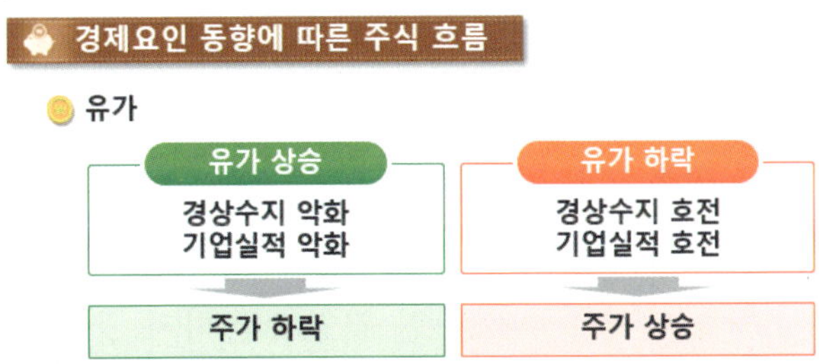

긍정적 요소라고 할 수 있다.

유가가 하락하면 당연히 기름을 많이 사용하는 항공주나 면세점주, 여행사주, 호텔주 등은 호재로 작용한다고 할 수 있다. 유가와 주식에 대한 내용은 뒤에서 좀 더 자세하게 다뤄보도록 하자.

7. 주식투자의 체계적 위험과 비체계적 위험 이해하기

모든 투자가 연관이 있겠지만 다양한 투자의 종목 중에서 국내외 경제와 가장 밀접하게 연관되어 있고 가격의 상승과 하락에 영향을 받는 투자는 주식투자가 아닐까 싶다. 앞장에서 경제와 주식투자의 관계를 알아봤지만 미국 연준의 금리인상이 국내 주식시장에 영향을 미치고 유가와 원자재가격이 시장의 등락을 만들고 영국이나 유럽 국가들의 재정문제가 내가 투자한 주식의 주가에 영향을 미치는 시대에 우리는 살고 있고 투자를 하고 있다.

국내 금리의 상승과 하락, 원 달러 환율의 변동이나 특정 기업의 노사분규나 소송분쟁 등의 뉴스는 당연히 주식투자에 직접적으로 영향을 미치는 원인이다.

이런 이유로 투자자들이 주식투자를 고민하고 투자 종목을 정함에 있어서 투자가치에 도움이 되는 요소와 위험요소들을 파악해야 하고 그 경중을 따져서 투자를 할 것인지와 하지 말아야 할 것인지를 정하게 되는데, 투자에 호재가 되는 요소에는 실적이나 수출계약이나 신상품 출시,

상당한 비용의 절감, 유능한 CEO의 영업과 경쟁회사의 악재발생 등이 있겠고, 위험요소에는 크게 체계적 위험과 비체계적 위험으로 나누고 있다. 흔히 주식주자를 할 때 아니 모든 투자의 기본은 분산투자라고 한다. 이 분산투자에 있어서 종목의 선정은 서로 상관관계가 없는 종목으로 투자를 하는 것이 원칙이다. 즉, A라는 종목과 B라는 종목을 투자했는데 유가가 상승했을 때 A, B 두 종목 모두 하락한다면 분산투자의 의미가 없다고 보는 것이다.

어떤 현상이 발생했을 때 서로 같은 움직임을 보이지 않을 만한 종목으로 최대한 나눠서 투자를 하는 것을 의미하는데 이처럼 분산투자로 위험을 최대한 방지하거나 피할 수 있는 위험을 비체계적 위험(Unsystematic Risk)이라고 한다. 분산투자로 제거할 수 있다고 해서 분산가능 위험(Diversifiable Risk)이라고도 하는데 보통 기업의 자체적인 위험을 의미하기도 한다. 주식투자위험 중에서 분산투자로 제거할 수 없는 위험도 있다. 아무리 국내 기업에 분산투자를 해도 전체 기업에 영향을 미치는 위

▌분산투자에 의한 비체계적 위험의 감소▐

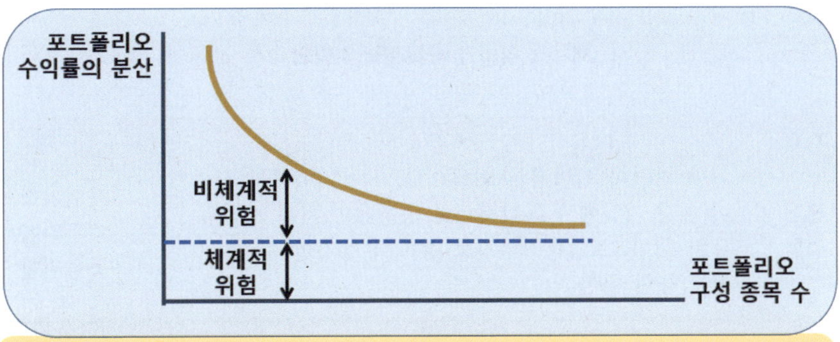

구성종목수가 늘어날수록 포트폴리오 분산은 감소하지만 체계적 위험까지 감소되지는 않음

험을 의미하는데, 이처럼 분산투자로 제거할 수 없는 위험을 체계적 위험(Systematic Risk) 혹은 분산불가능 위험(Non-diversifiable Risk)이라고 한다. 체계적 위험은 모든 기업에 공통적으로 영향을 미치는 경기변동, 물가상승, 정부정책, 이자율 등과 같은 요인에 의해 나타나는 주식투자의 위험이고 이러한 위험들은 대부분의 기업에 동시적이면서도 유사한 영향을 미치면서 공통적인 주가변동을 일으키는 요인으로 작용한다. 따라서 체계적 위험은 분산투자를 통해서 제거할 수 없다.

비체계적 위험은 특정기업에만 영향을 미치는 요인인 경영성과, 재무구조, 노사분규, 연구개발, 소송발생 등과 같은 요인에 의해서 발생하는 위험이다. 이러한 요인에 의해서 발생하는 위험은 개별기업에만 제한적으로 영향을 미치면서 개별종목별로 서로 다른 주가변동을 야기하는 요인으로 작용한다. 일반적으로 3~5개 정도의 종목에 분산투자하면 비체계적 위험을 상당부분 피할 수 있다고 하니 투자를 함에 있어서 비체계적 위험을 어떻게 회피할 것인가를 고민해야 한다. 보통 특정 업종에 투자금액의 대부분을 넣는 경우가 있는데 이같은 투자는 어려운 표현으로 비체계적 위험을 고려하지 않았다고 할 수 있다.

체계적 위험과 비체계적 위험의 구분

구 분	내 용	사 례
비체계적 위험	개별 기업이 직면하는 위험으로 다른 기업과는 상관없이 해당 기업에만 독립적으로 영향을 미치는 기업의 고유한 위험으로, 분산투자를 통해서 제거할 수 있는 분산 가능한 위험	사업위험, 재무위험, 유동성위험 등
체계적 위험	전체 위험 중 분산이 불가능한 부분으로 거시 경제변수에 영향을 받아 모든 위험 자산에 영향을 미치는 위험	이자율위험, 경기변동, 환율위험, 정치적 위험 등

8. 주식투자 안에서도 포트폴리오를 만들어라

지금부터 독자 여러분에게 이 세상에서 가장 확실하고 시장 수익률을 이길 수 있는 투자방법을 소개하겠다. 귀가 솔깃하지 않는가? 그런데 이 방법이란 게 가장 간단하면서 일반인들도 쉽게 실천이 가능하다.

그 방법은 바로 모든 투자는 '분산투자'를 하는 것이다.

누구나 아는 얘기이고 고리타분한 얘기라고 핀잔을 주는 독자 분들도 계시겠지만 어쩌겠는가? 정말 가장 확실하고 위험 없는 투자방법인 것을... 그리고 많은 사람들이 실천을 하지 않고 있는 것을...

전체적인 자산의 구성에서 우선 부동산 자산과 금융자산을 분산해서 투자해야 하겠고 부동산도 거주와 투자를 구분하고 투자에서도 가격상승을 기대하는 자본소득(Capital Gain)인지 임대소득(Income Gain)인지를 구분해야 한다.

자본소득과 임대소득을 정했더라도 그 안에서 다시 투자 종목을 아파트, 오피스텔, 단독주택, 다세대나 빌라. 다가구, 원룸, 상가, 토지 등 다양하게 정할 수 있다.

금융에 대한 투자도 필자 나름의 분산투자에 대한 정의를 하자면 직접투자와 간접투자가 있고 간접투자도 안정성, 수익성, 유동성으로 나누어서 아래와 같이 운용하면 된다. 우선 안정성은 위험이 전혀 없는 자산의 운용을 의미한다. 모든 투자에는 '원금 손실'이라는 위험이 항상 도사리고 있다. 하지만 이러한 원금 손실에 대한 위험이 전혀 없는 자산을 보통 '무위험자산(Risk free asset, Riskless asset)'이라고 한다. 아무리 주식투자에 대한 준비를 공부하고 있지만 어느 정도의 비율은 이러한 무위험 자산에 운용을 해야만 기본적인 확정 수익률을 기대할 수 있다. 무위험 자산의 대표적인 운용은 은행이나 저축은행의 정기예금이나 적금 및 예탁금 등이 있다. 1인당 원리금 합산 5천만 원까지 정부에서 보호해주고 있기 때문이다. 물론 5천만 원 이상 운용을 하다가 해당 금융기관이 영업정지나 파산을 하게 되면 내 돈을 잃을 위험이 있지만 거의 발생가능성이 낮기 때문에 가장 안정적인 자산의 운용이라고 할 수 있다. 다음으로 '상호금융'이라고 해서 새마을금고나 농수협단위조합, 신협 등의 상품을 운용하는 것이다. 자체적으로 예금자보호법과 같은 한도로 안전기금을 운용하고 있고 안정성은 큰 문제가 없다고 할 수 있다. 특히 '상호금융'에 속하는 회사들은 조합원 통장을 만들고 조합원이 되어야 거래가 가능하고 장점은 1인당 3,000만원까지 15.4%의 이자소득세 대신 1.4%의 농특세만 부담하면 되고 출자금이 1인당 1,000만원까지 비과세이기 때문에 절세효과도 크다고 할 수 있다. 마지막으로 신용등급이 BBB－ 이상의 회사채에 대한 투자도 안정적인 자산운용이라고 보통 얘기한다. BBB－ 이상까지는 '투자'등급이고 BBB－ 미만부터는 '투기'등급으로 회사채를 구분하기 때문이다.

투자포트폴리오의 정의에서 두 번째로는 '수익성'이 있다. 어떻게 보면 가장 필요하지만 신중하게 접근해야 하는 운용목표라고 할 수 있다. 자칫 너무 수익률만 좇다가는 큰 손해를 볼 수 있기 때문이다. 금융자산 운용에 대한 '수익성' 포트폴리오 항목에는 펀드(국내, 해외, 원자재)와 ELS(주가지수연계형증권), DLS(파생결합증권)이 있고 부동산 공동투자의 개념인 REITs와 ETF(상장지수펀드) 등이 있다.

ETF(상장지수펀드)는 투자에 있어서 최근 가장 중요한 핵심 상품이기 때문에 마지막 장에서 별도로 다루도록 하자.

서교수 판서

* 서교수의 투자 포트폴리오 정리

○ 안정성(무위험 자산)
- 은행·저축은행 예적금, 예탁금 등
- 상호금융(새마을금고, 농수협 단위조합, 신협)
  ↳ (1인당 3,000만원 (농특세만 1.4%)
  (출자금 1,000만원 비과세
- BBB- 등급 이상 회사채

○ 수익성(6~10% 수익률)
- 펀드(국내, 해외, 원자재)
- ELS, ELD, ELT / DLS ⊕ 리츠(REITs)
- ETF(상장지수 펀드)

○ 유동성
- 단기: CMA, MMF, MMDA(입출금) / RP(환매조건부 채권매도), CD(양도성예금증서), CP(기업어음), 표지어음
- 장기: 보험 상품(연금 등)

잠깐!! 금융상식

ELS와 DLS상품 파헤치기

ELS(주가연계증권 - Equity Linked Securities)

- 기초자산(주식 또는 주가지수) 변동과 연계하여 수익구조가 사전에 정해져 있으며, 자동조기상환 및 만기상환 시 지급액을 발행사에서 보장해주는 상품.

DLS(파생결합증권 - Derivatives Linked Securities)

- 이자율, 통화(환율), 실물자산(금, 원유 등), 신용위험(기업 신용등급의 변동, 파산 등) 등의 변동과 연계하여 사전에 정해진 방법에 따라 만기 지급액이 결정되는 상품.

※ ELB / DLB (파생결합사채)는 원금지급형 상품을 의미. (단, 지급액은 발행사에서 보장하며 예금보험공사가 보호하지 않는다.)

※ ELS는 기초자산 가격 변동에 따라 미리 정해진 수익구조에 의해 특정 시점에 지급을 약속하는 금융상품.

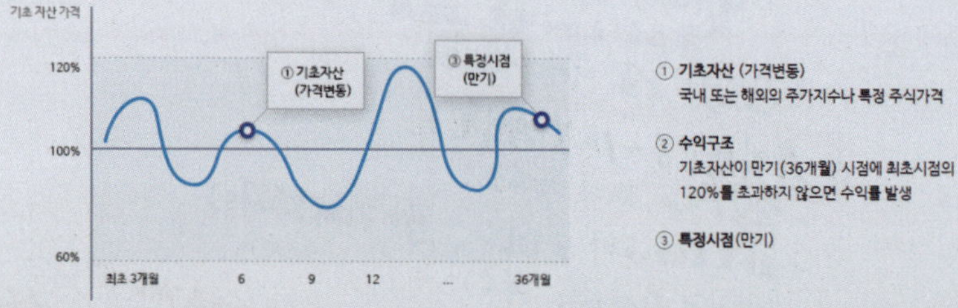

(신한투자증권 홈페이지 이미지 활용)

ELS 관련 용어

- 기초자산(Underlying asset): ELS에 편입된 수익률 결정의 기준이 되는 종목
- 기준종목(Worst performer): 기준가 대비 하락률이 큰 종목 → 결국 기초자산 모두가 기준종목이 될 수 있음.
- 최초기준가격(Initial Price): 최초 가격 결정일의 기초자산의 종가
- 만기평가가격: 만기평가일의 기초자산의 종가
- 자동조기상환평가가격: 자동조기상환평가일의 기초자산의 종가
- 자동조기상환평가일(Observation date): ELS에서 설정되어 있는 조기상환 평가일(자동조기상환 평가일)
- 상환수익률(Coupon): 사전에 결정된 수익률을 조건과 기간에 따라 환산한 수익률
- 참여율(Participation Rate): 주가 상승(하락)시, 상승(하락)분의 몇 %의 이익을 취하는가를 결정
- 베리어(Barrier): 주가가 미리 설정된 수준(장벽가)에 도달하면 권리(또는 효력)가 소멸(또는 발생)하는 지수 수준(조기상환 / 만기상환 / 낙인 / 낙아웃 베리어)

- 리베이트(Rebate): 만기 전에 기초자산이 일정 수준을 넘어간 경우(옵션이 소멸된 경우) 이에 대한 보상률

ES, ELD, ELF의 비교

구분	ELS	ELF	ELD
발행회사	증권회사	자산운용사	은행
투자형태	유가증권 매입	수익증권펀드 가입	정기예금 가입
만기수익	기초자산에 연동하여 조건부합 시 사전 제시한 약정수입 지급	운용성과에 따라 실적배당	사전에 제시한 약정수익 지급
원금보장	원금보장형/비보장형	원금보장확약불가	만기 시 원금보장
상품 다양성	맞춤형 상품개발가능	ELD보다는 다양	원금보장 상품만 가능
소득과세	배당소득	배당/이자소득	이자소득

금융투자포트폴리오 마지막으로는 '유동성'이 있다.

금융투자에 있어서 유동성의 의미가 '얼마나 빨리 현금화가 가능한가?'라고 본다면 유동성 운용을 두 가지로 나누어서 1년 이하의 비교적 짧은 기간 운용인 '단기'와 1년 초과의 운용기간을 겨냥한 '장기'로 나눌 수 있다. 1년 이하의 운용에서도 입출금이 자유로운 상품인 CMA, MMF, MMDA 등의 상품군과 1년 이내로 가입이 가능하나 가입기간 중에 입출금이 불가능한 상품군인 CD(양도성 예금증서), RP(환매조건부 채권매도), CP(기업어음: Commercial Paper) 등이 있다.

CD(양도성 예금증서: Certificate of Deposit)는 은행이 예금을 맡았다는 것을 인정하여 발행하는 증서로 제3자에게 양도가 가능한 단기금융상품이다. 일반적인 예금이 예금주 본인의 이름이 명기되어 발급되는 것과 달

CP, CD, RP 비교

구분	CP (기업어음)	CD (양도성예금증서)	RP (환매조건부채권매도)
발행처	기업	은행	정부/금융기관
취급기관	증권회사	은행/증권회사	은행/증권회사
이자	확정금리	확정금리	확정금리
안정성	발행기업 신용도	원금은 보장 (예금자보호 대상 아님)	대체로 안정 (예금자보호 대상 아님)

리 CD는 무기명의 예금증서가 발행되어 자유롭게 양도 및 양수를 할 수 있다.

RP(환매조건부 채권매매: Repurchase Agreements)란 유가증권을 매수(또는 매도)하고 일정기간 후에 사전에 정해진 가격으로 다시 매도(또는 매수)하는 거래이다. 법적인 성격은 유가증권의 매매거래로 분류되나 거래의 실질은 담보부 소비대차거래로 고객의 입장에서는 유가증권을 담보로 자금을 빌려주고 약정기간 후에 원금과 약정이자를 받는 확정금리상품이라고 볼 수 있다. RP 매도자는 보유하고 있는 유가증권을 담보로 단기자금을 조달하고, RP 매수자는 유가증권을 담보로 단기자금을 운용할 수 있으므로 안정적인 자금의 조달과 운용이 가능하다. CP(기업어음: Commercial Paper)란 일반적으로 신용상태가 양호한 기업이 상거래와 관계없이 단순히 단기자금 조달을 위하여 자기신용을 바탕으로 발행하는 만기 1년 이내의 융통어음(accommodation bill)을 말한다.

지금까지 금융투자에 대한 분산 포트폴리오에 대해서 알아봤다. 금융상품에 대한 자산운용을 '간접투자'라고 정의한다면 '직접투자'로는 채권이나 주식에 대한 투자를 들 수 있다. 그렇다면 채권이나 주식에 대한 투자도 분산포트폴리오가 가능할까?

당연히 가능하다. 주식에 대한 투자는 더더욱 가능하다.

2022년 11월 21일 한국경제신문에 이런 기사가 나왔다.

관련 신문기사

2022년 11월 21일 한국경제신문

내년 상반기는 종목장세…PBR 낮은 중소형주 주목

내년 상반기에 종목 장세가 펼쳐질 것이란 전망이 나온다. 삼성전자를 비롯한 대형주들이 본격적으로 살아나기 전까지 대세 상승장이 펼쳐지기 어렵다는 설명이다. 전문가들은 종목 장세에서 돋보이는 저평가된 중소형주에 관심을 가질 만하다고 조언했다.

–중략 –

전문가들은 종목 장세에서 좋은 성과를 내는 중소형주에 주목할 때라고 조언했다. 설태현 DB금융투자 연구원은 "종목 장세 시기엔 역사적으로 중소형주가 대형주 대비 높은 수익률을 올렸다"며 "밸류에이션(실적 대비 주가 수준) 매력이 높을수록 상승 여력이 크다"고 했다.

DB금융투자는 주가순자산비율(PBR)이 0.4~0.8배에 있는 저평가 중소형주를 꼽았다. 내년 영업이익이 올해보다 늘어나는지도 고려했다. 유가증권시장 중형주 중에선 NHN, 한일시멘트, 대상, 넥센타이어 등이 꼽혔다. NHN의 PBR은 0.46배에 불과하지만 내년도 영업이익은 올해 대비 60% 증가할 전망이다.

위 기사를 살펴보면 같은 주식에 투자를 하더라도 국내외 경제의 영향을 많이 받는 대형주보다는 저평가된 중소형주에 대한 투자를 권하고 있다. 똑같이 주식에 투자를 하는데도 그 안에서 또 하나의 분산투자를 통해서 투자기간, 목표 수익률, 투자위험을 분산할 수 있다는 것이다. 즉, 주식에 투자를 해도 대형주와 중형주, 소형주에 나누어서 분산투자를 하는 것이 주식투자 안에서의 또 하나의 분산투자라고 보면 된다. 대략적으로 대형주는 장기로 보고 중형주와 소형주는 중기와 단기로 보고 투자를 하면 되는데 종목분산과 기간분산을 함께 겸하겠다는 전략이다.

주식시장에서 주식을 크게 대형주와 중형주, 소형주로 구분을 짓는데 기업의 납입자본금의 규모를 기준으로 나누었을 때 투자자들의 편의를 위해서 구분한 것이다.

납입자본금이 350억 원 미만인 회사가 발행하는 주식이 소형주이고, 350~750억원 사이는 중형주, 750억 원 이상은 대형주라고 보면 된다. 똑같은 대형주, 중형주, 소형주를 납입 자본금으로 구분하는 외에도 최근에는 실제 시장의 상황과 괴리가 있다고 해서 국제적으로 많이 사용하고 있는 시가총액으로 판단해서 시황분석 및 포트폴리오 성과측정지표로 활용하도록 하고 있다.

1983년부터 자본금규모별 주가지수를 산정하였으나 실제 시장상황과 주가지수와의 괴리가 발생하고 대부분의 국가에서 기업규모별 지수를 시가총액으로 분류하고 있어 2000년 1월 4일을 1,000포인트로 하는, 시가총액규모별 주가지수를 산출, 발표하고 있다.

산출대상종목은 거래소 전 상장종목을 대상으로 하되 증권투자회사, 관리종목, 정리매매종목 등은 제외하고 기업규모 분류기준은 정기변경일 이전 3개월간의 일평균 시가총액을 기준으로 하며, 시가총액 상위 100위까지를 '대형주'로 하고, 상위 101위부터 300위까지를 '중형주'로,

나머지 종목을 '소형주'로 분류한다. 또 지수의 대표성 제고 및 정확한 시장상황 반영을 위해 매년 2차례 지수선물 및 지수옵션시장의 6월 물과 12월 물의 최종 거래일의 다음 매매거래일에 구성종목을 교체하고 있다.

보통 개인이 주식에 투자할 때 필자의 생각으로는 3개 종목 정도 하는 것이 바람직하다고 생각된다. 물론 5개 종목까지도 할 수 있겠지만 직업적으로 투자를 하는 전업투자자가 아니라면 일상생활을 하면서 5개 종목 이상 투자를 하는 것은 관리나 매수·매도 타이밍을 잡는 부분에서 쉽지 않기 때문이다. 차라리 종목에 대한 직접투자는 주식으로 하고 시장(지수)과 업종, 원자재, 통화 등에 대한 투자는 뒤에 설명하는 ETF(상장지수펀드)로 투자하는 것을 권한다.

이때 주식 종목에 대한 투자를 대형주, 중형주, 소형주 및 단기, 중기, 장기로 나누어서 분산투자를 하면 가장 합리적으로 위험을 회피하면서 어느 정도 수익을 거둘 수 있으리라 판단된다. 이러한 시가총액에 의한 주식 분산투자 방법 외에도 업종별로 나누거나 코스피와 코스닥 및 코넥스 종목으로 해도 좋겠다.

주식을 구분할 때 또 다른 표현으로 블루칩(blue chip)과 옐로우칩(yellow chip)으로 나누는 방법도 있다. 이러한 방법은 재무상황(financial status)이 건실하고 경기변동(economic cycle)에 별다른 영향을 받지 않는 핵심 우량주를 블루칩(blue chip)이라고 부르고 위에서 언급한 대형주나 투자가치가 높은 중형주가 해당된다고 보면 된다. 흔히 알려진 이야기는 포커(poker)판에서 가장 값어치가 나가는 칩(chip)이 파란색이어서 여기에서 유래됐다고 한다. 또 다른 설은 미국에서 강세장의 상징인 소에 대한 품평회를 할 때 우량등급으로 판정된 소의 등에 파란 천을 둘러주는 관행에서 나온 것이라는 얘기도 있다.

국내 시장의 대표적인 블루칩 주식은 각 업종의 시장점유율 1위 기업이고 자본금규모가 크고 성장성과 수익성, 안정성을 두루 갖추고 있는 기업들을 의미한다. 즉, 누구나 아는 그런 주식이라고 보면 되고 속된 표현으로 절대 망하지 않을 주식이라고 보면 된다. 옐로우칩(yellow chip)은 블루칩만큼 우량한 기업들이지만 자본금 규모가 작고 주가도 상대적으로 낮은 기업들을 통칭하는 말인데, 이러한 옐로우칩 주식 중에서 블루칩이 되거나 시장을 리드할 수 있는 회사주식을 고르는 것이 우리 모두의 전략이라고 보면 된다. 블루칩과 옐로우칩이 있으니 레드칩(red chip)도 생각해 볼 수 있는데 레드칩은 홍콩 증시에 상장된 우량 중국기업 주식을 말한다. 중국의 오성홍기가 빨간색이라는 점에 착안해 블루칩에 대응하는 개념으로 홍콩 주식 투자자들이 만들어낸 말이다.

또 다른 주식의 구분에는 성장주와 가치주가 있는데 그 구분이 모호하지만 굳이 정리하자면 성장주는 해당 업종의 전망이 밝고 매출이나 이익증가율이 높은 성장성이 높은 기업을 뜻한다. 이들 성장 기업들은 이익을 내더라도 미래에 좀 더 많은 수익성을 얻기 위해 상당 비율의 이익을 연구 개발이나 설비 투자 등 내부투자에 집중하는 경우가 많다. 이처럼 연구 개발에 집중해야 하기 때문에 주주들에게 배당으로 나갈 돈이 투자로 전용되면서 배당금이 줄어들기 때문에 성장 기업의 경우 배당 투자(dividend investment)보다는 주가 상승에 따른 자본 차익을 노린 투자자들이 몰리게 된다. 한편 가치주는 꾸준히 이익을 내지만 이익 변동 폭이 크지 않은 안정적인 기업을 말하거나 기업의 가치보다 저평가되어 있는 기업을 의미하기도 한다. 한때 가치주 투자에 대한 붐(Boom)이 일어 크게 관심을 받았지만 장기투자에 대한 부담감이 커서 배당투자나 단기차익을 노리는 투자로 관심이 옮겨지는 모습이다.

이처럼 분산투자에 대한 방법과 종목 선정 등 전략은 다양하게 구사할 수 있다.

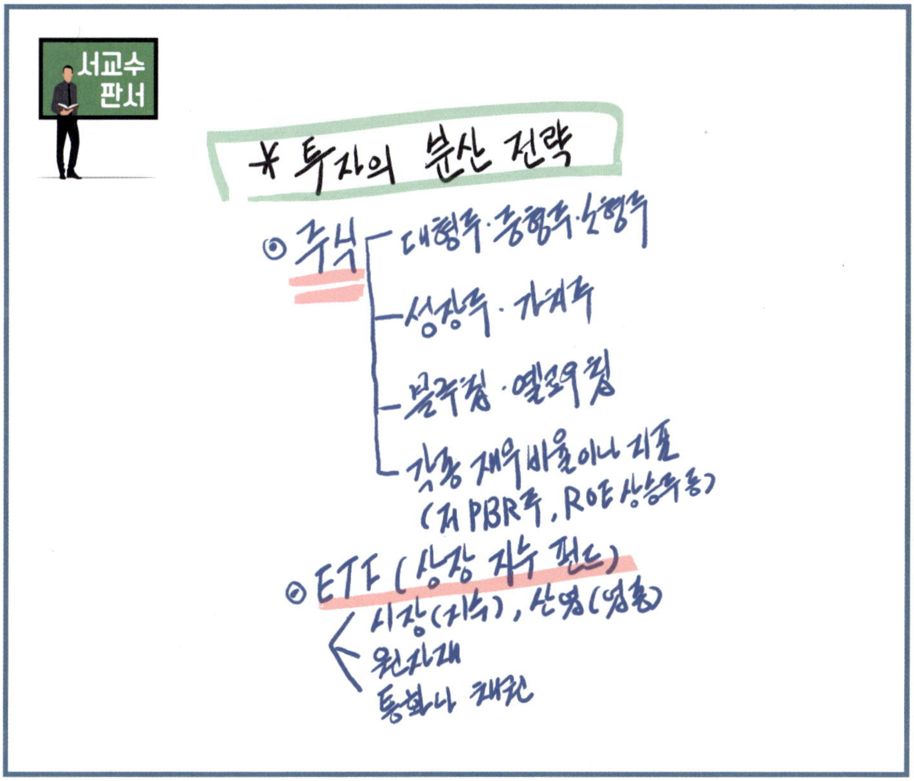

'분산투자는 자신이 무엇을 하고 있는지 잘 모르는 투자가에게만 알맞는 투자 방법이다.'

라고 주식 투자의 대가인 워렌 버핏은 분산투자에 대해서 혹평했다.

하지만 자신이 무엇을 하고 있는지 모르는 투자자들이 대부분이고 분산투자마저 안한다면 너무 위험한 투자가 아니겠는가?

가끔 투자자들에게 물어본다.

"지금 투자하신 종목들 중 대형주와 중소형주의 비율이 어떻게 되는지요?"

과연 대답할 수 있는 투자자가 몇 명이나 되겠는가? 예상대로 많지가 않다.

투자의 진리이자 원칙인 '계란을 한 바구니에 담지 말자'를 구태의연한 예전 분들의 속담이나 격언으로 생각하지 말고 시대와 시기를 떠난 투자의 원칙과 기본으로 생각하고 실천하는 자세가 필요하겠다.

9. 평생 투자자가 되라(주식투자의 은퇴는 없다)

"주식투자는 거의 평생 했는데 지금은 나이가 들어 그냥 증권회사 직원이 권하는 것 중에서 나쁘지 않은 걸로 투자하고 있어요" (60대 후반 은퇴자 이모씨)

"결혼 전에는 이것도 찾아보고 저것도 찾아보면서 나름 열심히 공부하고 노력해서 꽤 짭짤한 수익을 냈는데 결혼하고 애들 키우고 하다보니 이제는 그냥 펀드에 묻어두는데 수익률이 좋지가 않아요...주식투자를 다시 시작해야 할 것 같아요...그런데 시간이 될는지 모르겠네요..." (40대 후반 주부 김모씨)

주식투자를 하지 않는 사람들에게 왜 주식투자를 하지 않느냐고 물어보면 거의 대부분이 '어려워서~~'라는 답변을 하곤 한다. 아니면 위험하다거나 시간이 없어서라는 답변도 꽤 많이 듣게 된다. 항상 필자가 강조하는 투자의 불변의 원칙 중의 하나가 생활하듯이 투자를 해야 한다는 것이다. 하지만 많은 사람들이 아직까지도 투자를 학교 다닐 때 봤었던 중간고사나 기말고사를 보듯이 투자를 한다. 벼락치기하듯이 허겁지겁 누구에게 어떤 종목을 추천받으면 잠깐 훑어보고 투자를 하지만 이렇게

라도 알아보고 투자를 하면 다행인데 이마저도 안하고 투자하는 경우도 오히려 더 많다. 하지만 모든 투자는 일상생활에서 힌트가 있고 유망 종목이 있다.

따라서 평생 투자에 대한 열린 마음과 머리와 눈을 가지고 있어야 한다. 항상 투자에 대한 좋은 정보나 아이디어가 생기면 소액으로라도 해보겠다는 마음 말이다.

특히 주식투자에 있어서는 부동산 투자와 달리 언제든지 소액으로도 투자가 가능하기 때문에 항상 촉을 세우고 살펴보는 습관이 중요하다.

주식투자는 투자자의 목적이나 성향에 따라서 몇 가지로 구분지을 수 있다.

초기투자자는 회사와 운명을 함께하는 투자자라고 보면 된다. 회사가 상장하기 전부터 투자를 해서 자신의 인생과 회사의 성장을 함께 겪고 느끼는 투자자로서 장기투자자의 전형이라고 보면 된다. 흔히 회사의 창업주와 지인 내지는 친인척인 경우가 많고 우연한 계기로 초기에 투자했다가 시세차익보다는 회사의 성장에 만족하는 경우가 많다.

배당투자자는 순수하게 배당을 목적으로 하는 경우이다.

주식투자의 귀재로 꼽히고 있는 필립 피셔는 그의 저서 '위대한 기업에 투자하라'에서 배당성향이 높은 기업을 선호하지 않는다고 했다. 주식투자는 주가상승 기대가 높은 투자유망 기업의 주식을 매수해서 시세차익을 보고 매도하거나 계속 보유를 통해서 배당을 받는 방법이 있는데 이미 언급했지만 배당을 많이 하는 회사는 회사의 성장을 위한 추가적인 R&D 투자나 시설에 투자하는 등 내부적인 투자가 제한적일 수밖에 없고 성장세에 대한 기대감이 떨어지기 때문이다.

이런 이유로 배당투자를 꺼려하기도 하는데 이를 역으로 생각해보면 해당 산업에서 마켓점유율 1위를 달리고 있거나 확실한 매출과 수익에 대한 포트폴리오를 가지고 있는 기업이라면 안정자산에 투자해서 이자율을 받거나 인플레이션을 앞서는 배당 수익률을 노리고 들어가 볼 만도 하겠다.

마지막 투자의 구분으로는 트레이더(주식전문 거래자)가 있겠다.

트레이더들은 오직 주식의 매매차익에만 관심을 두고 주로 단기로 주식을 매수해서 매도를 통한 수익을 창출하는 경우가 많다. 증권회사 입장에서는 수수료 수입을 겨냥해서 가장 선호하는 투자자이기도 하겠지만 자칫 너무 수익을 쫓다보면 수수료 등의 비용을 제외하고 증권회사만 좋은 일 해주는 경우가 많아서 잦은 매매거래를 권하지는 않는다. 트레이더의 매매 전략 중에서도 데이트레이딩(Day Trading)은 하루에도 몇 번씩 주식이나 파생상품을 사고파는 것을 의미한다. 흔히 단타매매라고도 하는데, 인터넷 기술이 발달하면서 HTS(Home trading system)에서 요즘에는 MTS(Mobile trading system)까지 많이 활용하면서 길거리에 걸어가면서도, 잠깐 회의실에서, 화장실에서도 누구나 언제 어디에서건 투자가 가능한 시대가 되었다.

이러한 투자매매의 편리성 때문에 초단타 투자를 전문적으로 하는 투자자들도 많이 생기고 있는데 보통 한 주식을 몇 초, 길어도 몇 분 단위로 매매하는 것을 스캘핑(scalping)이라고 한다. 그래서 데이트레이딩을 하는 사람들의 거래 내역서를 뽑아 보면 매매내역이 엄청나게 많다.

이 외에도 주식 보유기간에 따라 그 명칭이 두 가지가 있는데, 위에도 언급한 하루에도 수십, 수백 번씩 거래를 하는 사람을 스캘퍼, 짧게는 1일에서 5일까지 주식을 보유하는 사람을 두고는 스윙트레이더라고 한다. 이런 데이트레이딩이 성행하면 주식시장의 안정성을 해칠 수도 있으며,

파도타기라는 수법이 횡행하게 된다. 그리고 대한민국에서는 증권사의 위탁수수료와 더불어서 증권거래세[2]라는 엄청난 세금이 존재하기 때문에, 주식 데이트레이딩으로 돈 벌기는 어렵다는 견해가 많다.

결론적으로 주식투자를 통해서 한방을 어떻게 하자는 목적은 권하고 싶지 않다.

평생 주식투자를 생활화하면서 배당도 받고 매매차익도 함께 거두는 전략을 가지고 생활 속에서 삶 속에서 나만의 투자기술을 스스로가 만드는 연습과 숙달이 필요하겠다.

10. 투자 유망 종목을 고르는 두 가지 분석법

'주식투자는 종목발굴에서 시작해서 종목발굴로 끝난다'라고 한다.

그만큼 투자유망 종목의 발굴은 중요하다 못해 주식투자의 시작과 끝

2 2022년 12월 30일 국무회의에서 증권거래세 0.20%로 인하 등의 내용이 담긴 세법 시행령 개정안이 의결되었다. 우선 증권거래세율이 오는 2025년까지 단계적으로 인하되어 2022년 0.23%에서 2023년 0.20%, 2024년에는 0.18%를 거쳐 최종 0.15%까지 세율을 조정하는 방식이다. 대주주 여부에 관계없이 일정 금액(국내 상장 주식 5000만원 · 기타 금융상품 250만원) 이상 투자 소득에 매기는 금융투자소득세(금투세)와 가상자산 과세는 2025년까지 2년간 유예되었는데 유예기간에는 현행법대로 일정 지분(매년 말 기준 종목당 10억 원 또는 지분율 1~4%) 이상 주식을 보유한 '대주주'만 주식 양도세를 낸다. 단, 최대 주주가 아닌 일반 주주의 경우 가족이 보유한 지분을 합산하지 않고 개인별 지분으로 대주주 여부를 판정한다. 부부가 함께 한 회사의 주식을 10억 원 어치 보유하고 있다면 세금이 부과되지 않는다.

자체라고 할 수 있다. 하지만 개인 투자자들이 종목발굴에 대해서 얼마나 노력하는지는 아쉬움이 많다. 본인이 투자를 고민하는 종목에 대해서 다양한 재무지표나 최근의 동종 업계 동향이나 이슈를 전혀 파악하지 못하고 있고 무엇을 만드는 회사인지도 모르고 투자하는 경우도 많다. 적어도 투자는 본인의 책임 하에 모든 것을 감수하고 진행하는 것인데 이러한 사전 투자가치에 대한 파악이 제대로 되고 있는 경우는 많지 않다. 이제부터라도 체계적으로 전략과 전술을 가지고 종목발굴과 투자 및 매도 타이밍 결정 등 전체적인 주식투자의 프로세스에 대해서 내가 주도적으로 진행하겠다는 각오가 필요하겠다.

주식투자의 성패는 투자가치와 성장성 높은 주식을 발굴해서 저평가 시기에 매수해서 가치가 올라가서 주가가 높아졌을 때 매도해서 수익을 창출하면 된다.

다른 과정들은 종목을 발굴해서 투자를 결정하면 그대로 진행이 되는 편인데 종목발굴과 투자결정까지의 과정이 개인투자자들의 입장에서 만만치 않은 절차이다.

그만큼 어려우면서 투자의 절반 이상의 비중을 차지한다고 할 수 있다.

이러한 종목발굴의 방법, 즉 기업을 분석하고 주가 방향을 예측하는 방법에는 크게 두 가지가 있다.

기본적 분석(Fundamental Analysis)과 기술적 분석(Technical Analysis)이 바로 그것이다.

기본적 분석은 해당 주식의 내부적 가치를 확인하고 분석해서 향후의 지표상의 성장가능성과 지표의 양호함 등을 살펴보고 주가상승에 대한 기대치를 측정하는 방법으로, 내재가치보다 주가가 낮다고 판단되면 주식을 매수하고 내재가치보다 주가가 높은 상태라고 판단되면 매도를 해서 수익을 올리는 방법이라고 보면 된다.

만약 어떤 회사에 대한 투자를 고민한다면 최근 3년 이상 기간의 매출액과 영업이익, 당기순이익을 확인할 수 있고 ROE(자기자본이익률)와 부채비율, 당좌비율 등의 재무비율과 EPS(주당순이익: Earning Per Share)와 BPS(주당순자산: Bookvalue Per Share) 및 배당금에 대한 내용도 확인해야 하는데 이러한 지표들을 체크하는 분석이 바로 기본적 분석이다.

근본적으로 주식회사는 매출을 통해서 이익을 만들고 이를 주주들에게 배당이나 주식가치를 올려서 매매차익을 가져가게 하는 것이 존재의 이유이고, 회사의 매출액과 이익이 많이 발생할수록 회사의 가치, 즉 주가도 올라간다고 보는 것이 기본적 분석의 핵심 정의라고 보면 된다.

좀 더 세분화해서 정의하자면 위에서 나열한 EPS(주당순이익)와 BPS(주당순자산) 등을 통해서 다른 지표 대비 현재의 주가가 저평가되어 있는지를 알 수 있고, 최근 몇 년간의 매출액과 영업이익의 증가(감소)세를 통해서 성장 가능성을 알 수 있고, 유보율이나 부채비율을 통해서 재무적인 안정성이나 건전성을 예측할 수 있다.

기본적 분석에는 이러한 재무비율 등이나 실적 현황 등을 알 수 있는 재무제표 외에 회사와 관련된 뉴스나 소식의 점검, 속해 있는 업종이나 산업의 트렌드와 전망, 금리나 환율 및 원자재 시장 동향 등의 거시적인 환경도 파악하는 것도 포함된다.

아울러 이러한 계량적이고 수치화된 자료 외에도 회사의 연혁이나 창업주나 현재 대표이사의 개인적인 경력과 성향 및 노동조합의 관계나 회사의 사회적인 평판, 법적 분쟁이나 기타 사항 모두 포함된다.

하지만 기본적 분석에는 몇 가지 한계나 고려할 사항이 있는데 우선 기본적 분석의 핵심인 실적점검표를 확인할 수 있는 기본 자료인 재무제표가 1년에 4회 공개되므로 실시간 회사의 상황 파악에 어려움이 있다는 것이다. 재무상황에 대한 주가 반영이 다른 요인들로 인해서 희석되거나 시간적 차이가 발생한다면 주식투자자의 입장에서 매수나 매도 타이밍을 잡기가 어려울 수 있다. 또한 해당 기업이 재무제표를 속여서 작성하거나 발표한다면 수치만 보고 투자한 투자자들의 경우 낭패를 볼 수도 있다. 이런 이유로 기본적 분석은 몇 개월 이내의 단기 투자자들에게는 적당하지 않을 수 있다.

하지만 주가가 기본적인 실적과 이익에 수렴한다면 가장 주식투자의 근간이 되는 투자방법이라고 보면 된다.

기술적 분석(Technical Analysis)은 기본적 분석과 더불어 전통적으로 주식투자자들에게 하나의 진리처럼 전해 내려오고 있는 투자분석 방법이다. 기본적 분석이 주식의 주가수준과 투자의 판단을 위한 분석이라면 기술적 분석은 투자에 있어서 매수와 매도의 시기를 파악할 수 있는 분석이라고 보면 된다.

아래의 2023년 1월 12일 조회한 SK하이닉스(000660)의 일봉 그래프를 참고하자.

그래프를 살펴보면 일단 매일의 대략적인 시작가와 고가, 저가, 종가를 알 수 있는 봉차트를 볼 수 있고 거래량과 5일, 20일, 60일, 120일의 이동평균선(관련 내용은 본 도서의 후반부에서 다루기로 하자) 등의 주가 움직임을 한눈에 볼 수 있다.

이렇듯이 기술적 분석은 주가 변화의 추세를 살펴볼 수 있고 이 추세를 통해서 미래의 주가의 방향성을 가늠할 수 있는 분석방법이다. 기술적 분석은 주가는 항상 반복해서 변화하는 속성을 가지고 있고 정확한 주가의 움직임인 추세만 파악한다면 충분히 기본적 분석과 무관하게 향후 주가를 예측할 수 있다는 전제를 가지고 있다.

▌SK하이닉스(000660) 일봉 그래프▐

(2023년 1월 12일 finance.naver.com 조회)

이처럼 기본적 분석은 재무제표를 주로 파악해서 종목을 분석하고 기술적 분석은 차트나 그래프를 보고 종목을 분석하게 된다. 실제로 많은 개인 투자자들이 기술적 분석을 많이 선호하기는 한다. 단기투자에 적합하고 한눈에 투자의 타이밍과 일정한 기간의 저항선과 지지선 등을 알 수 있기 때문이다.

하지만 기본적 분석의 내용을 전혀 모르고 투자한다면, 즉 해당 회사의 이슈나 위험요소에 대한 개량적인 내용 파악이 안 되었다고 한다면 위험한 투자의 모습이 아닐 수 없다.

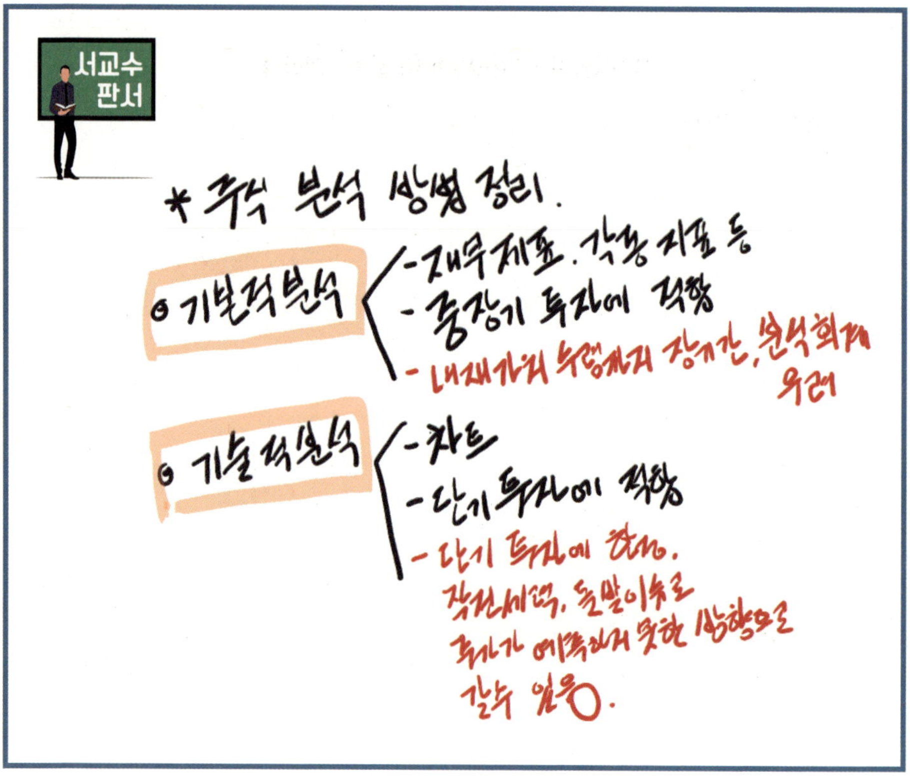

11. 기본적인 재무제표 이해하기

흔히 부동산에 투자할 때 투자하고자 하는 부동산에 대한 용도나 정확한 면적, 각종 규제, 용적률, 건폐율 등의 상세한 내용을 알기 위해서 등기부등본이나 건축물대장, 토지이용계획 확인원 등의 서류들을 발급받아 살펴봐야 한다.

주식투자에 있어서도 투자를 고려하는 종목에 대해서 해당 종목의 현재의 재무적인 상황이나 투자가치를 판단할 수 있는 숫자들을 살펴봐야 하는데 이때 필요한 서류가 바로 '재무제표'이다.

재무제표의 의미는 기업의 일정한 기간이나 시점에서의 다양한 재무정보를 알 수 있는 서류라고 보면 되는데 재무상태표, 손익계산서, 현금흐름표, 자본변동표, 주석 등을 통틀어 지칭한다.

여기서 재무상태표는 '일정시점'의 회사의 자산과 부채, 자본 등을 한눈에 볼 수 있는 표인데 여기서 일정시점이라는 시간적인 포인트가 중요하다. 회사의 자산이 얼마나 있고 갚아야 할 부채는 어느 정도이고 주주들이 투자한 자본금은 얼마인지를 알 수 있다.

❙ 기업정보의 창(dart.fss.or.kr) 메인 화면 ❙

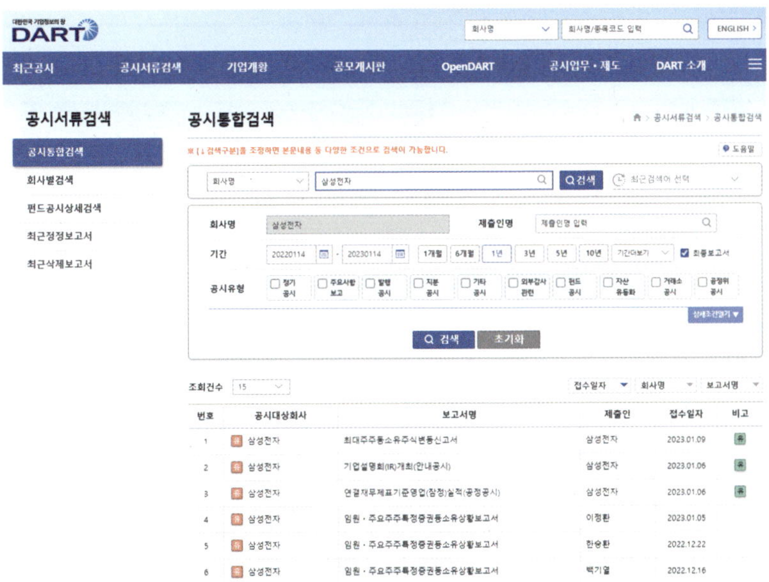

Ⅰ 삼성전자 2022년 3분기보고서 조회화면(재무상태표) Ⅰ

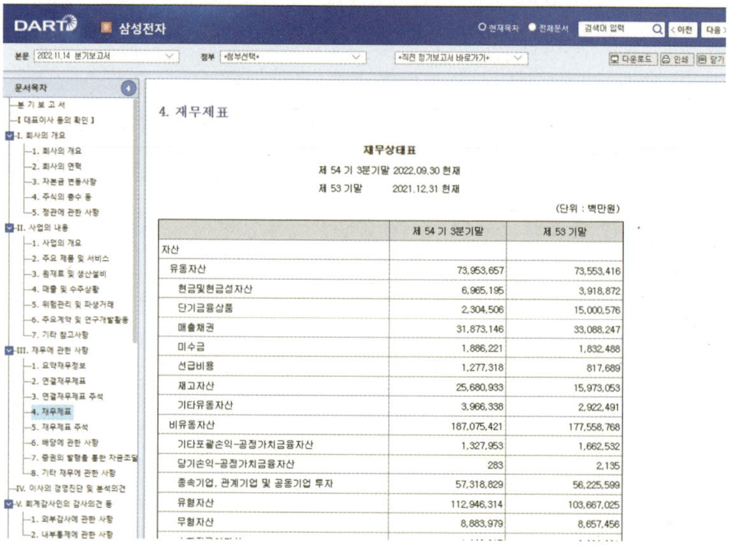

4. 재무제표

재무상태표

제 54 기 3분기말 2022.09.30 현재

제 53 기말 2021.12.31 현재

(단위 : 백만원)

	제 54 기 3분기말	제 53 기말
자산		
유동자산	73,953,657	73,553,416
현금및현금성자산	6,965,195	3,918,872
단기금융상품	2,304,506	15,000,576
매출채권	31,873,146	33,088,247
미수금	1,886,221	1,832,488
선급비용	1,277,318	817,689
재고자산	25,680,933	15,973,053
기타유동자산	3,966,338	2,922,491
비유동자산	187,075,421	177,558,768
기타포괄손익-공정가치금융자산	1,327,953	1,662,532
당기손익-공정가치금융자산	283	2,135
종속기업, 관계기업 및 공동기업 투자	57,318,829	56,225,599
유형자산	112,946,314	103,667,025
무형자산	8,883,979	8,657,456

Ⅰ 삼성전자 2022년 3분기보고서 조회화면(매출 및 수주상황) Ⅰ

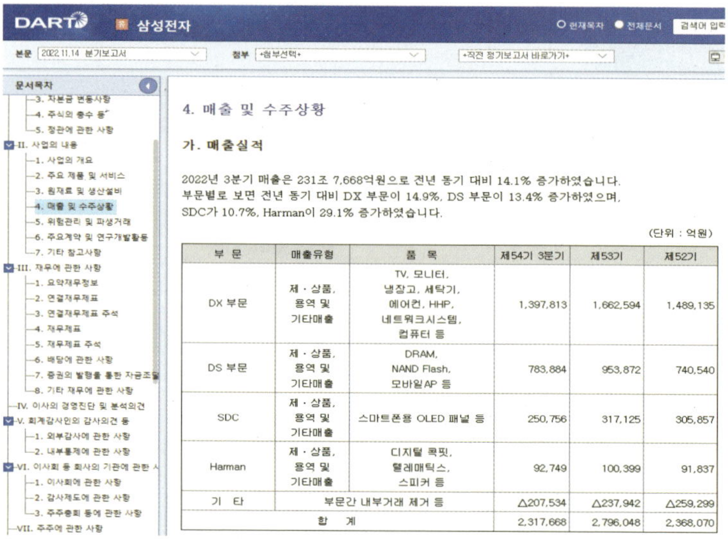

4. 매출 및 수주상황

가. 매출실적

2022년 3분기 매출은 231조 7,668억원으로 전년 동기 대비 14.1% 증가하였습니다. 부문별로 보면 전년 동기 대비 DX 부문이 14.9%, DS 부문이 13.4% 증가하였으며, SDC가 10.7%, Harman이 29.1% 증가하였습니다.

(단위 : 억원)

부 문	매출유형	품 목	제54기 3분기	제53기	제52기
DX 부문	제·상품, 용역 및 기타매출	TV, 모니터, 냉장고, 세탁기, 에어컨, HHP, 네트워크시스템, 컴퓨터 등	1,397,813	1,662,594	1,489,135
DS 부문	제·상품, 용역 및 기타매출	DRAM, NAND Flash, 모바일AP 등	783,884	953,872	740,540
SDC	제·상품, 용역 및 기타매출	스마트폰용 OLED 패널 등	250,756	317,125	305,857
Harman	제·상품, 용역 및 기타매출	디지털 콕핏, 텔레매틱스, 스피커 등	92,749	100,399	91,837
기 타	부문간 내부거래 제거 등		△207,534	△237,942	△259,299
합 계			2,317,668	2,796,048	2,368,070

❙ 기업공시채널(kind.krx.co.kr) 메인화면 ❙

손익계산서는 '일정 기간'(흔히 결산기준 연도나 분기)의 회사의 수입과 지출 및 이익이나 손실을 볼 수 있는 표이다.

이러한 내용들은 한국거래소에서 운영하고 있는 기업공시채널(kind.krx.co.kr)이나 금융감독원에서 운영하고 있는 기업정보의 창(dart.fss.or.kr)을 방문하면 볼 수 있고 포탈 사이트의 증권면을 들어가도 기본적인 재무제표의 내용을 알 수 있다.

재무제표를 분석할 때 가장 기본은 역시 얼마나 자산이 많고 부채가 갚을 만한 수준인지와 얼마나 이익을 잘 유보하고 있는지(때로는 너무 많이 유보해도 재투자에 대해서 인색하게 보여 부정적일 수도 있음)와 이익과 손실 규모는 얼마인지 따져보는 것이다. 그리고 받아야 할 돈은 얼마이고 확실한 계정과목의 지정 없이 일단 지출을 했거나 받아 놓은 금액은 얼마나 되는지 살펴보고 동종업종의 대표기업이나 경쟁기업과 비교해서 본인이 투자 고려 기업의 실적이나 재무상태의 건전성이나 가치를 판단하면 된다.

재무제표는 투자가치의 중요도에 따라서 여러 관점에서 볼 수가 있는데 우선 회사의 성장성 관점에서 본다면 손익계산서의 매출액을 살펴보면 된다. 옆에 전 분기의 매출액과 올해 누적 매출액을 비교하게끔 작성되어 있기 때문에 쉽게 찾아 볼 수 있다. 매출이 큰 기복 없이 얼마나 꾸준하게 상승하고 있는지를 살펴보고 가능하다면 동종업종이나 산업의 매출액 중에서 비중이 얼마나 되는지 가늠해보는 것도 좋은 방법이다. 아울러 매출액이 늘어나면 구체적으로 그 원인을 파악해보고 향후 중점

▌네이버 증권(finance.naver.com) SK하이닉스 실적분석 화면 ▌

기업실적분석

더보기 ›

주요재무정보	최근 연간 실적				최근 분기 실적					
	2019.12	2020.12	2021.12	2022.12(E)	2021.09	2021.12	2022.03	2022.06	2022.09	2022.12(E)
	IFRS 연결	IFRS 연결	IFRS 연결	IFRS 연결	IFRS 연결	IFRS 연결	IFRS 연결	IFRS 연결	IFRS 연결	IFRS 연결
매출액(억원)	269,907	319,004	429,978	454,042	118,053	123,766	121,557	138,110	109,829	84,154
영업이익(억원)	27,192	50,126	124,103	78,093	41,718	42,195	28,596	41,926	16,556	-9,707
당기순이익(억원)	20,091	47,589	96,162	53,292	33,153	33,199	19,829	28,768	11,027	-13,261
영업이익률(%)	10.07	15.71	28.86	17.20	35.34	34.09	23.52	30.36	15.07	-11.54
순이익률(%)	7.44	14.92	22.36	11.74	28.08	26.82	16.31	20.83	10.04	-15.76
ROE(%)	4.23	9.53	16.84	8.26	14.75	16.84	18.30	18.88	14.56	
부채비율(%)	36.12	37.11	54.98		41.82	54.98	56.89	56.00	59.40	
당좌비율(%)	96.91	97.50	99.92		109.04	99.92	88.38	90.53	83.05	
유보율(%)	1,286.81	1,398.15	1,643.64		1,552.77	1,643.64	1,668.52	1,741.09	1,765.32	
EPS(원)	2,755	6,532	13,190	7,310	4,548	4,556	2,718	3,944	1,520	-935
PER(배)	34.15	18.14	9.93	11.87	9.31	9.93	8.11	5.77	6.52	-92.80
BPS(원)	70,060	75,860	90,394	96,898	85,338	90,394	92,139	97,019	99,868	96,898
PBR(배)	1.34	1.56	1.45	0.90	1.21	1.45	1.28	0.94	0.83	0.90
주당배당금(원)	1,000	1,170	1,540	1,471						
시가배당률(%)	1.06	0.99	1.18							
배당성향(%)	34.10	16.83	11.03							

· 분기 실적은 해당 분기까지의 누적 실적에서 직전 분기까지의 누적 실적을 차감하는 방식으로 계산되므로, 기업에서 공시한 분기 실적과 차이가 있을 수 있습니다.
· 컨센서스(E) : 최근 3개월간 증권사에서 발표한 전망치의 평균값입니다.

(2023년 1월 13일 조회)

적으로 확대할 수 있는 준비나 여력을 함께 살펴보는 것도 좋겠다.

또한 선행지표에서 매출액을 늘리려면 사전에 기계 설비를 확충하거나 공장을 새로 짓거나 공장 지을 땅을 미리 사두거나 하는 준비를 해야 하기 때문에 재무상태표의 유형자산의 증가 정도를 알아보는 것도 좋다.

재무제표를 살펴보면서 특정분기나 연도에 급격하게 지표가 상승하거나 하락하는 계정과목이 있으면 그 원인을 파악해서 긍정적인지 부정적인지를 판단하고 회사의 기타 공시자료나 각종 신문 등의 언론 기사를 참고해서 향후 전망을 해보는 연습도 투자의 체력을 키우는 방법 중에 하나이다.

부채비율, 유동비율, 당좌비율 확인은 필수!

2018년 11월에 화제가 되었던 영화가 있었다. 바로 1997년 IMF 외환위기 사태를 그린 영화 '국가부도의 날'인데 그 시기를 겪었던 기성세대들에게는 당시 정부의 무능함과 안일하게 대처함에 대한 분노를 일으켰고 IMF 외환위기를 모르는 젊은 세대들에게도 경각심을 일깨워주는 좋은 계기가 되었었다.

IMF 외환위기 당시 많은 국내 굴지의 대기업들이 추풍낙엽처럼 무너져 내렸는데 그 원인으로 꼽고 있는 지표가 바로 '부채비율'이었다. 너무나 쉽게 대출이 나와서 일단 받고 보자 식으로 대출을 받은 회사들이나 무리하게 대출을 남발한 은행이나 모두 부도가 나거나 사라지거나 인수당하는 등의 큰 시련을 겪었었다.

이처럼 한 기업의 재무적인 안정도를 측정하는 지표 중에 '부채비율'이 있다.

최근에 모 연구소에서 국내 1000대 상장 기업의 부채비율이 20여년 만에 절반 이상 줄어든 것으로 나타났다. 기업분석전문 한국CXO연구소가 발표한 자료에 의하면 '2000년~2021년 국내 1000대 기업 부채비율 변동 분석' 결과를 발표했는데 최근 20년 새 국내 대기업의 재무건전성이 크게 개선된 걸로 나타났다.

당연히 1997년 IMF외환위기 당시의 기업들의 부채비율과는 비교도 안될 정도로 건전성이 좋아진 것이다.

국내 1000대 기업 부채비율은 2000년 323%에서 2021년 160%로 감소했는데 부채비율은 기업의 재무건전성을 나타내는 주요 지표로 100% 이하면 아주 양호한 수준으로 인식되고 있고 200%를 넘기면 경영불안 요소가 높아진 상황, 400%를 초과하면 기업 존립이 위태롭다는 의미로 해석된다.

지난 1997년 IMF 외환위기 당시 국내 기업들의 부채비율은 589%까지 치솟았고 이후 2004년으로 넘어오면서 300% 미만인 264%를 기록했고 2005년 217%, 2006년 220%, 2007년 221%, 2008년 216% 등 비슷한 수준을 유지해왔다. 200% 밑으로 떨어진 것은 2010년부터였는데 그 해 국내 기업들의 부채비율은 189%로 집계됐으며 2009년에는 조사 기간 중 가장 낮은 153%를 기록했다. 최근 2년에 해당하는 2020년과 2021년도 160%대에 머물렀다. 부채비율이 400%를 넘는 고위험 기업 수도 줄어드는 추세를 보였다. 지난 2000년 기준 부채비율 400%를 넘긴 기업은 1000곳 중 157곳이었지만 2001년 139곳, 2002년 110곳을 거쳐 2006년에는 59곳까지 떨어졌다. 2016년부터 지난해까지는 70곳 미만 수준을 이어오고 있다. 다만 2021년 기준 업종별로는 희비가 엇갈린 모습이다. 해운·항공·육상물류 등 운송업의 평균 부채비율은 162.7%로 타 업종에 비해 상대적으로 높았다. 특히 아시아나 항공의 작년 말 부채비율은

2200%를 넘어섰고 티웨이항공 1495%, 에어부산 674%, 제주항공 578%로 다수의 항공사가 500%를 넘겼다. 다른 업종의 부채비율은 전기·가스업 142.1%, 건설 132.2%, 조선·항공우주업 122% 등이 높은 수준으로 나타났다. 이 밖에 평균 부채비율이 100% 미만으로 집계된 업종에는 제약업 51.4%, 철강·금속 51.8%, 석유화학 58.1%, 자동차 60.9%, 정보·통신 72%, 식품 78.5%, 유통 87.2%, 기계 90.1% 등이 포함됐으며 가장 낮은 업종은 47.3%를 기록한 전자업으로 조사됐다.

이처럼 한 회사의 재무적인 건전성을 얘기할 때 중요한 지표로 떠오르고 있는 것이 바로 '부채비율'이다. 부채비율은 재무상태표의 부채총액을 자기자본으로 나눈 비율(부채총액/자기자본)로 부채, 즉 타인자본의 의존도를 표시하며, 경영분석에서 기업의 건전성의 정도를 나타내는 지표로 쓰인다. 기업의 부채액은 적어도 자기자본액 이하인 것이 바람직하므로 부채비율은 1 또는 100% 이하가 이상적이다.

이 비율이 높을수록 재무구조가 불건전하므로 지불능력이 문제가 된다. 이 비율의 역수(逆數)는 자본부채비율(자기자본/부채총액)이 된다. 부채비율이 높다는 의미는 회사가 경영을 하면서 주주들이 투자한 돈보다 외부에서 빌린 돈이 더 많다는 의미이고 단기적으로 유동비율(유동자산/유동부채)을 살펴보면 회사의 단기 재무건전성을 더 확실하게 알 수 있다. 유동비율은 유동부채에 대한 유동자산[3]의 비율인데 해석의 의미로는 단기간 내에 갚아야 하는 부채를 단기간 내에 현금화가 가능한 자산으로 상환할 수 있는지 여부를 측정하는 지표라고 보면 된다. 만약에 100%라면 유동부채와 유동자산이 같은 수준으로 유동자산으로 유동부채를 상환할 수 있다는 의미이고 100% 미만이라면 유동자산으로 1년 이내에 유동부채를 상환할 수 없기 때문에 은행으로부터 대출을 받거나 비유동자

3 유동자산은 1년 이내에 현금화가 가능한 자산을 의미하고 유동부채는 1년 이내에 상환해야 하는 부채를 의미한다.

산[4]을 처분해야만 상환이 가능하다는 의미이다.

따라서 유동비율이 100% 미만이라면 회사는 단기적으로 지급불능 상태에 빠질 가능성이 높기 때문에 안정성이 크게 떨어진다고 보면 된다.

결론적으로 유동비율이 높은 것은 1년 이내에 현금화할 수 있는 자산이 갚아야 할 부채보다 더 많다는 의미로 이 비율이 높을수록 재무상황이 건전하다고 보면 된다.

유동비율은 업종별로 약간은 다르지만 보통 200%가 넘으면 건전하다고 평가한다.

유동비율에서 파생되어 최근에 보수적인 투자관점에서 중요한 투자요소 중에 '당좌비율'이 있다. 당좌비율은 회사의 단기 유동성을 나타내며 가장 유동적인 자산으로 단기부채를 상환할 수 있는 회사의 능력을 확인할 수 있다. 거의 현금성 자산으로 유동부채를 즉시 상환할 수 있는 능력이기 때문에 산성시험비율(acid test ratio)라고 불릴 정도이다. 당좌자산은 유동자산에서 재고자산을 제외한 자산을 의미하고 현금 및 현금성자산, 단기금융상품, 매출채권이 있고 기타 당좌자산에는 미수금, 선급금, 선급비용 등이 있다.

당좌비율의 계산식은 '(유동자산 – 재고자산) / 유동부채'이고 당좌비율이 100%이면 회사가 유동부채를 상환하기 위해 즉시 현금화할 수 있는 자산을 가지고 있다는 의미이고 당좌비율이 100% 미만인 회사는 단기적으로 유동부채를 완전히 상환하지 못하기 때문에 안정성에 문제가 있다고 보면 된다. 당좌비율은 회사의 경영에 있어서 사업의 실행 가능성과

4 비유동자산 또는 고정자산은 1년 이상의 장기간에 걸쳐 기업 내에 체류하는 자산으로 크게 투자자산(투자부동산, 장기투자증권, 장기대여금 등), 유형자산(토지, 건물, 기계장치, 건설 중인 자산 등), 무형자산(영업권, 산업재산권 등), 기타비유동자산(임차보증금, 장기매출채권, 장기미수금 등)으로 구분된다.

▌네이버 증권(finance.naver.com) 카카오 실적분석 화면▐

기업실적분석 더보기

주요재무정보	최근 연간 실적				최근 분기 실적					
	2019.12	2020.12	2021.12	2022.12(E)	2021.09	2021.12	2022.03	2022.06	2022.09	2022.12(E)
	IFRS 연결	IFRS 연결	IFRS 연결	IFRS 연결	IFRS 연결	IFRS 연결	IFRS 연결	IFRS 연결	IFRS 연결	IFRS 연결
매출액(억원)	30,701	41,568	61,367	72,776	17,408	17,857	16,517	18,223	18,587	19,408
영업이익(억원)	2,068	4,559	5,949	6,068	1,682	1,066	1,587	1,710	1,503	1,227
당기순이익(억원)	-3,419	1,734	16,462	16,699	8,663	2,241	13,221	1,012	1,372	741
영업이익률(%)	6.73	10.97	9.69	8.34	9.66	5.97	9.61	9.38	8.09	6.32
순이익률(%)	-11.14	4.17	26.82	22.95	49.76	12.55	80.05	5.55	7.38	3.82
ROE(%)	-5.81	2.70	17.10	14.31	14.84	17.10	27.55	23.47	15.35	
부채비율(%)	52.21	60.94	67.62		67.18	67.62	64.10	67.17	66.56	
당좌비율(%)	127.98	162.77	146.88		136.30	146.88	138.52	144.62	139.95	
유보율(%)	12,027.79	13,881.01	21,260.57		18,562.21	21,260.57	24,271.32	24,578.67	24,863.04	
EPS(원)	-717	355	3,132	3,461	1,752	172	2,922	152	239	56
PER(배)	-42.82	219.25	35.92	17.77	46.46	35.92	19.19	13.98	16.37	1,105.55
BPS(원)	12,746	14,647	23,018	26,485	20,271	23,018	25,977	25,729	26,253	26,485
PBR(배)	2.41	5.32	4.89	2.32	5.82	4.89	4.10	2.72	2.18	2.32
주당배당금(원)	25	30	53	55						
시가배당률(%)	0.08	0.04	0.05							
배당성향(%)	-3.46	8.29	1.65							

· 분기 실적은 해당 분기까지의 누적 실적에서 직전 분기까지의 누적 실적를 차감하는 방식으로 계산되므로, 기업에서 공시한 분기 실적과 차이가 있을 수 있습니다.
· 컨센서스(E) : 최근 3개월간 증권사에서 발표한 전망치의 평균값입니다.

특징에 대한 전망과 안정성을 확인할 수 있지만 경영활동 전체의 그림을 제공하지는 못하기 때문에 다른 지표들과 함께 확인하고 투자가치를 살펴보는 것이 좋다.

위에 2023년 1월 13일에 네이버 증권화면에서 조회한 '카카오'주식의 실적관련 자료화면이다. 지금까지 설명한 부채비율과 당좌비율에 대해서 최근 몇 년간의 지표를 확인할 수 있다. 아울러 '유보율'도 조회가 되는데 유보율은 기업의 잉여금을 납입자본금으로 나눈 비율을 의미한다.

공식은 '잉여금(자본, 이익잉여금)/납입자본금'으로 산출하는데 사내에 얼마나 많은 자금을 보유하고 있는지를 알 수 있는 지표이다. 잉여금은 영업활동에서 생긴 이익잉여금과 영업활동이 아닌 자본거래와 같이 특수

거래에서 생긴 자본잉여금을 합한 금액이다. 유보율이 높다는 의미는 회사에 많은 자금이 있어 재무구조가 튼튼해서 추후에 무상증자의 가능성도 있다는 것이고 자금을 조달할 필요가 없기 때문에 지급이자 등도 발생하지 않고 재무구조가 튼튼하다는 것으로 해석하면 된다.

지금까지 기업의 재무적인 건전성에 알아봤는데 엄청나게 많은 양의 기업 분석보고서를 읽어야 하는 것도 아니고 몇 가지 지표만 딱 보고 그 비율의 높고 낮음에 따라서 충분히 회사의 안정성과 투자가치를 알 수 있다는 점을 명심하고 나만의 핵심 투자 체크 포인트를 정해서 투자 시 적용해 보도록 하자.

12. ROA와 ROE의 의미를 모르면 주식에 투자하지마라!!

주식에 투자를 하려고 종목을 찾거나 관련 기사를 보다보면 자주 눈에 띄는 지표가 있다. 많이 띈다는 것은 그만큼 중요하고 의미가 있다는 것인데 이 지표가 바로 ROA(Return On Asset)와 ROE(Return On Equity)이다.

ROA는 '총자산 순이익률'이라고 하고 한 기업이 보유하고 있는 총 자산으로 얼마나 많은 수익을 냈는지를 알 수 있는 대표적인 수익성 지표이다.

ROA(총자산순이익률) = (순이익 / 총자산) × 100

ROA는 각 산업이나 업종마다 약간씩 다르고 같은 사업이나 업종 내에서도 각기 다른 개별 기업들을 분석하는 방법으로도 쓰이지만 한 기업의 과거와 현재를 비교해서 투자가치를 산정하는 데에 사용하기도 한다. 즉, 주주자본뿐만 아니라 차입자본을 합친 총자산을 기준으로 얼마나 큰 수익을 냈는지를 측정하는 지표이다.

흔히 총자산(Assets)은 부채(Liabilities)와 자기자본(Shareholders' Equity)을 더한 값이라고 보는데, 한 기업의 대표이사나 경영진이 얼마나 수익 창출을 위해서 효율적으로 자본을 배분했는지를 나타내기도 한다. 혹은 금융기관의 자산 운용의 효율적 집행에 대한 참고지표로도 사용되고 있는데 ROA가 높을수록 기업의 신용도나 가치가 높다고 볼 수 있다.

ROE(자기자본 이익률)는 ROA처럼 투자대비 수익률을 확인한다는 점에서는 비슷하지만 ROA와 대비해서 부채가 포함되어 있지 않다는 점이 다르다고 볼 수 있다.

ROE의 공식은 아래와 같다.

ROE(자기자본 이익률) = (순이익 / 자기자본) × 100

ROE는 투입한 주주지분(자기자본)을 활용해서 얼마만큼의 이익을 냈는지를 나타내는 대표적인 수익성 지표로 ROA가 ROE보다 조금 큰 개념으로 자기자본뿐 아니라 부채까지도 감안해서 기업이 어느 정도 이익을 창출했는지를 알 수 있는 지표이다. 어떤 기업의 투자가치를 산정할 때 기업의 ROA, ROE 수치가 업종 평균, 동종업종 평균의 수치보다 크다면 일단 투자가치가 높다고 보면 된다.

워렌 버핏은 주식투자를 하려는 사람들에게 ROE가 최근 3년간 연평균 15% 이상인 종목에 투자할 것을 추천했으며, 본인의 투자도 평균 ROE가 시장대비 굉장히 높은 수준의 종목을 투자했다고 한다. 아래에 설명할 PER이나 PBR은 지표가 낮은 종목들이 높은 종목들보다 투자가치가 높다고 할 수 있지만 ROE는 높은 종목이 무조건 높은 수익률을 기록하는 것이 아니라 10% 이상의 ROE를 매년 꾸준히 기록하는 종목이 투자가치가 높은 종목이라고 할 수 있다.

나무위키 자료에 의하면, 통계에 따르면 기업의 ROE는 세계평균수준인 10% 정도에 다가가려는 특징이 있다고 한다. 어떤 업종의 ROE가 시장평균보다 낮으면 그 업종 내에서 경쟁력 없는 회사들이 부도가 나서 사라지고 생존한 우량기업들이 시장점유율을 추가적으로 확보해 ROE가 상승하기 때문이다. 반대로 어떤 업종의 ROE가 시장평균보다 높으면 온갖 신규 기업들이 그 업종에 뛰어들어서 기존 기업들의 점유율이 하락하고 단가하락을 하게 되어 ROE가 하락하게 된다.

아래의 신문기사는 2023년 1월 3일 이데일리 뉴스의 기사를 가져왔다.

모 증권회사의 보고서를 참고로 기사가 작성되었는데 제목부터 '실적 전망치 오르는 종목에 외국인이 모인다'라고 되어 있듯이 2022년 대비 2023년의 순이익 변화예상이 높은 종목에 대해서 언급하고 있고 PER(주가수익비율), PBR(주가순자산비율)과 함께 ROE(자기자본이익률)가 10% 이상 되는 종목들을 기사 말미에 표로 잘 정리해놓았다. 대부분의 주식관련 신문기사를 살펴보면 투자가치가 있건 투자가치가 줄어들어 조심해야 하는 종목 등 주식의 투자가치에 대한 종목을 정할 때 주로 사용하는 지표들이 몇 가지로 정해져 있다. 그 지표들에 대한 내용만 알고 본인의 투자에 적용만 한다면 예상치 못한 투자의 큰 낭패를 보거나 실수를 하는 경우는 없을 것이다.

관련 신문기사

2023년 1월 3일 이데일리 뉴스

"실적 전망치 오르는 종목에 외국인도 모인다"

메리츠증권 보고서
포스코케미칼 · 우리금융지주 · 현대글로비스 등 추천

여전히 미국발 통화긴축의 영향으로 국내 상장사들의 영업이익 전망치가 하향 조정되고 있는 가운데 이익 상향 종목으로 투자를 집중해야 한다는 조언이 나왔다. 3일 이정연 메리츠증권 연구원은 "최근 3개월간 올해 코스피 순이익은 15.4% 하향 조정됐다"며 "일부 업종을 제외하면 대부분의 업종에서 하향조정이 진행된 것"이라며 이 같이 밝혔다.

국내 증시 하방요인으로 작용하고 있는 기업이익은 지난해 하반기 이후 하향조정되기 시작했다. 올해 순이익의 경우 6개월간 200조원에서 150조원으로 50조원 하향 조정됐다.

특히 이익 상향조정이 진행된 금융(보험, 은행), 에너지, 산업재(기계, 조선)를 제외한 거의 모든 업종의 이익전망치는 하향되고 있다. 특히 반도체, IT하드웨어, 소프트웨어, 디스플레이 등 IT 업종은 3개월간 10% 넘게 하향조정되어 감익 사이클을 주도하고 있다.

이 연구원은 "반도체의 경우 올해 순이익은 전년대비 2.6% 감소할 것으로 컨센서스가 형성되어 있으나, 지금의 흐름대로라면 전년대비 10% 이상 감소할 수 있다"라고 우려했다. 특히 반도체와 운송업종의 감익이 올해 전반의 역성장의 원인이 될 것이라는 평가다. 그는 "당분간 시장 전반의 이익 턴어라운드 가능성은 기대해 볼 수 없는 상황"이라며 "미국 정책금리는 올 상반기에도 올라갈 것으로 예상되는 가운데, 경기침체 우려 여파로 소비 부진이 뒤따를 수 있기 때문"이라고 지적했다. 물론 중국의 리오프닝이 호재성 재료로 작용할 수 있겠지만 일부 업종에 국한되기 때문에 시장 전반의 이익을 끌어올리기에는 부족하다. 이어 “매년 상반기 초에는 계절적으로 이익이 하향조정되는 부분도 부담스러운 상황”이라며 “전년도 4분기 실적이 발표되는 2, 3월에는 통상적으로 당해년도에 대한 이익 하향조정이 진행되는데 4분기 일회성 비용에 따른 어닝 쇼크가 빈번하게 나타난다”라고 우려했다.

실제 과거에도 평균적으로 4분기 순이익은 예상치 대비 40% 이상 부진한 결과를 발표했다. 절반 이상의 종목이 어닝 쇼크(-5% 이상 괴리율 기준)를 기록하며 해당 연도에 대한 이익 하향조정도 함께 진행되는 패턴이 매년 반복돼왔다. 그는 이와 함께 외국인이 최근 이익 전망치가 상향되는 종목을 사들이고 하향되는 종목을 팔아치우는 점에 주목했다. 이 연구원은 “지난해 연초부터 상반기까지 외국인은 16조5000억원 순매도했으나 이후 연말까지 9조3000억원 순매수했다”면서 “최근 외국인 순매수세는 주로 이익전망치 상하향 조정과 연관된 흐름”이라고 설명했다. 특히 호텔, 레저, 유틸리티, 기계, 보험, 비철금속 등 최근 이익 전망이 상향조정된 업종 중심으로 순매수세가 나타났다는 분석이다. 이 연구원은 “이익 하향조정이 시작된 시점부터 성장성 지표의 성과 개선은 둔화됐으며, 밸류에이션 지표 역시 유동성 수축 국면에서 심리 개선이 뒤따르지 않아 설명력이 없다”면서 “따라서 올해 상반기 초 시장 대응은 이익 개선을 기대하기 힘든 상황임에 따라 수익성 측면에서 유리하며(ROE 10% 이상), 이익 전망치 상향조정으로 외국인 수급을 기대해 볼 수 있는 포스코케미칼(003670), 우리금융지주(316140), 현대글로비스(086280), 메리츠화재(000060), 한국항공우주(047810) 등 종목에 주목할 필요가 있다”고 덧붙였다.

표1 2023년 ROE 10% 이상(수익성) + 영업이익, 순이익 상향조정(이익모멘텀)

코드	종목명	업종	시총 (조원)	주가 (원)	'23년 이익변화율_1개월 (%) 영업이익	순이익	순이익 증가율 (%) 2022E	2023E	PER (배) 12MF	PBR (배) 12MT	ROE (%) 12MF
A003670	포스코케미칼	화학	13.9	180,000	2.3	1.6	66.4	80.7	36.2	4.59	13.6
A316140	우리금융지주	은행	8.4	11,550	0.4	0.4	18.1	4.0	2.6	0.27	10.9
A086280	현대글로비스	운송	6.1	163,500	0.9	0.7	51.3	11.2	4.7	0.76	17.5
A000060	메리츠화재	보험	5.5	49,700	7.6	8.0	34.7	2.3	6.4	3.22	76.2
A047810	한국항공우주	상사,자본재	5.0	50,900	2.3	6.4	194.7	48.1	20.5	3.08	16.1
A021240	코웨이	화장품,의류,완구	4.1	55,900	0.9	2.5	7.8	10.0	7.5	1.50	22.3
A128940	한미약품	건강관리	[illegible]	298,000	2.1	2.6	37.5	17.0	34.6	3.66	11.3
A282330	BGF리테일	소매(유통)	[illegible]	[illegible]	0.9	0.8	33.2	17.3	15.8	3.22	22.1
A241560	두산밥캣	기계	3.5	[illegible]	2.1	3.7	38.6	19.3	5.4	0.66	12.8
A008770	호텔신라	호텔,레저서비스	[illegible]	83,100	3.7	7.2	78.4	169.0	25.6	4.30	19.3
A030000	제일기획	미디어,교육	[illegible]	23,050	0.1	0.1	38.1	11.6	10.4	1.70	19.5
A001450	현대해상	보험	2.6	[illegible]	1.2	1.3	24.7	1.0	4.8	0.50	12.6
A012750	에스원	상사,자본재	[illegible]	[illegible]	[illegible]	0.1	17.8	5.6	14.0	1.27	10.4
A006260	LS	기계	[illegible]	[illegible]	[illegible]	10.3	51.9	4.5	4.7	0.43	11.3
A005300	롯데칠성	필수소비재	1.6	176,000	0.4	0.5	-0.8	20.2	10.9	1.12	10.7
A267260	현대일렉트릭	기계	1.5	42,500	6.9	5.7	흑전	8.3	11.2	1.70	16.4
A298020	효성티앤씨	화장품,의류,완구	1.5	350,000	0.4	2.2	-90.1	141.6	8.6	1.02	12.4
A089590	제주항공	운송	1.1	14,900	3.8	13.3	적지	흑전	10.5	5.59	53.9
A248070	솔루엠	IT하드웨어	0.9	17,400	2.5	2.3	321.3	33.1	11.7	2.18	21.2
A272450	진에어	운송	0.9	16,450	4.8	20.3	적지	흑전	10.8	5.46	68.2
A005420	코스모화학	화학	0.7	20,550	37.6	35.1	137.0	56.4	17.1	3.28	19.8
A013890	지누스	건설,건축관련	0.7	35,000	1.5	1.4	0.8	38.7	8.9	0.98	12.0
A003670	포스코케미칼	화학	13.9	180,000	2.3	1.6	66.4	80.7	36.2	4.59	13.6

주: 종목 선정은 계량분석 방법론에 의한 것으로 당사 기업 분석 애널리스트의 의견과 다를 수 있음. 2022년 12월 30일 기준

자료: Fnguide, 메리츠증권 리서치센터

일단 투자 가치 높음.

※ 참고 투자지표: 영업이익, PER, PBR, ROE.

이데일리 김인경 기자

이러한 지표들에 대한 정보도 포탈사이트의 금융이나 주식 페이지에 모두 조회가 되고 관련 신문기사나 정보에서 충분히 얻을 수 있다. 한 종목에 투자를 하려고 한다면 10가지 이상의 지표를 따져본다는 마음가짐으로 남들이 놓치는 기업의 세세한 투자 가치와 위험에 대한 부분을 찾는 전문가가 되어보자.

13. PER, PSR, PBR은 주식투자의 핵심지표

38년의 기간 동안 연평균 15% 이상 성과를 거둔 투자의 대가가 바로 존 템플턴이다. 시장가치가 기업의 내재가치보다 낮은 저평가 가치주를 주로 투자했다고 하는데, 존 템플턴이 투자를 함에 있어서 참고로 사용했던 지표들이 바로 PER, PBR, PSR, PCR과 총 주주수익률이었다고 한다.

지 표	계산법
PER(주가수익비율)	주가 / 주당순이익(EPS)
PBR(주가순자산비율)	주가 / 주당순자산(BPS)
PSR(주가순매출비율)	주가 / 주당순매출액(SPS)
PCR(주가현금흐름비율)	주가 / 주당현금흐름(CPS)
총 주주수익률	(현재가격 – 매수가격) + 배당수익 / 매수가격

주식투자에 있어서 이처럼 중요한 지표들인데 이마저 확인도 안하고 투자를 하는 투자자들이 정말 많다. 최소한 수익을 기대하고 투자를 한다면 기본적인 몇 가지 지표들에 대한 이해와 종목별 확인은 필수 사항이라고 생각하자.

지금부터 PER, PSR, PBR에 대해서 알아보고 기본을 다져보도록 하자.

PER(Price Earning Ratio)의 명칭은 주가수익비율이라고 하는데 '주가/주당 순이익(EPS)'으로 계산이 된다. 여기서 EPS(Earning Per Share)는 '주당순이익'으로 순이익을 주식수로 나눈 값이다.

PER의 공식으로 그 의미를 살펴보면 현재 이 회사의 주가가 한 주당 벌어들이는 이익의 몇 배인가?를 알아보는 것이라고 할 수 있다. 종목의 상대적 수익 가치를 나타내주기 때문에 투자결정시 가장 우선적으로 고려해야 하는 비율이다. 하지만 PER이 낮다고 무조건 투자가치가 높다고는 할 수 없는데 이익을 못 내거나 이익이 들쑥날쑥한 주식에는 적용하기 힘들고 어디까지나 PER은 과거의 수치이기 때문에 미래에도 이러한 수준으로 주가가 형성된다고 장담할 수는 없기에 현재의 주가보다 향후 상승할 수 있는 기대치가 높다는 정도로 해석하면 될 것이다. 이처럼 PER은 기업의 주가에 대한 저평가 여부를 가늠하는 바로미터이고 절대적인 것은 아니지만 시장 상황에 따라 그 가늠자가 위와 아래로 신축적으로 움직인다고 볼 수 있다.

보통 우리나라 주식시장의 PER은 15~16배 정도가 상단이고 일반 기업들의 PER은 10배 정도가 일반적이라고 볼 수 있는데, 이는 한 해의 주당 순이익으로 투자금(주가)을 회수할 수 있는 최소한의 기간이 10년이라는 의미로 해석된다.

PBR(Price Book-value Ratio)은 주가순자산비율이라고 하는데 '주가/주당순자산(BPS)'으로 계산이 된다. BPS(Book-value Per Share)는 '주당순자산'으로 순자산을 주식수로 나눈 값이다. 그 의미는 주가가 순자산(자본금과 자본잉여금, 이익잉여금의 합계)에 비해 1주당 몇 배로 거래되고 있는지를 측정하는 지표를 말한다.

순자산이란 재무상태표의 총자본 또는 자산에서 부채(유동부채+고정부채)를 차감한 후의 금액을 말한다. 장부상의 가치로 회사 청산 시 주주가 배당받을 수 있는 자산의 가치를 의미한다. 따라서 PBR은 재무내용면에서 주가를 판단하는 척도가 된다.

예를 들어 PBR이 '1'이라면 특정 시점의 주가와 기업의 1주당 순자산이 같다고 볼 수 있으며, 이 수치가 낮으면 낮을수록 해당 기업의 자산가치가 증시에서 저평가되고 있다고 볼 수 있고 PBR이 '1' 미만이면 주가가 장부상 순자산가치(청산가치)에도 못 미친다는 뜻으로 보면 된다. 최근에 PBR이 PER의 대체 투자지표로 많이 사용되는데 이는 자산가치를 잘 보여준다는 점에서 유동자산을 많이 보유하고 있는 은행이나 투자회사, 보험회사 같은 금융기관 등의 투자지표로 사용된다.

하지만 PBR도 완벽하진 않아서 자산이 거의 없는 인적 자원으로 구성된 회사의 경우 정확한 가치를 판단하기 어려워 요즘 가장 각광받고 있는 테마주인 엔터테인먼트 관련주, 게임관련주, 중소 건설업체나 엔지니어링회사들은 현금화할 수 없는 인적 자원을 토대로 기업의 가치가 형성되기 때문에 PBR로 가치분석을 할 수 없다고 한다.

얼마 전 DB금융투자는 '앞으로 3년간 투자자의 생존은 가치주 전략이 책임진다'는 제목의 보고서를 통해 "지난 100년간 주식시장에서는 산업혁명을 통해 형성된 거품(버블)이 사라진 후 가치주가 강세를 보이는 현상이 반복돼왔다"고 주장했다. 1990년대 말 정보기술(IT) 버블이 끝난 뒤 2000년대 초반 아모레G · 롯데칠성 · 신세계 등 가치주가 주도주로 떠오른 게 대표적이다. 이후 2020~2021년 4차 산업혁명 기대에 따라 펼쳐진 버블장이 20022년 들어 마무리됐다고 분석하면서 향후 3년간 가치주 투자가 주식시장의 주류를 이룰 것으로 전망했다. 과거 미국 10년 만기 국채 금리가 국내총생산(GDP) 증가율보다 높았던 시기에 가치주가 높은 수익률을 기록했다는 점도 '가치주 강세론'을 뒷받침하고 있는데 결론적으로 금리가 성장률보다 높았던 2004~2006년까지 저PBR 종목군이 가장 높은 성과를 기록했다고 주장했다.

실제 다음의 그래프를 보면 지난 고금리 시대였던 2004년부터 몇 년간 주식시장의 상승을 이끌었던 상품들은 저PBR주라는 것을 알 수 있다. 즉 자산가치가 높은 회사들이고 현재 주가수준이 한 주당 보유 자산

▌고금리 시대엔 저PBR주가 유리▐

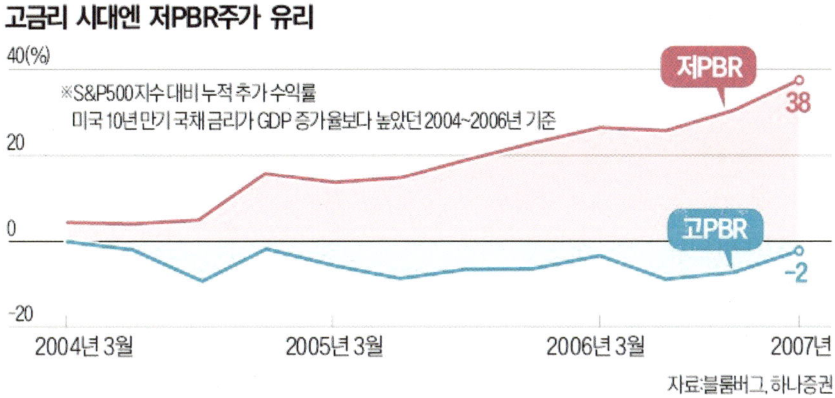

(2022년 10월 11일 한국경제신문 기사이미지)

가치보다 낮은 종목들이다.

따라서 장기간 저금리, 저환율, 저물가 시대에서 이제는 고금리, 고환율, 고물가 시대로 변경되는 중요한 시기에 PBR 지표의 중요성을 인식하고 향후 투자의 잣대로 삼아 계속 관심 있게 투자유망 종목을 찾도록 하자.

PSR(Price Sales Ratio)은 '주가 순매출 비율'이라고 하는데 '주가/주당순매출(SPS)'로 계산되는 값이다. 여기서 SPS(Sales Per Share)는 주당 순 매출액이므로 순매출액을 주식수로 나눈 값이라고 보면 된다. 하지만 이 지표는 매출만 고려하므로 회사전체 비용구조에 대한 고려가 없고, 영업이익률이 높은 회사는 그렇지 않는 회사에 비해 평가절하될 수 있기 때문에 다른 재무비율과 더불어 보완적인 투자지표로 봐야 하겠다.

지금까지 주식투자에 있어서 기본적 분석의 핵심인 3가지 지표를 알아봤는데 추가로 'PCR(Price Cash-flow Ratio: 주가 현금흐름 비율)'에 대해서도 알아보도록 하자. 주가 현금흐름 비율은 주식 1주당 주식가격과 현금흐름이 얼마나 되는지 나타낸 것이다. 공식은 '주가/CPS(주당현금흐름)'으로 계산하는데 여기서 분모의 CPS(Cash-flow Per Share)는 기업의 현금흐름을 총 발행주식수로 나눈 것이다. 현금흐름이란 기업이 당장 사용가능한 돈의 규모를 의미한다. 장부상 순이익은 아직 지급하지 않은 돈까지 지출로 계산하는 경우가 많다. 감가상각비가 대표적인데 사실상 자산을 구매할 때 대금지급이 완료되기 때문에 감가상각비는 자산의 가치가 줄어드는 현상에 대한 비용이지만 실제로 현금이 회사 밖으로 나가는 것은 아니다. 이처럼 기업이 사용할 수 있는 돈의 '현금흐름'이라고 하고 현금흐름을 주식수로 나눈 것이 CPS이다. 주가 현금흐름 비율인 PCR은 현금창출능력에 비해 상대적으로 주가가 저평가되어 있는 주식을 찾아서 투자할 때 유용한 주가평가 지표라고 할 수 있다. 물론 업종 내에서

❙ 주식투자 주요 투자지표 정리 ❙

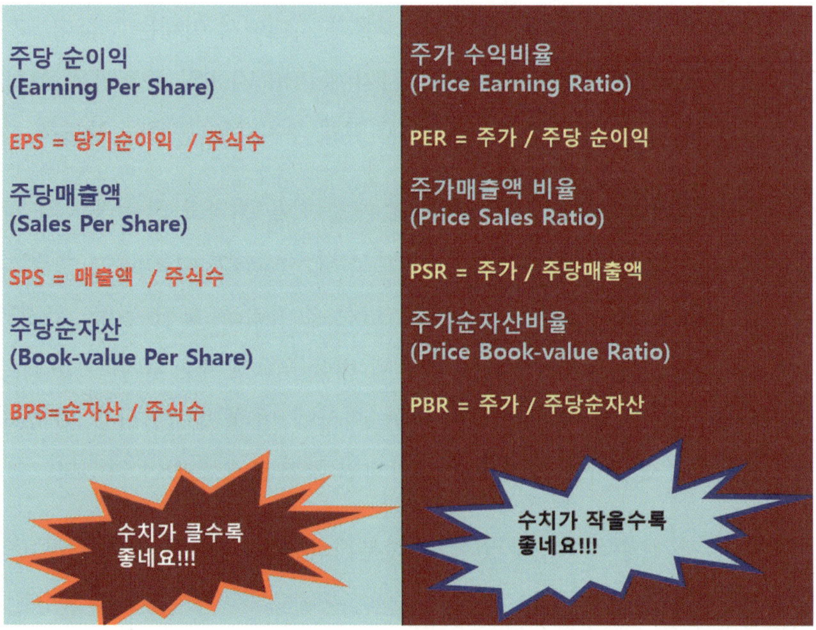

주식 종목들 간 시장 평가 수준을 서로 비교할 때 보다 가치 있게 활용할 수 있다. 만약에 동종 업종 내에서 주식 종목들 간 비슷한 시장에 영향을 받는 종목이라면 동일한 환경에서 어느 회사가 현금창출 능력이 우수하고 그 우수한 현금창출 능력이 시장에서는 어느 정도 평가를 받는지 확인할 수 있다. 따라서 주식에 투자 시 절대적 기준을 가지고 주가 현금흐름 비율(PCR)을 평가하는 것도 활용가치가 있지만 두 개 이상의 관심종목을 두고 주가를 비교할 때 상대적인 투자가치를 알 수 있다는 것이다. 동일 업종 내의 주식들의 평균 주가 현금흐름 비율(PCR)이 낮게 형성되어 있는 종목들은 다른 주식들에 비해서 현재 주가가 낮게 형성된 것으로 볼 수 있고 향후 주가가 상승할 수 있는 여력이 높다고 해석한다.

존 템플턴의 투자전략에서 '총 주주수익률'이 포함되어 있는 것을 위의 표에서 확인했다. 총 주주수익률(Total Shareholder Return)은 주주들이 일정 기간 얻을 수 있는 총 수익률을 의미하는데 단순 주가변동 비교보다 유용해 경영자를 평가하는 수단으로 쓰이기도 한다. 총 주주수익률(Total Shareholder Return, 이하 TSR)은 일정기간 동안 주주의 입장에서 회사의 주식에 투자하여 얻은 수익률을 의미한다. 공식은 '(기말주가－기초주가)＋배당금/기초주가'로 계산한다.

일반적인 주가수익률과의 차이는 기간 내 배당수익률을 같이 고려한다는 점이며, 이러한 점에서 TSR은 일반적으로 주가수익률과 배당수익률의 합으로 계산되는데 성장성이 높거나 투자기회가 많은 기업은 배당으로 주주에게 수익을 환원하기보다 재투자를 통한 기업가치 제고로써 높은 주가수익률을 달성하는 것이 유리하지만 성숙기에 접어들어 재투자를 통한 추가적인 성장기회가 적은 기업은 배당으로써 주주에게 환원하는 것이 보다 주주친화적인 선택이다. 이러한 점에서 TSR은 자본이득과 배당수익을 동시에 고려하는 성과지표라고 보고 실제 미국 등 선진국에서 TSR은 성과를 측정하는 지표로 널리 사용되고 있다고 한다.

관련 신문기사

2023년 1월 9일 조선일보 기사

올해 예상 PER 2~3배 불과…저( )평가주 종목 골라 담아볼까

자동차 부품기업 화신, 예상 PER 2.52배 '최저'
15개 종목 2~3배 수준 그칠 듯
저평가 주식 위주 비중 확대 전략도 고려해야

올해는 금리 인상 등의 영향으로 경기 둔화와 기업 실적 악화가 예상된다. 보통 이런 시기에는 실적에 비해 주가가 저평가된 기업들을 찾아 투자하는 전략이 투자자들 사이에서 인기를 끈다. 금융투자업계에서는 올해 주가수익비율(PER)이 2~3배에 불과할 것으로 예상되는 초저평가 기업들에 주목해야 한다는 분석이 제기된다.

PER은 주가를 주당순이익으로 나눈 것으로 주가가 주당순이익의 몇 배인지를 보여주는 지표다. 기술 성장주로 분류되는 기업들은 PER이 수십배에 달해 주가가 실적에 비해 고평가됐다는 논란도 있다. 9일 한화투자증권에 따르면 올해 PER이 2~3배에 그칠 것으로 예상되는 종목은 15곳이다. 가장 PER이 낮을 것으로 보이는 곳은 자동차부품업체 화신(8,900원 ▲ 360 4.22%)으로 올해 예상 PER은 2.52배다. 올해 예상 순이익은 1,002억원이며 지난해 말 기준 주가는 7,220원이다. 또 화학제품 생산 기업 OCI(86,100원 ▼ 700 −0.81%)(2.57배), 비메모리 반도체 위탁생산 기업 DB하이텍(43,200원 ▼ 350 −0.8%)(2.62배), 대신증권(13,100원 ▲ 100 0.77%)(2.67배), 플라스틱 내구성 물질인 폴리머 안정제 제조기업 송원산업(18,700원 ▼ 150 −0.8%)(2.7배) 등 10곳이 PER 2배가 조금 넘을 것으로 전망됐다.

건설사 중에서는 대우건설(4,640원 ▲ 50 1.09%)의 올해 PER이 3.32배로 예상돼 가장 낮았다. GS건설(23,050원 ▲ 150 0.66%)도 올해 PER이 3.43배에 그칠 것으로 전망됐다. 주요 금융지주사 중에서는 하나금융지주(49,500원 ▲ 1,400 2.91%)가 3.4배의 PER을 기록할 것으로 예상됐다.

14. 당기순이익일랑 잊고 영업이익을 확인하라

"아니 회사가 무조건 이익이 많이 나면 장땡이지...거기서 또 뭘 바래요?"

"그게 아닙니다. 이익 안에서도 가치를 따져서 살펴봐야 합니다."

최근에 모 강의실에서 당기순이익과 영업이익, 영업외 이익 등에 대해서 언급하다가 수강생과 주고받은 대화내용이다.

수강생의 이야기도 물론 일리가 있다. 손실 없이 이익을 꾸준하게만 내준다면 그보다 좋은 경우는 없겠다. 하지만 조금은 세련된 투자자라면 그 안에서도 우선순위나 가치를 따져보는 전략도 세워보는 것이 좋겠다.

당기순이익과 영업이익을 살펴보기 전에 회사의 영업활동이 얼마나 활발한지를 알기 위해서 매출액의 추이를 살펴봐야 한다. 매출액이 최근 3년 이상의 기간 동안 얼마나 꾸준하게 상승하고 있는지 살펴봐야 하는데 매출액은 기업의 활동에서 얻은 전체 금액이라고 할 수 있고, 투자자들은 분기, 작년 동기 매출액과 비교해 영업활동이 활발한지, 정체되어 있는지를 알 수 있다.

다음으로 이익부분을 살펴봐야 하는데 투자자들이 혼란을 겪는 경우가 모든 이익들이 비슷하게 상승하면 좋은데 영업이익과 당기순이익 액수에 큰 차이가 있는 경우이다.

영업이익은 매출총이익(매출－매출원가)에서 판매관리비 및 일반관리비를 뺀 금액이고 당기순이익은 경상이익(영업이익－금융비용 및 영업외손익)에서 법인세를 제한 금액이다. 일반적인 기업의 경우 영업이익과 당기순이익이 비슷한 금액대로 움직이는 경우가 많지만 만약 이 두 금액이 큰 차이가 있다면 비정상적인 항목이 있을 가능성이 높다.

영업이익과 당기순이익은 같은 '이익'이지만 당기순이익은 영업이익과 달리 영업활동 이외에 일시적이고 비경상적인 활동이나 영업과 관련이 없는 부분에서 발생한 이익까지 포함한다. 즉, 본업이 아닌 일을 통해서 얻은 이익이 영업외이익이다. 어떤 회사의 업종이 시계 제조라면 시계를 만들어 판매해서 이익을 얻는 것이 의미가 있는 이익인데 어떤 해에 회사 소유의 부동산 및 설비를 매각해 이익을 남기거나 자사주나 채권을 팔아서 이익을 남긴 것은 영업외이익이고, 이는 기업의 본래 영업활동과는 무관하다는 것이다.

이런 영업외이익은 주기적으로 매년 발생하는 성격의 이익이 아니고 기업의 안팎의 상황에 따라 발생한 이익은 본질적으로 주가에 큰 영향을 주기 어렵다. 주가에 영향을 주는 것은 매년 주기적으로 발생하는 영업이익과 영업이익 크기의 성장, 영업이익률의 추이 등이고 이는 향후 해당 기업의 투자가치와 미래가치를 판단하는 중요한 지표이다.

투자자들은 흔히 계정과목에 '순'이익이라는 단어가 가지는 느낌 때문에 당기순이익을 실질적인 이익액수를 뜻하는 것으로 오해할 수 있으나 기업의 핵심역량과 투자, 미래가치를 반영하는 것은 영업이익이다. 즉 영업이익이 분기와 동기 대비 상승할수록 해당 업체가 성장하고 있다고 봐도 무리가 없다. 또 영업이익을 매출액으로 나누면 영업이익률을 계산할 수

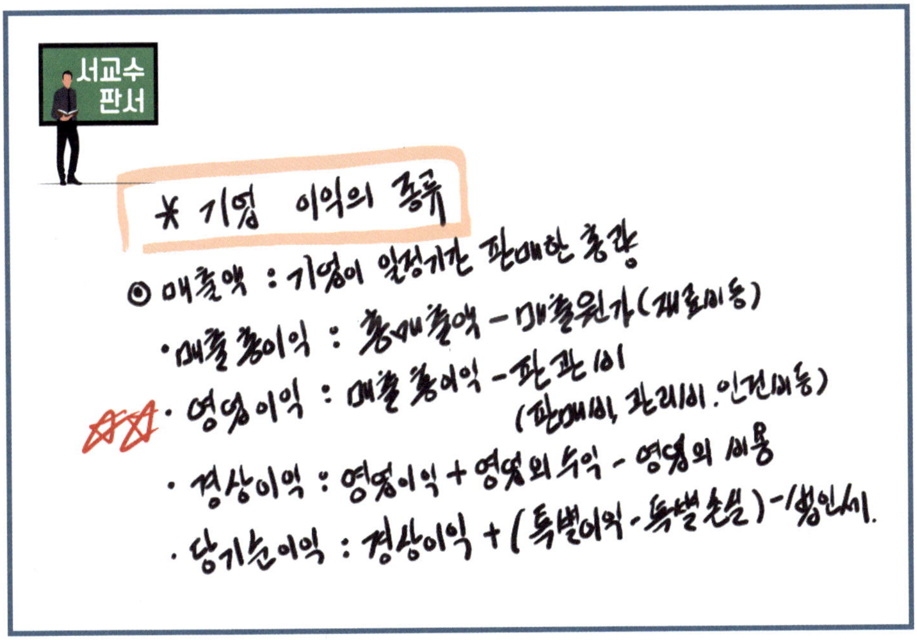

있는데 이는 영업활동을 한 결과 매출을 기반으로 얼마만큼의 이익을 지속적으로 냈는지를 나타내는 기준이라고 볼 수 있다.

잠깐!! 금융상식

회사회계에서 발생하는 여러 가지 이익

회사회계에서 발생하는 여러 가지 이익을 계산하는 순서는 아래와 같다.

– 매출액 – 매출원가 = 매출총이익
– 매출총이익 – 판매비와 관리비 = 영업이익
– 영업이익 + 영업외수익 – 영업외비용 = 법인세비용차감전순이익
– 법인세비용차감전순이익 – 법인세비용 = 당기순이익

여기서, 매출액은 기업이 고객에게 제공한 재화나 용역의 총액을 말하는데

판매해서 받는 금액 전체라고 보면 된다. 매출원가는 판매한 재화나 용역의 원가(매입원가)를 의미하고 매출액에서 매출원가를 뺀 금액을 매출총이익이라고 한다.

예를 들어 상품을 10만원에 매입해서 15만원에 팔았다고 한다면 매출액은 15만원이고, 매출원가는 10만원이며, 매출총이익은 5만원이다.

판매비와 관리비는 영업활동을 위해서 투입되는 각종 판매관련 비용(판매비)과 기업을 관리하는 데 들어가는 비용(관리비)을 의미하고 매출총이익에서 판매비와 관리비를 빼면 영업이익이 나온다. 영업외수익은 영업 본래의 목적을 위한 활동 외에 부수적인 활동에서 벌어들인 돈을 의미하는데 영업외비용은 영업본래의 목적을 위한 활동 외에 부수적인 활동에서 손해를 본 금액을 얘기한다.

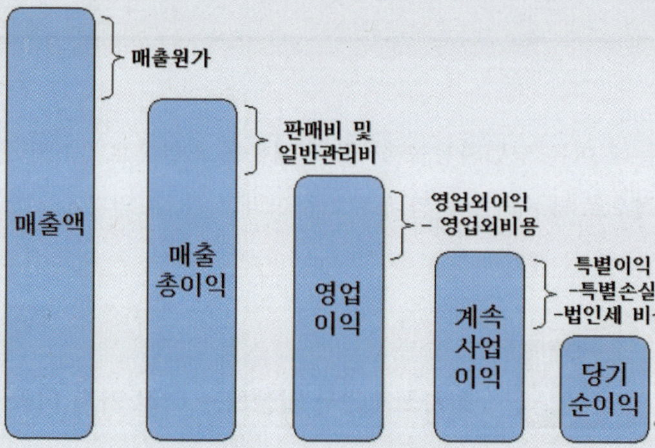

영업이익에서 이 영업외수익을 더하고 영업외비용을 빼면 법인세라는 회사의 소득세를 내기 전의 순이익(법인세비용차감전순이익)이 된다. 여기에서 법인세를 내고 나면 당기순이익이 되는 것이다.

관련 신문기사

2023년 1월 6일 한겨레신문 기사

LG전자, 연매출 사상 최대 찍고도 영업이익 91% 급감

최대 분기 매출 불구하고 수익성 악화

〈서울 여의도 LG트윈타워. LG 제공〉

엘지(LG)전자의 지난해 4분기 영업이익이 전년의 10분의 1 수준으로 쪼그라들었다.

엘지전자는 지난해 4분기 영업이익이 655억 원(연결 기준)으로 전년 동기(7453억 원)보다 91.2% 감소한 것으로 잠정 집계됐다고 6일 공시했다. 매출은 21조8597억 원으로 전년 동기(20조7천억 원)보다 5.2% 증가해 분기 기준 역대 최대를 기록했다.

엘지전자의 분기 영업이익이 1천억 원 아래로 내려간 건 2018년 4분기(757억 원) 이후 4년 만이며, 증권시장 전망치(3천억 대 초반)를 크게 밑돈 것이다. 매출은 역대 최대치를 기록했지만 원자재 가격 상승, 물류 · 마케팅 비용 증가, 4분기 원-달러 환율 하락 등이 복합적으로 작용하면서 수익성이 나빠졌다고 회사 쪽은 설명했다. 글로벌 경기둔화 여파가 본격화하면서 주력인 티브이와 가전 사업의 수익성 악화로 겨우 적자를 면한 수준의 성적표를 받은 것이다.

지난해 연간 매출액은 83조4695억 원으로 전년보다 12.9% 증가해 역대 최대치를 나타냈다. 반면 연간 영업이익은 3조5472억 원으로 전년보다 12.6% 감소했다.

김회승 선임기자(honesty@hani.co.kr)

15. 이자보상비율을 모르면 주식투자하지 마라

"아니 그렇게 열심히 장사를 해서 은행 이자도 못 낸다면 그 장사 뭐하러 하남?"

"내 말이…대출이자는 내고 그래도 때 되면 원금이라도 갚아 나가야 하는 거지…

이렇듯이 예전부터 어떤 사업을 하거나 혹은 일을 함에 있어서 최소한의 수지분석 비교를 할 때 사업을 시작하면서 받은 빚에 대한 이자를 낼 수 있는지였다. 먹고 사는 것은 고사하고 그 사업이나 장사를 하기 위해서 빌린 빚에 대한 이자도 못 낸다면 굳이 할 필요가 있겠냐는 비교꺼리로 많이 언급되곤 했다.

주식투자에 있어서도 최소한의 회사의 수익성과 투자가치를 따져볼 때 사용하는 지표가 바로 '이자보상비율'이다.

이자보상비율(Interest Coverage Ratio)은 '영업이익/이자비용'으로 나누어 계산하는데 기업의 이자부담능력을 평가하여 높을수록 기업의 건전성은 좋아진다. 이자보상비율은 은행 등의 금융기관에서 빌린 돈에 대한 이자를 지급하고 기업의 영업활동으로 벌어들인 이익이 얼마나 차지하는지 보여주므로 기업과 금융기관의 차입금 약정에 일정한 한도의 이자보상비율을 정하여 기업이 위반할 경우 즉시 차입금 상환요구로 하는 기준이 되고 있다.

이자보상비율 = (영업이익/이자비용) × 100

이자보상배율은 100을 곱하지 않은 순수한 영업이익으로 이자를 갚을 수 있느냐를 보는 것이고 이자보상비율은 여기에 100을 곱해서 비율로 산정한 것이다. 이자보상배율이 1이면 영업활동으로 벌어들인 돈을 전부 부채에 대한 이자로 지급하고 남는 돈이 없다는 의미이고, 1보다 크다는 것은 영업활동으로 번 돈이 금융비용을 지불하고 남는다는 의미로 부채 상환능력이 좋은 기업이라 판단할 수 있다. 이자보상배율이 1 미만이면 영업활동에서 창출한 이익으로 금융비용조차 지불할 수 없기 때문에 잠재적 부실기업으로 볼 수 있다.

간혹, 이자보상배율과 이자보상비율을 헷갈려 하는 사람들이 있는데 배율은 말 그대로 "몇 배냐?"라는 의미이고, 비율은 "몇 퍼센트냐?"라는 의미이니 큰 차이를 둘 필요는 없다.

그래서 만약 이자보상비율은 어떻게 산출되는지 묻는다면 영업이익을 이자비용으로 나눈 값(이자보상배율)을 %로 표현하기 위해 100을 곱한 값이라고 생각하면 된다.

이자보상배율과 같이 알아두면 좋을 차입금의존도라는 용어가 있는데 차입금의존도란 기업이 차입금에 의존하는 정도를 나타내는 것으로서 통상 총자본에 대한 차입금 비율을 말한다.

{차입금의존도(%) = 부채 / 순자산(자기자본, 총자산-부채)} × 100

차입금의존도가 높은 기업일수록 이자 등 금융비용의 부담이 커 수익성이 떨어지고 안정성도 낮아지게 된다. 흔히 기업의 투자가치나 수익성을 따져볼 때 이자보상배율이 3배 이하이면 단기지급능력에 적신호가 된다고 한다.

이자보상비율이 높을수록 기업의 장단기 지급능력인 건전성이 좋아지는 것으로 해석되기 때문이다. 실무적으로 3배 이상을 유지하는 것이 정상적으로 해석되며, 만일 이를 못 지키는 경우 금융기관의 약정으로 인해 차입금 즉시 상환요구로 장기차입금이 단기차입금으로 전환되면 유동비율이 악화되고 이처럼 이자보상비율이 기업의 단기지급능력과 평가에 있어 중요한 것은 보이지 않는 차입금 약정의 잠재 위험 때문이기도 하다. 부채를 많이 사용하는 기업이더라도 기업이 이자비용을 부담할 능력을 가지고 있으면 단기적으로 문제가 되지 않는다. 하지만 이자보상비율에 대한 위험도를 확인하면 여실히 기업의 가치를 판단할 수 있겠다.

부채를 많이 사용하는 기업일수록 이자보상비율이 낮아진다. 반대로 부채를 적게 사용하는 기업일수록 이자보상비율이 높아진다. 향후 어떤 종목에 투자를 하게 되더라도 이자보상비율만 확인하면 일단 회사의 재무적인 안정성과 현재 하고 있는 주력 매출에 대한 수익성을 확인해 볼 수 있기 때문에 꼭 챙겨야 할 지표이다.

최근 가계부채가 우리나라 경제에 큰 우려가 되고 있다. 세계 투자자들이 한국에 투자할 때 가장 위험스럽게 보는 항목이 북한의 위협이나 기업들의 실적도 아닌 가계 부채문제라고 할 정도로 대출에 대한 이자 상환과 원금상환 능력이 신용도 평가에 크게 좌지우지되고 있다. 따라서 기업의 영속성을 좌우하는 것이 바로 일단 이익을 내는 것이라는 것과 그 이익의 규모를 정할 때 대출이나 채권의 이자를 내고도 얼마나 남느냐라는 점을 명심하고 일단 이자를 낼 수 있는 능력을 살펴보는 습관을 갖도록 하자.

관련 신문기사

2023년 1월 17일 중앙일보 기사

고금리 직격탄…상장사 3곳 중 1곳, 번 돈으로 이자도 못내

지난해 국내 상장사 중 이자보상배율이 1을 밑도는 기업 비율이다. 이자보상배율은 기업의 영업이익을 금융 비용(이자 비용)으로 나눈 것으로, 기업의 '채무 상환' 능력을 보여주는 지표다. 기업 3곳 중 1곳은 번 돈으로 이자조차 갚지 못했다는 얘기다. 고금리 환경에 경기침체 먹구름이 다가오면서 이자 상환에 허덕이는 '좀비기업'(한계기업)이 늘 수 있다는 우려가 커지고 있다.

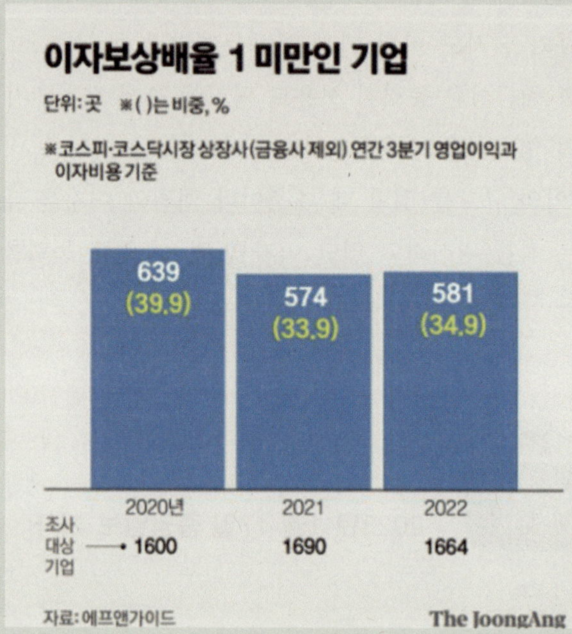

16일 금융정보업체 에프앤가이드에 따르면 1664개 국내 상장사(코스피 · 코스닥)의 지난해 3분기 이자보상배율을 분석한 결과, 이자보상배율이 1을 밑도는 곳은 581개(영업적자 포함)로 전체의 34.9%를 차지했다. 코로나19의 직격탄을 맞은 2020년 3분기(39.9%)보다 줄었지만, 1년 전(33.9%)과 비교하면 1%포인트 증가했다.

문제는 매출 규모가 작은 코스닥 기업뿐 아니라 일부 대기업도 고금리 대출에 따른 이자 부담에 허덕이고 있다는 점이다. 시가총액 2조원 넘는 기업(시총 순위 100위권 안팎) 중 LG디스플레이와 롯데케미칼, 넷마블, 이마트 등이 지난해 3분기 기준 이자보상배율이 1을 밑돌았다.

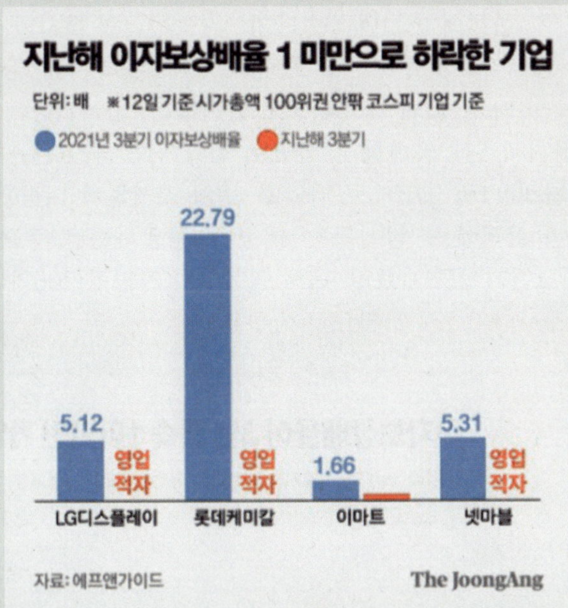

특히 그동안 '현금 부자'로 손꼽혔던 롯데케미칼이 자금 압박을 받고 있다. 경기 둔화에 따른 석유화학 업황 부진으로 지난해 3분기까지 3626억원 상당의 영업손실을 낸 영향이다. 1조5000억원을 벌어들여 이자보상배율이 22.79배였던 1년 전과 사뭇 다르다. 지난해 10월 2조7000억원에 배터리 소재업체인 일진머티리얼즈를 품은 것도 현금 유동성에 영향을 주고 있다. 3년 연속 이자보상배율이 1 미만인 곳도 있다. 코로나19의 충격을 피하지 못한 한진칼과 롯데쇼핑, 현대중공업 등이다. 한진그룹 지주사인 한진칼은 여행객 수요가 급감하면서 지난해 3분기 이자보상배율은 0.18에 불과하다.

최근 기업의 이자 지급 능력이 떨어진 건 경기 둔화로 인해 영업이익은 제자리걸음인데, 기준금리 인상으로 이자비용 부담이 커진 탓이다. 에프앤가이드에 따르면 상장사 1664곳의 이자비용은 지난해 3분기 누적 기준 19조6616억원으로 1년 전(15조3178억원)보다 28.4% 증가했다. 반면 영업이익(150조2348억원)은 같은 기간 0.84% 느는 데 그쳤다.

이자 비용을 부풀린 건 가파르게 뛴 대출 금리다. 기업은 신용을 담보로 채권(회사채)을 발행하거나 은행에서 대출을 받아 자금을 조달한다. 금융투자협회에 따르면 3년 만기 AA- 등급의 회사채 금리는 16일 기준 연 4.661%로 지난해 초(연 2.460%)보다 1년 만에 2.2%포인트 상승했다. 은행권 대출금리도 만만찮다. 한국은행에 따르면 지난해 6월까지 연 3%대를 유지했던 기업대출 금리(신규취급액 기준)는 지난해 11월 5.67%로 뛰었다. 올해 경기침체 그림자가 짙어지면서 기업 실적에도 '경고등'이 켜졌다. 증권사들은 주요 상장사 291곳(에프앤가이드 자료)의 올해 영업이익 전망치(206억4316억원)가 지난해보다 0.3% 줄 것으로 예측했다.

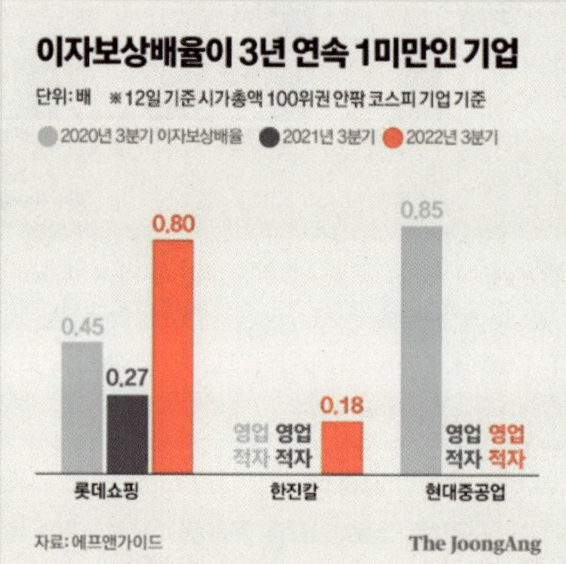

전문가들이 올해 이자도 못 갚는 좀비기업이 더 늘 것으로 경고하는 이유다. 박용린 자본시장연구원 선임연구위원은 "올해 금리 인상 속도가 둔화하더라도 경기 침체에 따른 영업적자로 한계기업이 증가할 수 있다"고 전망했다.

김상봉 한성대 경제학과 교수도 "올해 과거 세계 금융위기 수준의 급격한 경기침체가 올 수 있다"며 "특히 실탄(현금)이 부족한 기업 중심으로 부실기업이 쏟아질 수 있다"고 말했다.

염지현 기자(yjh@joongang.co.kr)

16. 떠오르는 슈퍼스타 PEG를 아는가?

우리는 이미 주식투자의 중요한 지표로서 PER, PSR, PBR을 알았다. 하지만 분명히 이 세 가지 지표가 낮음에도 불구하고 주가가 계속 오르지 않고 낮은 수준에 머물러 있거나 PER이 상당히 높은데도 주가가 급등하는 종목을 자주 보게 된다.

왜 이런 현상이 발생할까?

이미 알고 있듯이 PBR(주가순자산비율: Price Bookvalue Ratio)은 주가를 장부상 주당순자산으로 나눈 비율이다. PBR의 활용가치는 이익흐름이 불안정하고 예측이 어려워 할인율 등의 평가요소가 불확실한 경우에 유용하게 사용되고 순이익이 0보다 작아 PER 등을 적용할 수 없는 경우에도 이용이 가능하다. 하지만 단점도 있어서 자산장부가액은 취득가액을 기준으로 하므로 시장가치와 차이가 크면 부정확한 결과가 나올 수 있고 장부가치에 감가상각비가 반영되어 회계처리방식에 따라 가치변동이 있을 수 있다. 그런 무형자산 중에서 장부상 표시하기 힘든 자산의 비중이 큰 경우 부적절하고 자산들 간의 유기적 연관관계로 인한 시너지효과나 가치변동분에 대한 평가가 실시간 반영 내지는 부정확하다.

주가를 주당순이익으로 나눈 비율 PER(주가순이익비율: Price Earning Ratio)은 주가에 가장 직접적으로 영향을 미치는 순이익과 주가를 연결해서 기업의 투자가치를 산정하는 데 유리하고 계산이 용이하고 개념이 명확하여 일반적으로 가장 많이 활용되는 투자지표 중 하나이다. 아울러 원금회수기간 및 기업의 위험 판단에 유용하고 적정 주가를 산정하기에 가장 적합하다는 평가를 받고 있다. 하지만 비경상적인 이익이 포함될 경우 지표에 대한 기능이 저하되고 이익의 변동성이 클 경우 침체기에는 과대 계상되고 호황기에는 과소 계상되는 단점이 있고, 감가상각비, 유가증권평가손익 등의 회계처리나 부채 효과 등이 미반영되고 음(−)의 주당순이익의 경우 처리가 난해하다는 단점을 가지고 있다. PSR(주가순매출액비율: Price Sales Ratio)은 주가를 주당매출액으로 나눈 비율로 순이익이나 순자산이 음(−)인 기업들도 적용가능(사업초장기 성장기업 등)하고 손익계산서상 다른 항목과는 달리 매출의 회계처리에 따른 편차가 적기 때문에 나름 정확한 투자가치를 산정할 수 있다는 장점은 있지만, 단점으로 고성장기업을 과대평가하는 데 남용될 가능성이 높고 매출액대비 수익성에 대한 판단이 어려워 자칫 규모의 경제로만 따질 수 있다는 단점도 있는 것이다.

이러한 주식 투자의 3가지 중요한 지표의 단점을 극복하고 정확한 투자종목의 투자가치와 향후 성장률을 고려한 투자가치를 산정하기 위해서 최근에 많이 활용되는 지표가 바로 PEG(주가수익성장성비율: Price Earning to Growth Ratio)이다.

PEG(PE to growth ratio, 주가이익증가비율)는 PER를 성장률로 나눈 값으로 기업의 성장률 대비 몇 배의 PER로 거래되는가를 의미한다.

PEG = PER / gEPS

gEPS: EPS의 성장률

따라서 PEG 비율이 낮을수록 성장률 대비 PER가 낮으므로 저평가된 것으로 본다.

PER만으로 주가수준을 판단하면 한계가 있지만 PEG 비율을 사용하면 좀 더 투자가치에 있어서 의미 있는 결과를 얻을 수 있다. 특히 기업간 성장률의 편차가 큰 고성장 섹터나 산업에서 주가이익증가비율은 더욱 유용하게 사용될 수 있다.

PER를 나누는 성장률은 순이익 또는 EPS의 성장률이다. PER는 EPS 대비 주가의 거래 배수이므로 주가이익증가비율에 사용되는 성장률도 EPS의 성장률을 사용한다. 또한 PEG 비율에 사용되는 PER는 Current PER 또는 Trailing PER를 사용하며, 분모의 성장률은 PER와 같은 시점에서 추측한 성장률을 사용한다.

PEG는 향후 기업의 이익 성장성에 비해 현재의 PER이 적당한지를 알 수 있는 지표로, 예를 들어서 주당순이익 성장률이 10%이고 PER이 5라면 PEG는 0.5가 된다.

간단히 풀어보아도 분자인 PER이 낮고 분모인 주당순이익 증가율이 높을수록 PEG값은 작아지게 된다. 보통 PEG가 1배보다 낮으면 일반적으로 저평가되어 있다고 보는데 주식투자의 대가인 피터 린치는 0.5배 미만에서 매수하고, 1.5배가 넘으면 매도하는 원칙으로 투자를 했을 정도로 PEG가 중요한 투자의 지표로 사용되고 있다.

하지만 PEG도 주의할 사항이 있는데 최소 3년 이상의 유지 가능한 주당순이익 증가율을 대입해야 하는데 기업의 현재 PER이 높지만 순이익 대비해서 PER이 낮아질 것을 미리 계산해서 투자를 고려하는 것인데 만약 과거 1~2년간의 순이익 성장률이 크게 높았다가 갑자기 낮아지거나 최근 1~2년치의 순이익 증가율이 높지만 과거 순이익 증가율이 낮다거나 하면 활용하기에 적합하지 않을 수가 있다.

주식투자를 하려고 마음을 먹었고 어떤 종목을 골라서 투자를 해야 하는지 고민이라면 이처럼 다양한 투자 유망종목 발굴에 사용되는 투자 지표들은 많다.

하지만 이 중에서 이거 하나만 보고 투자하면 무조건 주식투자에 성공한다는 지표는 없다. 모든 지표나 투자정보는 활용에 따라서 큰 선물이 될 수도 있지만 때로는 독약으로 다가올 수도 있다는 점을 명심해야 한다. 자신의 투자성향과 방향성 및 목표수익률이나 투자기간 등에 부합하는 나만의 투자종목 발굴 전략을 세워서 거기에 맞는 투자지표를 골라서 활용하는 지혜가 필요하겠다.

투자의 대가들도 자신만의 투자종목 발굴에 대한 명확한 방법론을 만들어 놓고 그 기준에 부합하는 종목을 주로 투자했다는 것을 우리는 잘 알고 있다. 모든 투자지표가 딱 떨어지게 좋은 주식이나 일괄적으로 투자 적기라는 결과를 낼 수는 없다는 점을 잊지 말고 시장의 흐름과 이슈를 포함한 나만의 투자 전략을 세워보자.

관련 신문기사

2023년 1월 3일 서울와이어 기사

작년 대폭락으로 서학개미 배반한 테슬라 주가… 언제쯤 반전할까

잔지지언 CIO "포드보다 2~3배 가치 있는 것으로 충분"
국내서는 "시장·산업 대비 저평가 … 사업영역 확대 기대"

테슬라의 주가가 언제쯤 오를까. 현재 시장에서는 기대보다 우려가 높다. 해외에서는 최근의 급락에도 불구하고 향후 60% 이상 추가 하락해야 한다는 분석마저 나왔다. 정작 국내에서는 테슬라에 대한 기대를 놓지 않고 있다.

테슬라는 지난달 40%, 지난해 65% 폭락했다. 이 회사는 최근 일론 머스크 최고경영자의 주식 매도, 트위터 인수와 각종 기행 등의 영향으로 급락했다. 코로나19 재확산으로 인해 중국 상해 공장의 생

테슬라의 주가가 언제쯤 오를까. 현재 시장에서는 기대보다 우려가 높다. 해외에서는 최근의 급락에도 불구하고 향후 60% 이상 추가 하락해야 한다는 분석마저 나왔다. 정작 국내에서는 테슬라에 대한 기대를 놓지 않고 있다. 사진=테슬라

산 중단 사태 등도 부정적으로 작용했다.

2일(현지시간) 마켓인사이더에 따르면 바한 잔지지언 그린위치자산운용 최고투자책임자(CIO)는 최근 CNBC와의 인터뷰에서 "테슬라 주가가 최근의 폭락에도 불구하고 여전히 매우 과대평가돼 있다"고 밝혔다.

잔지지언 CIO는 "테슬라는 매년 수백만 대의 자동차를 더 적게 판매했음에도 불구하고 포드와 제너럴 모터스보다 약 8배 더 높은 가치로 평가받고 있다"면서 "결국 다른 경쟁 업체들이 테슬라를 따라잡을 것"이라고 설명했다.

테슬라는 현재 21배의 선행 주가수익배율(P/E)로 거래되고 있다. 포드와 제너럴 모터스는 각각 6배와 5배에 불과하다.

잔지지언 CIO는 "(테슬라는) 포드보다 2~3배 정도 가치가 있는 것으로 충분하다"고 단언했다. 현재 테슬라의 시가총액은 3800억달러를 살짝 웃도는 수준이다. 만약 포드의 3배에 달하는 밸류에이션으로 내려설 경우 시총은 1350억달러 규모가 된다. 현 수준 대비 65% 줄어드는 셈이다.

다만 국내에서는 테슬라가 '저렴해졌다'는 평가도 나온다. 김세환 KB증권 연구원은 "테슬라의 장기 이익성장성을 반영한 주가는 시장과 전기차 산업 대비 저평가돼 있다"며 "3년 주당순이익 연평균 성장률(EPS CAGR, 2022~2024년) 47.1%를 반영한 주가이익증가비율(PEG) 배수는 0.4배로 시장(2.3배)보다 낮게 나타나고 있다"고 설명했다.

한위 NH투자증권 연구원 또한 "중장기적 관점에서 긍정적 시각을 유지한다"며 "성장성과 수익성 측면에서 전기차 메이커 중 가장 탁월한 펀더멘털을 보유하고 있다"고 말했다. 이어 "향후 자율주행 고도화와 구독 서비스, 로봇 생산 등으로의 사업 영역이 확대된다는 점에서 장기 기업가치 성장에 긍정적일 것"이라고 덧붙였다.

한편 테슬라는 지난해 131만대의 전기차를 고객에게 인도했다. 이는 전년대비 약 40% 증가한 수치다. 다만 이는 월가 예상치(134만대)에 미치지 못한 수치다. 또한 테슬라가 당초 제시했던 50% 목표 달성도 실패했다.

이에 따라 테슬라 실적에 대한 우려도 나오고 있는 상황이다. 테슬라는 오는 25일 장 마감 후 매출과 순이익을 포함한 지난해 4분기 실적을 발표할 예정이다.

서울와이어 유호석 기자

17. EV/EBITDA 넌 도대체 뭐니?

주식투자의 대가들은 보통 자신만의 투자전략이 있고 종목 발굴법이 있다. 어떤 투자도 마찬가지지만 특히 주식투자에 있어서는 자신만의 투자가치가 있는 종목을 고르는 데에 활용하는 지표나 참고사항이 있어야 하겠고 그러한 지표 중의 중요한 하나가 바로 'EV/EBITDA'이다.

EV/EBITDA는 '상각 전 영입이익(EBITDA; Earnings Before Interest, Taxes, Depreciation and Amortization) 대비 기업가치(EV; Enterprise Value) 배수(멀티플)'다. 보통 'EV/EBITDA'라고 줄여 쓰는데 EV는 주식 시가총액과 순부채의 총합을, EBITDA는 이자비용, 법인세, 유무형자산 감가상각비를 반영하기 전의 이익을 말한다. 여기서 순부채는 총부채에서 현금성자산을 차감한 금액을 의미한다.

EV/EBITDA가 2배라면 그 기업을 시장가격(EV)으로 매수했을 때 그 기업이 벌어들인 이익(EBITDA)을 2년간 합하면 투자원금을 회수할 수 있다는 의미다. 즉 기업가치가 순수한 영업활동을 통한 이익의 몇 배인가를 알려주는 지표로, 그 비율이 낮다면 회사의 주가가 기업가치에 비해 저평가되었다고 볼 수 있다. 따라서 EV/EBITDA 비율은 업종 및 시계열지표를 비교하여 주가의 수준을 판단하는 데 이용된다. 특히 EV/EBITDA 비율은 수익성지표인 주가수익비율(PER)과 현금흐름을 나타내는 지표인 주가현금흐름비율(PCR)을 보완하는 새로운 지표로, 선진국에서 기업가치를 평가할 때 주로 이용하는 적정주가 평가모델이다. 기업가치가 기업에서 벌어들이는 현금흐름 대비 몇 배인지 대략 나타내므로 M&A를 위한 기업가치 평가에 주로 쓰인다.

공식은 아래와 같다.

EV/EBITDA = EV/EBITDA

= (시가총액 + 순차입금) / (영업이익 + 유무형자산상각비)

위의 공식을 설명하자면 EV/EBITDA는 EV를 EBITDA로 나눈 것이다. 여기서 EV는 기업가치(Enterprise Value)를 뜻한다. 기업가치는 시가총액에서 장부에 기재된 부채를 더하고, 기업이 보유한 현금을 빼면 구할 수 있다. 이는 곧 해당 기업을 인수할 때 얼마가 필요한지를 말해준다. EBITDA는 '이자, 세금, 감가상각비, 무형자산상각비 차감 전 이익(Earnings Before Interest, Tax, Depreciation and Amortization)'의 약자다. 영업이익(operating profit)을 또 다른 말로 EBIT라고 하는데, 여기에 감가상각비를 더해준 것으로 생각하면 된다. 감가상각비를 더해주는 이유는 기업이 영업활동을 통해 벌어들이는 현금 창출능력을 강조하기 위해서다.

EV/EBITDA는 가격을 이익으로 나눈다는 점에서 PER(주가수익비율)와 유사하지만 PER이 주가를 당기순이익으로 나눈 것이라면 EV/EBITDA는 인수가격을 영업이익에 기반한 이익으로 나눈다는 점이 다르다. 다만 EV/EBITDA는 당기순손실이 발생하면 계산이 불가능한 PER과 달리 손실이 발생할 때도 계산이 가능하며, 감가상각방법과 법인세, 금융비용 등의 영향을 받지 않아 해외기업과의 투자가치의 비교가 용이하다.

모든 지표가 그렇지만 EV/EBITDA가 절대적인 투자가치를 판단하는 지표는 아니다. 우선 기업가치(EV)를 산정할 때 자회사나 다른 회사에 대한 투자분을 반영했는지, 시가총액에 자기주식을 제외했는지, 혹은 비영업자산이나 무형자산에 대한 평가가 제대로 반영했는지 등 챙겨야 할 부분이 많다.

또 기업의 재무건전성을 평가하기 위해서는 실제로 기업이 부담해야 할 이자와 세금, 투자와 외상매출 등을 고려해야 하지만, EV/EBITDA는 이런 요소들을 모두 배제하고 있으므로 과도한 투자나 부채 등으로 재무건전성이 악화된 기업을 가려내기 어렵다는 단점도 있다.

EV/EBITDA는 증권사나 기관의 종목 분석 리포트 등에 항상 언급되는 지표로 그 중요성이 항상 강조되고 있다.

❙ EV/EBITDA 용어 설명과 계산방법 ❙

용어	이해하기 & 계산방법
EV ❘ 기업 가치 Enterprise Value	**기업 가치, 시장 가격 지표** ※ 기업 매수자가 매수 시 지급해야 하는 금액 (기업의 시장가치) **시가총액 + 순차입금**(총 차입금 - 현금성 자산)
EBITDA ❘ 세전 영업이익 Earning Before Interest, Taxes, Depreciation and Amortization	**순이익. 이자비용**(Interest), **법인세**(Tax), **감가상각** (Depreciation & Amortization) **차감 전 영업이익** ※ 현금흐름 대용치로 많이 사용됨. 즉, 영업활동에서의 현금창출 능력 **영업이익**(EBIT) **+ 감가상각비**(DA)
EV/EBITDA Enterprise Value /Earning Before Interest, Taxes, Depreciation and Amortization	기업의 가격을 이익으로 나눈 값으로, 기업가치가 순수한 영업활동을 통한 이익의 몇 배인지 나타내는 지표 ※ EVEBITDA 비율이 낮다면 회사의 주가가 기업가치에 비해 저평가되었다고 볼 수 있음 **EV ÷ EBITDA = 시가총액+(총 차입금 - 현금성자산) / 영업이익+ 감가상각비+ 제세금**

(www.waytoliah.com)

❙ NAVER 금융에서 조회한 '농심' EV/EBITDA 지표 ❙

* 단위 : 억원, %, %p, 배　　* 분기 : 순액기준

항목	2017/12 (IFRS연결)	2018/12 (IFRS연결)	2019/12 (IFRS연결)	2020/12 (IFRS연결)	2021/12 (IFRS연결)	전년대비 (YoY)
EPS	14,905	13,858	11,672	24,416	16,412	-33
BPS	316,196	325,998	333,399	351,731	377,778	7
CPS	17,005	24,146	26,709	38,058	26,746	-30
SPS	363,043	367,675	385,349	433,988	437,800	1
PER	23.75	18.37	20.61	12.29	19.41	57.94
PBR	1.12	0.78	0.72	0.85	0.84	-1.15
PCR	20.82	10.54	9.00	7.88	11.91	51.07
PSR	0.98	0.69	0.62	0.69	0.73	5.24
EV/EBITDA	9.30	5.86	5.66	5.06	7.04	39.22
DPS	4,000	4,000	4,000	4,000	4,000	0
현금배당수익률	1.13	1.57	1.66	1.33	1.26	-0.08
현금배당성향(%)	25.51	27.44	32.58	15.57	23.17	7.60

(2023년 1월 18일)

18. 상승장에는 고베타, 하락장에는 저베타

"신이시여...신이시오...제발 코스피지수가 움직이는 만큼만 수익률이 올라가게 해주십시오..."

"이 무슨 소리지? 코스피지수만큼만 움직이면 뭐 하러 주식에 투자를 하는가? 그냥 인덱스펀드나 ETF 중에서 KOSPI200을 추종하는 걸로 매수하면 되지?"

"내말이...그 말이지...개별 주식에 투자하는 위험을 감수하면 되는데 이거 원...시장에 투자하는 경우보다 수익률이 나은 경우가 거의 없으니..."

매년 1년 동안의 개인과 기관, 외국인 투자자의 그 해의 주식 순매수 및 순매도 종목을 살펴보면 항상 외국인 투자자들이 가장 많이 순매수를 한 종목 10개라면 8개 이상은 플러스(+)의 수익률을 보이고 있고 개인들은 반대로 10개 중에 8개 이상은 마이너스(−) 수익률을 보이고 있었다. 이런 이유 때문에 돌이켜보면 그냥 코스피지수만큼만 올라도 좋았겠다...라는 볼멘소리가 나오는 것이다. 물론 코스피지수가 연초 대시해서 1년 수익률이 하락했던 해에도 오히려 훨씬 하락폭이 큰 것이 개인투자자들의 수익률이었다.

일부러 그렇게 하라고 해서 그런 것도 아닌데 희한하게 매년 같은 현상이 반복되는 이유는 무엇일까? 개인투자자들이 아무래도 기관이나 외국인 투자자들보다 정보력이 떨어지고 투자의 기술이 떨어지는 등의 이유가 있겠지만 이럴 바에 그냥 시장(코스피지수)에 투자를 할 걸이라는 후회를 거의 매년 하고 있다.

베타(β)를 보면 시장과 함께 움직일 수 있다.

우리가 주식이나 펀드에 투자를 할 때 등락이 심해서 수익률이 높을 때는 엄청나게 올라가지만 반대로 시장의 상황에 따라서 하락하는 경우에는 바닥을 모르고 하락 할 때가 있다.

물론 몇 십년간의 주식시장의 흐름을 살펴보면 궁극적으로는 상승을 하는 기조라고 볼 수 있는데 코스피지수 1,000포인트를 넘어서기 위해서 오랫동안 기다려야 했고 이제는 2,000포인트대에 안착해서 3,000포인트를 향해서 안간힘을 쓰고 달려가고 있다.

이렇듯이 주식시장은 궁극적으로는 상승했고 이를 장기간으로 볼수록 점점 직선화되어 상승하지만 각 시기마다 짧은 기간단위로 볼수록 상승하는 와중에도 몇 주나 며칠간 상승과 하락을 반복하는 모습을 볼 수 있다.

"교수님...그렇게 궁극적으로는 주식시장이 상승하지만 상승과 하락을 반복하니까 하락할 때에 특히 바닥권일 때에만 골라서 주식에 투자를 하면 되는 거 아닌가요?"

오늘 강의를 하면서 위의 주식시장의 흐름에 대해서 설명을 하는데 어느 수강생이 너무나 편한 표정으로 던진 질문이다.

맞는 이야기이다. "시장이 바닥권일 때에만 골라서 투자를 하면은 되는구나" 라고 무릎을 치는 독자들은 없으리라. 그것만 안다면 누가 투자에 성공하지 못하겠는가 말이다. 하지만 이게 어디 쉬운 일인가? 발바닥은 고사하고 발목...아니 무릎근처에서만 사서 머리꼭대기는 아니더라도 어깨쯤에서만 매도해도 얼마나 높은 수익률을 거두겠는가? 이러한 점을 고려해서 높은 수익률이 기대되지만 잃을 때에는 한없이 잃는 투자를 회피하기 위해서 보통 베타(β)가 낮은 종목에 투자를 하라고 한다.

베타계수는 종합주가지수나 벤치마크 수익률의 변동과 내가 투자하고 있는 주식의 주가변동 간 회귀식의 기울기를 나타내는 것이라고 한다.

즉 벤치마크 수익률이나 시장지수 변동을 X로 보고, 개별 종목의 주가변동을 Y로 가정할 때, 두 종류의 수익률 데이터의 회귀식인 일차함수식의 존재를 가정하면 $Y=A+\beta X$로 얘기할 수 있다.

$\beta>1$이면 시장의 변동보다 개별 종목이나 펀드수익률 변동이 더 크다는 의미이고, $\beta=1$이면 시장의 변동과 개별 종목이나 펀드의 수익률이 동일하게 움직이고, $0<\beta<1$이면 시장의 변동 폭보다 개별종목이나 펀드의 수익률 변동 폭이 적게 움직이게 된다. 즉 종합주가지수가 10% 상승했는데 내가 가지고 있는 종목도 10% 상승했다면 베타는 '1'이라고 할 수 있고 20% 상승했다면 '2'라고 할 수 있다.

하지만 시장의 하락기에는 베타가 높은 경우 더 하락할 수가 있기 때문에 베타는 낮은 종목으로 투자를 하는 것이 높은 수익률을 기대할 수는 없지만 그만큼 위험도 감소하기 때문에 일반 개인투자자들에게 권하고 있다.

일반적으로 베타계수가 높은 주식 종목이나 펀드는 상승장일 때에 민감하게 반응해 주가 및 수익률이 크게 오르고, 하락장일 때는 크게 떨어진다고 이해했다면 자신의 투자 성향에 따라서 적절한 포트폴리오를 만

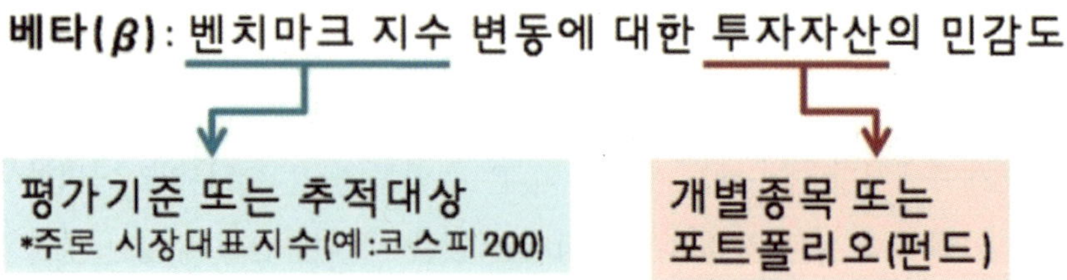

들 수 있어야 한다.

공격적 성향의 투자자들은 베타계수가 높은 종목을 선호하는 경향이 강하고 안정적인 투자를 원하는 투자자들의 경우에는 베타가 낮은 종목을 선호하게 되는데 업종별로 '베타계수'가 높은 것과 그렇지 않은 종목들이 있기 때문에 자신의 성향과 맞는 투자를 하는 것이 좋을 것이다.

서기수 교수의 기본적 분석 재무비율 교안

주식투자를 위한 각종 재무손익비율(안정성비율)

부채비율

- 개 념 : 기업의 재무 안정성을 나타내는 대표적인 재무비율
  100% 이하면 매우 안전,200% 이하이면 큰 문제는 없다고 간주
- 공식 : 부채비율 = (부채총계 / 자본총계) X 100(%)
- 산업이나 업종에 따라 부채의 크기와 비중이 다르므로 동종업계의 역사적인 평균치와 비교하는 것이 좋음
- 금융업이나 수주업은 일반 제조업에 비해 부채비율이 높은 특징
- 현금 흐름 주기가 빠른(현금회수가 원활한) 기업의 경우 부채비율을 관대히 검토하는 경향

주식투자를 위한 각종 재무손익비율(안정성비율)

순부채비율

- 개 념 : 자본 대비 순수한 부채의(순 금융부채) 비율을 나타낸 안정성 비율
- 공식 : 순부채비율 = {(이자발생부채- 현금및 예금)/ 자본총계)} X 100(%)

- 부채비율에서 진화한 비율
- 순수한 금융부채의 비율인데 순부채란 이자발생부채에서 현금 및 예금을 차감한 것으로 통상 30% 이하를 안전하게 봄
- 이자발생부채로는 은행에서 빌린 차입금과 증권시장의 채권자에게 빌린 사채이고 매입채무 같이 일상적인 영업활동에서 생긴 영업부채는 이자가 발생하지 않음
- 무차입경영을 한다는 의미는 부채가 전혀 없다는 뜻이 아니라 이자발생부채가 없다는 뜻

주식투자를 위한 각종 재무손익비율(안정성비율)

자기자본비율

- 개 념 : 전체 자산 중에서 자본이 차지하는 비중을 나타냄
- 공식 : 자기자본비율 = (자본총계 / 자산총계) X 100(%)

- 자기자본 비율이 50%를 초과하면 자본이 부채보다 많은 상태이고,50% 미만이면 자본보다 부채가 더 많은 상태
- 자기자본이 부채총계보다 클 경우 재무적으로 안정되어 있다고 하고 자기자본 비율이 50%에 가깝거나 그보다 높을 수록 재무 안정성이 크다고 봄
- 자기자본 비율은 부채 비율과 일맥상통.부채비율이 100%인 기업의 자기자본비율은 자연스레 50%가 되고 분자에 부채대신 자본을 넣어 비율이 커질수록 재무 건전성이 커진다는 점이 부채비율과 다른 의미

주식투자를 위한 각종 재무손익비율(안정성비율)

유동비율

- 개 념 : 기업의 단기채무지급능력을 알아 볼 수 있는 기초적인 비율

- 공식 : 유동비율 = (유동자산 / 유동부채) X 100(%)

- 단기 재무 안정성은 유동비율이 클수록 증가하고 작을수록 감소
- 유동비율이 200% 이상이면 안전하다고 평가되나 현금창출력,경기변동성에 따라 약간 다름
- 1년 이내에 현금화 할 수 있는 자산으로 1년 이내에 갚아야 할 부채를 갚을 수 있는가를 측정
- 유동비율이 높다고 좋은 것이 아닌게 그만큼 당좌자산이나 재고자산이 많이 쌓여 있다는 뜻

주식투자를 위한 각종 재무손익비율(안정성비율)

당좌비율

- 개 념 : 유동부채 대비 당좌자산의 비중을 나타내는 지표

- 공식 : 당좌비율 = (당좌자산 / 유동부채) X 100(%)

- 당좌비율이 100%를 넘으면 안정적인 상황이라고 봄
- 당좌비율은 유동자산 중에서 현금화가 어려운 재고 자산을 제외하고 현금 및 현금성자산, 단기금융자산 및 매출채권만을 고려한 수치로 유동비율보다 보수적인 유동성 지표
- 너무 높으면 유동 비율처럼 현금을 효과적으로 재투자하지 못하다는 의미로 미래 수익성을 떨어뜨린다는 요인으로 평가.

주식투자를 위한 각종 재무손익비율(안정성비율)

이자보상비율

- 개 념 : 영업이익을 이자비용으로 나눈 비율로 기업이 이자를 상환할 수 있는 근본적인 능력을 측정하는 안정성 지표

- 공식 : 이자보상비율 = 영업이익 / 이자비용

- 이자보상비율이 1배 이하이면 매우 심각한 상황이고 1.5배 이상이면 큰 문제는 없다고 봄
- 우량한 기업들은 이 수치가 몇배를 넘는 경우 많음
- 기업의 재무구조와 유동성 등을 평가하는 지표로 사용

주식투자를 위한 각종 재무손익비율(수익성비율)

매출총이익률

- 개 념 : 매출액에 비해 얼마만큼의 매출총이익을 올렸는가를 측정하는 수익성 지표

- 공식 : 매출총이익률 = (매출총이익 / 매출액) X 100(%)

- 사업특성이 비슷한 경쟁사와 비교하여 기업 고유의 경쟁력을 판별할 수 있음
- 매출총이익은 매출액에서 매출원가를 차감한 이익인데,매출원가는 기업 고유의 제조활동에서 발생하는 비용을 의미
- 경쟁업체 대비 매출총이익률이 높은 기업은 원료비가 덜 들거나 제품 단가를 높일 수 있는 경쟁력을 갖추고 있는 경우

주식투자를 위한 각종 재무손익비율(수익성비율)

영업이익률

- 개 념 : 매출액 대비 영업이익의 비중을 나타낸 수치
  영업활동을 통해서 벌어들인 수익의 비중

- 공식 : 영업이익률 = (영업이익 / 매출액) X 100(%)

- 매출총이익률이 생산활동비용을 차감한 이익률을 말한다면,영업이익률은 여기에 판매관리비용까지 차감한 영업활동 전체 결과의 이익률을 뜻함

- 기업의 본업(생산,판매,관리활동)의 경쟁력을 평가할 수 있는 매우 중요한 지표

- 사업구조에 따라서 약간씩 수준은 다르지만 경쟁업체와의 비교를 통해서 본업의 경쟁력을 검토해 볼 수 있음

주식투자를 위한 각종 재무손익비율(수익성비율)

순이익률

- 개 념 : 매출액 중 주주에게 돌아가는 순이익이 몇 퍼센트인가를 나타내는 수익성 지표
  매출액이 100일때 순이익이 10이라면 순이익률은 10%.
  이 의미는 매출액 중 10%가 주주에게 최종적으로 돌아가는 이익이라는 의미

- 공식 : 순이익률 = (순이익 / 매출액) X 100(%)

- 순이익률은 매출액 중 주주몫의 비중을 나타내기 때문에 매우 중요하나 일회성 손익이 반영된 결과수치란 점을 유념

- 순이익이야말로 궁극적으로 주주에게 돌아가는 몫이고 일회성 손이익이 반영되어 순이익률도 변동성이 커져서 한 해의 순이익률만을 통해서 기업을 평가하기에는 무리가 있음

주식투자를 위한 각종 재무손익비율(수익성비율)

ROE

- 개 념 : 자기자본 이익률(ROE)은 Return On Equity의 약자로 자기자본으로 얼마나 순이익을 벌어들였는가를 나타내는 수익성 지표
  다른 투자안의 수익률(예금금리,채권수익률등)과 비교되어 특정 종목의 투자매력도를 봄

- 공식 : ROE = (순이익 / 자본총계) X 100(%)

- 배당을 하지 않는 경우 ROE는 주주몫인 자본의 성장률과 같게 되므로 투자자에게 매우 중요한 수치임
- ROE가 높은 기업은 자본의 증가율이 높다는 뜻으로 주가 역시 높게 형성될 가능성 높음
- 자본을 불리는 속도를 관리해서 기업규모가 커져도 ROE가 일정한 회사가 가치가 높음

주식투자를 위한 각종 재무손익비율(수익성비율)

ROA

- 개 념 : 총자산이익률(ROA)은 Return On Assets의 약자로 기업의 전체 자산으로 얼마의 순이익을 창출했는가를 나타내는 수익성 지표

  ROA가 높다는 말은 보유하고 있는 자산으로 많은 순이익을 벌어들였다는 뜻

- 공식 : ROA = (순이익 / 자산총계) X 100(%)

- 오너 입장에서 보면 자산 전체의 수익성을 평가할 수 있는 지표지만 소액주주 입장에서는 자본의 수익성을 검증하는 지표로 자주 사용
- ROE를 통해서 특정기업의 투자매력도를 확인하고 한 단계 더 들어가 ROA로 그 탄탄함을 검증
- ROE와 ROA가 높다면 부채를 적게 사용하여 건전한 재무 안정성을 갖춘 상태에서도 기업 내부 역량으로 높은 자기자본 수익률을 내고 있다는 의미

주식투자를 위한 각종 재무손익비율(활동성비율)

총자산회전율

- 개 념 : 기업이 가지고 있는 자산이 얼마만큼의 매출액을 일으키는지 확인할 수 있는 활동성지표

- 공식 : 총자산회전율 = 매출액 / 자산총계

- 자산이 100이고 매출액 역시 100이라면 이 기업의 총자산 회전율은 1회이고 이는 총자산 한 단위당 1의 매출액을 올렸다고 함
- 기업의 활동성 지표로 자산 전체가 막힘없이 잘 움직이고 있는가를 보여줌
- 해당 기업의 과거 수치와 비교하는 것이 타당하고 산업별로 자산의 구성과 매출액의 수준이 다르기 때문에 이 역시 다름
- 총자산 회전율이 과거에 비해 높아졌다면 활동성이 더욱 좋아졌다는 뜻임

주식투자를 위한 각종 재무손익비율(활동성비율)

유형자산회전율

- 개 념 : 유형자산이 얼마의 매출액을 벌어들이는지를 측정하는 활동성 지표
  유형자산회전율 추이가 높아진다면 그 기업의 유형자산 효율성이 높아진다는 뜻이고 낮아진다면 그 효율성이 떨어진다는 뜻임

- 공식 : 유형자산회전율 = 매출액 / 유형자산

- 제조업의 경우 유형자산회전율은 기업의 활동성을 측정하는데 효과적인 수치이나,유형자산이 거의 없는 서비스 기업이나 지주사는 별 의미가 없음
- 총자산회전율과 마찬가지로 동일 기업의 과거 수치와 비교할 때 효과적인 활동성 지표이고 경기에 따라 등락하는 것이 정상이므로 소폭의 주기적인 변동은 의례 있음
- 장기적으로 추세가 유지되거나 높아진다면 유형자산의 활동성은 문제가 없다고 봄

주식투자를 위한 각종 재무손익비율(활동성비율)

영업자산회전율

- 개 념 : 영업자산으로 얼마만큼의 매출액을 회전시키는지를 보여주는 활동성 지표
  영업자산만의 효율성을 나타내는 지표로 다른지표보다 본질적인 지표라고 봄

- 공식 : 영업자산회전율 = 매출액 / 영업자산

- 영업자산은 영업을 하는데 필요한 자산을 말하며 일반적으로 유형자산에 운전자본(매출채권+재고자산-매입채무)을 더하여 산출

- 하락 추세라면 영업자산의 효율이 떨어지고 있다는 뜻으로 회전율이 유지되거나 높아지는것이 바람직 함

- 이는 영업자산 활용도가 커진다는 뜻이고,반대로 낮아지는 추세라면 영업자산 활용도가 작아진다는 의미임

주식투자를 위한 각종 재무손익비율(활동성비율)

재고자산회전율

- 개 념 : 매출액을 재고자산으로 나누어 산출
  재고자산이 얼마나 빨리 팔려나가는지를 보여주는 지표

- 공식 : 재고자산회전율 = 매출액 / 재고자산

- 일반적으로 재고자산회전율이 높을수록 좋으나,과도하게 높은 경우에는 매출액 대비 재고자산이 부족하여 제품 판매에 지장을 초래할 수도 있음

- 매출액이 100이고 재고자산이 10일때 재고자산회전율은 10회로 한 해 동안 재고자산이 열 번 회전하여(팔려서) 100의 매출액을 발생시켰다는 뜻

- 재고자산회전율이 클수록 기업의 제품 및 상품이 빠르게 팔려나갔다는 의미

주식투자를 위한 각종 재무손익비율(활동성비율)

매출채권회전율

- 개 념 : 매출액을 매출채권으로 나누어 산출
  매출채권이 얼마나 빨리 회수되는가를 보여주는 활동성 지표

- 공식 : 매출채권회전율 = 매출액 / 매출채권

- 동일기업의 과거와 비표해서 낮아지는 추세라면 그 기업의 매출채권이 이전보다 현금으로 잘 회수되지 않고 있다는 의미
- 기업의 활동성을 떨어뜨려 미래의 수익성을 악화시킬 수 있음
- 구매자와의 협상력을 나타내주는 지표로 경쟁력이 없는 기업은 매출채권이 많아서 매칠채권 회전율이 낮은 반면,경쟁력이 탄탄한 기업은 매출채권이 적어서 매출채권회전율이 높음

주식투자를 위한 각종 재무손익비율(활동성비율)

매입채무회전율

- 개 념 : 매출액을 매입채무로 나누어 산출
  매입채무를 얼마나 느리게 갚아나가는가를 보여주는 활동성 지표

- 공식 : 매출채권회전율 = 매출액 / 매출채권

- 매입채무회전율은 판매자와의 협상력을 보여주는 지표로 이 수치가 낮을 수록 매입채무가 느리게 변제되고 있음을 뜻함
- 이 수치가 높아지는 추세라면 그 기업의 매입채무가 이전보다 빨리 변제되고 있다는 의미로 기업의 활동성을 떨어뜨려 미래의 수익성을 악화시킬 수 있음
- 매입채무 변제를 늦출수록 확보된 현금을 오랫동안 운전자본으로 사용할 수 있기때문에 매입 규모,매입채무 회전율이 낮아지거나 유지된다면 해당기업의 현금흐름에 바람직한 현상임

주식투자를 위한 각종 재무손익비율(활동성비율)

순운전자본회전율

- 개 념 : 순운전자본이 얼마나 빠르게 회전하며 한해 동안의 매출액을 일으키는지 확인할 수 있는 활동성 지표

- 공식 : 순운전자본회전율 = 매출액 / 순운전자본

- 순운전자본 회전율이 옳아지는 추세라면 기업의 현금화가 활발히 이루어지고 있다는 의미
- 순운전자본이란 기업이 일상적인 생산 및 판매활동을 할때 필요한 자금을 뜻함
- 영업자산과 부채를 고려한 '매출채권 + 재고자산 – 매입채무'로 도출하거나 '유동자산 – 유동부채'로 계산하기도 함

주식투자를 위한 각종 재무손익비율(성장성비율)

매출액 증가율

- 개 념 : 전년에 비해 얼마나 매출액이 증가했는지를 보여주는 성장성 지표
  매출액은 영업활동을 통한 기업의 총수익을 말하며 매출액증가율이 양수를 보이면 매출액이 꾸준하게 성장하고 있다는 의미

- 공식 : 매출액 증가율 = (당기매출액-전기매출액) / 전기매출액 X 100(%)

- 매출액이 증가하면 영업이익이나 순이익도 동반증가하기 때문에 매출액 증가율이 꾸준히 높다면 그 기업의 주주가치가 증가할 가능성도 높게 됨
- 물가상승률,금리,경제성장률 등을 고려할 때 중장기적으로 최소한 4% 이상의 매출액 증가율을 기록해야 비로소 정체되어 있지 않다고 할 수 있음
- 평균 10% 이상 매출액이 증가한다면 비로소 성장한다고 할 수 있음

주식투자를 위한 각종 재무손익비율(성장성비율)

영업이익 증가율

- 개 념 : 전년 대비 영업이익이 얼마나 증가했는가를 보여주는 성장성 지표

- 공식 : 영업이익 증가율 = (당기영업이익-전기영업이익) / 전기영업이익 X 100(%)

- 영업이익은 본업의 총수익에서 본업과 관련한 비용을 차감한 본사업의 총이익을 나타내므로 그 증가율은 본업 이상의 성장성을 나타낸다고 봄
- 일반적으로 매출액증가율보다 영업이익 증가율이 변동성이 큼
- 고정비효과때문에 그런데 매출액 변동과 상관없이 고정적으로 발생하는 비용을 말하며 이러한 고정비가 클수록 영업이익의 변동성이 커지게 되어 그 증가율도 커짐
- 고정비 효과는 고정비 비중이 큰 장치산업에서 잘 나타남

주식투자를 위한 각종 재무손익비율(성장성비율)

순이익 증가율

- 개 념 : 전기에 비해서 이번 회계연도에 얼마나 순이익이 성장했는지를 보여주는 성장성 지표

- 공식 : 순이익 증가율 = (당기순이익-전기순이익) / 전기순이익 X 100(%)

- 순이익 증가율이 높을수록 기업의 수익성장성도 높다고 볼 수 있음
- 다만 한 해만의 수치로 기업의 성장성을 판단하기에는 무리가 있고 여러 해 동안의 추세를 확인해야 함

주식투자를 위한 각종 재무손익비율(성장성비율)

유형자산 증가율

- 개 념 : 전년 대비 이번 년도에 유형자산이 얼마나 증가하였는가를 보여주는 성장성 지표

- 공식 : 유형자산 증가율 = (기말유형자산-기초유형자산) / 기초유형자산 X 100(%)

- 유형자산 증가율을 통해 장기적인 미래의 기업 성장률을 유추할 수 있음
- 일반적인 유형자산은 수익창출의 원동력인 설비투자관련 자산이 대부분
- 유형자산 증가율이 높다는 의미는 수익창출의 원인이 되는 자산이 늘어난다는 뜻
- 미래 수익의 성장잠재력이 높다는 것을 의미함

주식투자를 위한 각종 재무손익비율(성장성비율)

총자산증가율

- 개 념 : 전기 대비 이번 회계기간에 자산이 얼마나 증가했는지 보여주는 성장성 지표

- 공식 : 총자산증가율 = (기말자산총계-기초자산총계) / 기초자산총계 X 100(%)

- 부채나 무수익자산의 증가로 인한 총자산의 증가는 대개 바람직한 현상이 아님
- 이 현상을 포착하기 위해서 총자산증가율 및 유형자산증가율,자기자본 증가율 등 함께 확인함
- 총자산이 증가하지 못하면 수익자산,기타 투자여력에 해당하는 현금 및 금융상품 등 여러 형태의 자산이 증가하지 않는다는 것을 뜻함

주식투자를 위한 각종 재무손익비율(성장성비율)

자기자본증가율

- 개 념 : 전기 말에 비하여 당기말에 자본총계가 얼마만큼 증가했는지를 나타내는 성장성지표

- 공식 : 자기자본증가율 = (기말자본총계-기초자본총계) / 기초자본총계 X 100(%)

- 자기자본은 과거로부터 축적된 주주의 몫으로써 자기자본증가율이 클수록 주주의 몫이 빠르게 늘고 있다는 의미

- 자기자본이익률(ROE)과 밀접한 관계에 있는데 배당이 없을 시 ROE와 자기자본 증가율은 같게 됨

ROA(총자산이익률) 이해하기

- 총자산이익률(ROA : Return On Assets)
  - 기업 수익의 근원으로, 기업수익률이라고도 함

총자산수익률=(이익/총자산)×100

- 기업의 자금

차입금	자기자본
이자부담	배당금, 자본이득 (주가상승, 유 · 무상증자)

- 주주의 입장에서는 부채를 포함한 총자산 수익률보다는 자기자본의 수익률에 더 관심을 가짐

ROE(자기자본이익률) 이해하기

자기자본이익률 (ROE)	내가 투자한 돈으로 회사가 얼마나 벌고 있는지 나타내는 지표

자기자본이익률(ROE)=(당기순이익/평균 자기자본)×100

ROA와 ROE로 저평가주식 고르기

- 기업의 수익의 근원은 '총자산 수익률(ROA : Return On Assets)'
  → 기업 수익률 이라고도 함 (이익 / 총자산) X 100
- 기업의 자금은 차입금(이자부담)과 자기자본(배당금,자본이득(주가상승,유/무상증자))
  주주의 입장은 부채를 포함한 총자산 수익률보다는 자기자본의 수익률에 더 관심
- 자기자본 이익률(ROE)은 내가 투자한 돈으로 회사가 얼마나 벌고 있는지를 나타내는 지표
  자기자본 이익률(ROE) = (당기순이익 / 평균 자기자본) X 100

--> 자기자본 이익률이 높을수록 좋은 회사

19. 기술적 분석의 첫걸음 봉차트 이해하기

주식투자 시 투자종목을 고르는 방법에는 두 가지 방법이 있다. 기술적 분석과 기본적 분석인데 지금까지 언급한 다양한 재무비율이나 투자관련 지표는 모두 기본적 분석에 해당된다. 기본적 분석(Fundamental Analysis)은 기업의 내재적 투자가치를 분석하고 미래의 주가 향방을 예측하는 방법으로 주로 매출 및 이익과 관련된 다양한 지표를 통해서 투자 여부를 분석하는 방법이다. 일반적으로 재무제표를 통해서 분석이 되고 관련 업종이나 산업의 각종 통계자료나 환율, 금리 등의 외부 변수를 통해서 기본적 분석을 할 수 있다. 우리가 흔히 알고 있는 주식투자의 현인이라는 워렌 버핏이 대표적인 기본적 분석을 활용하는 투자자라고 보면 된다.

반면 기술적 분석(Technical Analysis)은 보통 주가차트나 수요와 공급, 투자심리 등을 통해서 매수와 매도의 시기를 결정하는 방법이라고 보면 된다. 이 방법은 과거로부터 현재의 주가의 흐름이나 거래량 등의 자료를 활용해서 현재의 매수나 매도 시기 결정과 향후 주가의 방향성 등을 예측하는 방법으로 주가는 항상 반복하여 변화하는 속성이 있고 주가의 추세만 파악한다면 재무상태와 별도로 변화무쌍한 주가를 예측할 수 있다.

봉차트의 종류별 의미 뽀개기

지금부터 기술적 분석의 첫걸음인 봉차트에 대해서 알아보도록 하자.

봉차트는 캔들 차트라고도 하는데 그 이유는 생김새가 마치 양초(캔들)처럼 생겼기 때문이다. 이런 봉차트는 모두 어떤 의미를 담고 있는데 그 의미를 알고 있다면 봉차트만 딱 보면 장황한 설명이나 해설을 듣거나 보지 않아도 최근 시장의 트렌드나 동향을 충분히 이해할 수 있다. 그 이유는 하나의 봉 속에 하루하루의 시작가나 종가 및 최고로 주가가 높이 올라간 고가, 낮게 떨어진 저가 등을 알 수 있기 때문이다. 봉차트의 모양새가 어떤지 궁금하다면 아래의 그림을 참고하면 된다.

아래에 필자가 네이버 금융 사이트에서 2023년 1월 18일 조회한 코스피지수의 일간 차트가 있다. 2022년도 말에 하락하다가 2023년 들어 회복해서 상승하는 모습을 볼 수 있다. 아울러 5일, 20일, 60일, 120일 이동평균선도 표시되어 있어서 다양한 기술적 분석을 할 수가 있다. 이동평균선에 대한 내용은 뒤에 다시 설명을 하도록 하자. 그림에서 빨간색과 파란색으로 매일매일의 봉이 연결되어 있는 것을 알 수 있다. 이러한 봉의 색깔과 크기와 모양만 봐도 그날 주식시장의 흐름이나 개별종목의 차트로는 주가의 흐름을 파악할 수 있다.

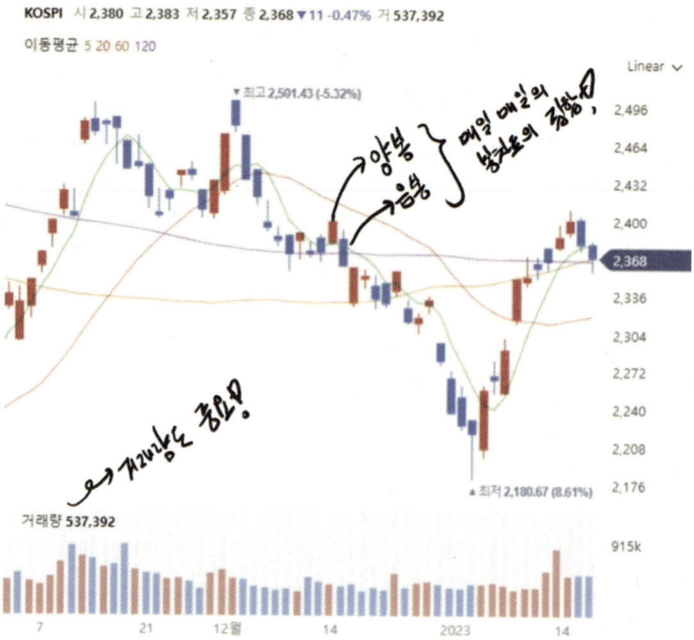

봉차트를 이해하기 위해서는 시가, 종가, 최저가, 최고가의 의미를 알아야 한다.

시가는 말 그대로 그날 주식시장이 문을 열고나서 처음 이루어진 거래가격의 의미한다. '시작가격'이라고 보면 되고 종가는 반대로 주식시장이 문을 닫을 때의 가격으로 그날 최종가라고 보면 된다. 최저가는 하루 중 가장 낮았던 주식가격이고 최고가는 하루 중 주식가격이 가장 높았을 때의 가격이 된다.

시가, 종가, 최저가, 최고가의 의미를 알았다면 봉도표를 이해하는 것은 그렇게 어렵지 않을 것이다. 봉차트는 주가가 올랐을 때는 빨간색으로 그리고, 이것을 양봉이라고 하고 주가가 내렸을 때는 파란색으로 그리고, 이것을 음봉이라고 한다.

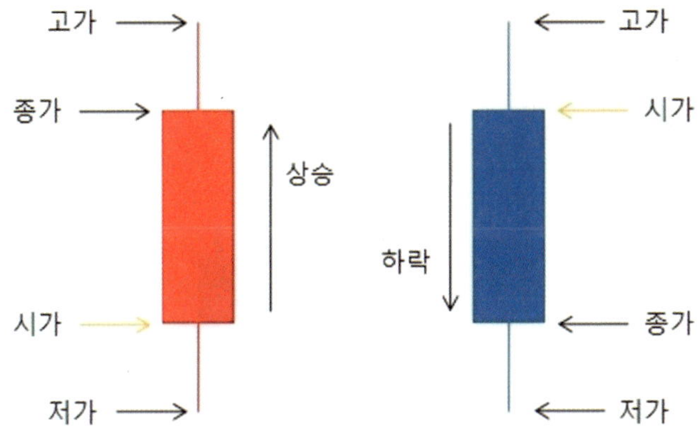

따라서 특정한 날의 봉만 보더라도 일단 빨간색이면 그날 주가는 올랐다는 것으로, 파란색이면 주가가 하락한 것으로 보면 된다. 아래의 사례를 통해서 봉차트에 정리하자면 양봉을 먼저 살펴보면 이 날 어떤 종목의 주가가 10,000원으로 시작해서 장중에 9,000원까지 하락하고 최고로 11,500원까지 상승해서 결국 11,000원으로 장을 마감해서 하루에 10%의 상승률을 보였다는 것을 알 수 있다.

하단의 음봉에서는 11,000원으로 주가가 시작해서 11,500원까지 상승하고 9,000원까지도 하락했다가 결국 10,000원으로 장을 마감해서 −10%의 하락을 보였다는 것을 알 수 있다.

지금까지 가장 쉬운 모양의 봉차트를 알아봤는데 하루하루의 주식시장의 변화가 심하고 예상치 못한 돌발 변수들로 인해서 매일매일 다른 모양의 봉차트가 새로 만들어지고 있어 하나하나의 의미를 알고 있으면 향후 시장전망과 예측에 큰 도움이 될 것이다.

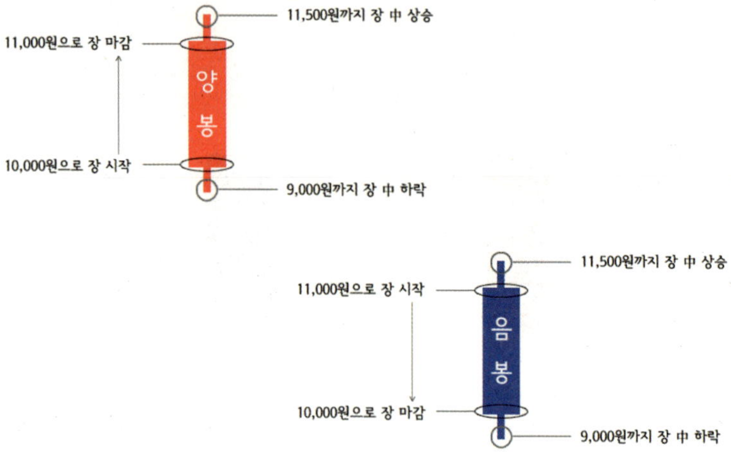

봉차트의 종류 및 의미

1. 장대양봉형

이 봉차트는 시작가에서 주가를 강하게 끌어올리는 매수 세력이 강하다는 의미를 나타내고 있으며 주가가 바닥권이면 상승할 수 있는 분위기가 조성되었다고 볼 수 있다.

2. 망치형(양봉)

매수 세력이 강하다는 의미로 장중에 매도세가 출현해서 하락했으나 장 마감 얼마 남지 않아서 강한 매수 세력이 등장해서 매도 세력을 압도하고 상승한 유형으로, 주가가 바닥권에서는 추세가 바뀌는 가장 신뢰할 수 있는 유형이라고 보면 된다.

3. 샅바형(양봉)

시작가에서 상승하는 모습을 보이지만 장중에 매도 세력이 출현해서 압력을 가하는 모습으로, 주가가 고가수준이라면 하락으로 추세가 변경될 가능성이 있는 유형이다.

4. 팽이형

시세의 전환점을 의미하는 경우가 많고 저가권이라면 반등의 가능성이 높고 고가권에서는 하락의 가능성이 높은 유형이다. 매수와 매도세력이 서로 균형을 이루고 있는 형세이고 몸통이 짧을수록 추세반전의 가능성이 높아지고 아직 주가의 향후 전망을 미리 예측하기에 부담스러운 유형이다.

5. 장대음봉형

시가가 당일 최고가이고 종가가 당일 최저가라는 의미로 주가가 큰 폭으로 밀렸음을 의미하고 하락세가 강하다는 것을 뜻하며 주가가 급락할 가능성이 있으며 고가권에서 장대음봉이 나타나면 가장 강력한 매도신호라고 보면 된다.

6. 교수형

주가가 하락세이긴 하지만 저가권에서 오히려 장 마감 얼마 전 매수 세력의 출현으로 주가가 바닥권이면 추세반등의 기미가 보이는 유형으로 꼬리가 길수록 그 신뢰도가 높다고 할 수 있다.

7. 유성형

주가의 하락세가 강하다는 의미로 고가권에서 나타나면 하락의 가능성이 크고 하락 중인 상황에서 많이 나오는 유형이다. 시가대비 저가매수로 짧은 반등을 보였지만 추가 매도 세력의 매물공세에 밀려 종가가 최저점을 나타내고 있다.

8. 십자형

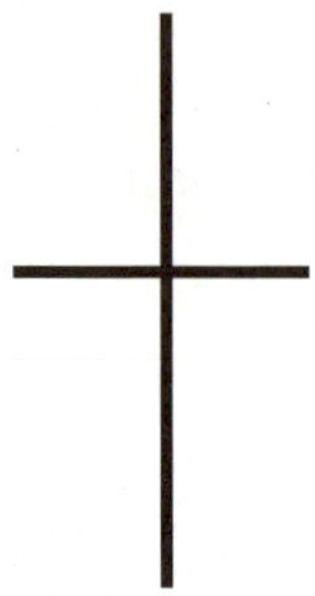

팽이형에서 몸통이 거의 없을 경우 시가와 종가가 같다는 의미로 고가권에 있다면 하락을 우려해야 하고 저가권이라면 상승을 준비해야 한다.

지금까지 몇 가지 봉차트에 대해서 알아봤는데 초보투자자들은 처음에 봐도 바로 해석이나 의미파악이 되지 않는다. 자주 보고 실제 어떤 특이한 봉차트 이후에 어떻게 주가가 변화되었는지 확인해보는 과정에서 어느 순간 자연스럽게 해석이 되고 향후 주가흐름을 예측할 수 있을 것이다. 투자가 쉬우면 누가 못하겠는가? '세상에 공짜 점심은 없다'는 생각을 잊지 말고 이러한 작은 연습과 노력으로 차트분석의 달인이 되어보자.

적삼병과 흑삼병 완전정복

"친구야... 병은 병인데 돈을 버는 병은 무슨 병이지?"

"그런 게 있어? 흐흠...상사병이나 불치병 같은 질병 얘기하는 건 아니지? 그럼 소주병이나 맥주병 모아서 빈병 팔아 돈 버는 건가?"

"에휴... 네가 그러니까 돈을 못 모으는거야...이 친구야...주식투자 얘기야...들어본 적도 없니? 적삼병과 흑삼병이라고..."

30대 중반인 대학동창인 주식해(가명)씨와 추세선(가명)씨가 오랜만에 만난 술자리에서 주고받는 대화내용이다. 지금까지 우리는 주식투자의 기본적 분석과 기술적 분석에 대한 의미와 함께 봉차트에 대한 내용을 알아보았다. 양봉과 음봉이나 꼬리의 위치에 따른 현재 상황에 대한 이해와 향후 흐름파악에 대한 분석도 확인했는데 다양한 봉차트의 움직임에 따라서 더욱 확실한 분석이 가능한데 그중에 '적삼병'과 '흑삼병'도 있다. 봉차트를 분석하는 기법 가운데 가장 많이 쓰이는 것이 흑삼병과 적삼병인데 주가변화의 기본적 형태와 시장의 추세전환을 예측할 수 있는 방법이라고 보면 된다. 적삼병이란 주식시장에서 봉차트의 빨간봉이 3일 연속 나타나는 현상을 말한다. 반대로 흑삼병은 파란봉이 3일 연속 늘어선 경우를 일컫는다. 과거엔 파란색을 쓰지 않고 검은 색을 쓴 까닭에 청삼병이 아닌 흑삼병이란 이름이 붙었다. 적삼병과 흑삼병은 추세의 전환을 알려준다. 주가하락이 계속되던 상태에서 적삼병이 나타나면 앞으로 주가가 올라갈 것을 암시한다.

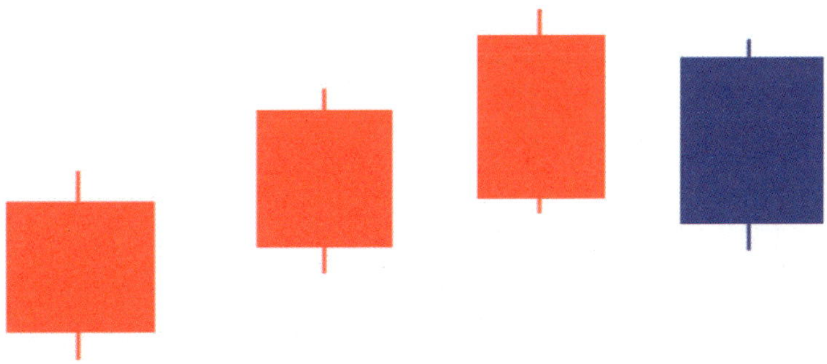

위의 그림처럼 최소한 주가가 3일 연속 상승한 경우를 '적삼병'이라고 하는데 3일 연속하여 저가와 고가를 높이면서 상승했기에 기업에 좋

은 재료가 있거나 매수 세력이 매우 강한 경우로 주가가 상승 전환되거나 상승세가 지속되는 것으로 판단하면 된다. 보통 적삼병 후 흑일병(연속 상승 후 하루 반락) 시점을 매수 기회로 본다. 하지만 반드시 거래가 수반되어야 하고 거래가 없으면 투자에 신중을 기해야 한다. 즉 거래량도 함께 살펴보고 매수 세력과 매도 세력의 움직임도 면밀히 관찰하는 것이 좋겠다.

반대로 주가가 상승세를 지속하다가 3일 연속 하락하는 흑삼병이 출현하면 주가가 점차 떨어질 것을 알려주는 신호이다. 시장이 하락하는 분위기에서 적삼병이 나타났다고 무조건 본격적인 반등이라고 볼 수는 없다. 상승추세로 전환하는 초기신호 정도로 인식하는 것이 맞다. 적삼병이 나타나면 저점에 비해 단기급등한 데 따른 불안감으로 매물이 나오면서 조정도 나타나기 때문이다. 역으로 이 시기를 저가매수 시점으로 보기도 한다. 또 추세 지속의 신호로 받아들여진다. 기존 상승 흐름에서 적삼병이 나타날 경우나 반대로 하락 흐름에서 흑삼병이 나타날 경우에는 확실한 추세지속을 의미한다.

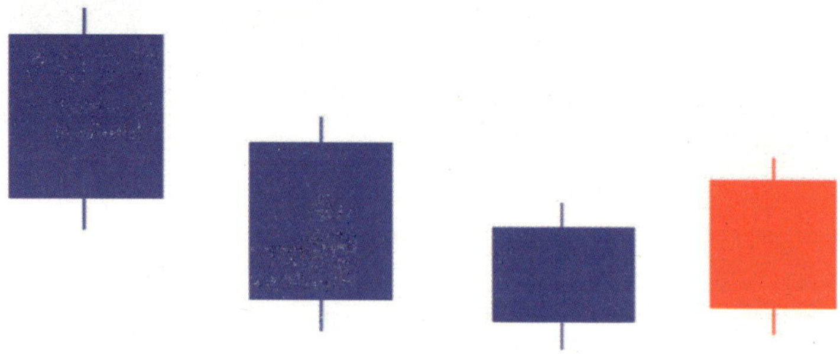

위의 그림처럼 적삼병과 반대의 의미로 3일 연속 하락한 경우를 흑삼

병이라고 한다. 3일 연속하여 저점과 고점을 낮추면서 하락한다는 것은 매도세가 매우 강하다는 뜻이며 주가가 하락 전환하거나 하락이 지속됨을 의미한다고 보면 된다.

3일연속 하락 후 하루 반등하는 경우가 있는데 이를 적일병이라 하고 매도 시점으로 이용하고 특히 주가가 천정권에서 나타난 흑삼병은 강력한 매도 신호로 인식하고 있다. 같은 상황을 놓고 어떻게 보느냐에 따라서 향후 전망이 달라지기는 하겠지만 주식투자도 하나의 심리게임이고 다른 사람들의 관심과 매수세가 붙으면 아무래도 주가가 올라갈 수밖에 없기 때문에 나만의 투자전략을 구축하고 방법을 찾을 때 이러한 몇 가지 기술적 분석의 개념을 알고 있다면 또 하나의 무기를 갖는 것이고 매수와 매도 타이밍을 잡는 데 유용하게 활용될 것이다.

추세선에서 파악하는 매도 매수 타이밍

주식투자의 기술적 분석을 하나씩 알아가는 재미가 쏠쏠하지 않은가?

이 시점에서 아...정말 내가 많이 모르고 어설프게 주식 투자를 하고 있었구나...라는 생각을 했으면 한다. 아울러 당부하고 싶은 것은 주식투자에는 왕도도 없고 정답도 없다는 것이다.

이거하고 이것만 챙기고 확인하고 주식에 투자하면 무조건 성공하고 높은 수익률을 올릴 수 있다...라고 누가 얘기한다면 절대로 믿지 마라.

그렇게 확실한 투자의 판단요소가 있다면 누가 주식투자에 성공 못하겠는가? 하지만 현실에서는 거의 대부분의 개인 투자자들은 손실을 보고 있고 일부 투자자들의 투자성공사례가 마치 전체적인 투자자들의 분위기인양 책이나 각종 인터넷 정보의 모습으로 퍼지고 있어서 걱정스러울 정도이다.

필자가 계속 강조하는 것은 정말 많은 주식투자의 방법이나 전략 중에서 투자가치 높은 종목을 고르고 투자시기를 파악하는 나만의 방법을 정하는 것이 중요하겠고 나만의 투자기술을 습득해서 일상생활에서 습관적으로 주식투자도 진행하면 어떨까 싶다. 그러한 다양한 방법 중에 기술적 분석의 중요한 부분을 차지하고 있는 것이 바로 추세선 분석이다. 추세선이란 주가의 흐름에서 저점과 고점을 연결해서 선으로 그린 것으로 주가가 어느 기간 동안 일정한 방향으로 움직이려고 하는 속성을 파악해서 흐름을 예측하는 기법이다. 즉, 추세선이 꺾일 때 새로운 추세의 시작을 의미하는 것으로 추세의 방향이 바로 향후 주가의 방향이고 움직임이라고 보면 된다. 추세선은 크게 두 가지로 구분되는데 주가의 저점과 저점을 연결하는 선으로 '지지선'이 있고 주가의 고점과 고점을 연결하는 선인 '저항선'이 있다.

지지선은 대기하고 있는 매수세가 존재하기 때문에 지지선에 다다를 경우에 주가가 상승할 가능성이 높고 저항선은 대기 매도세가 존재하기 때문에 저항선에 다다를 경우에는 주가가 하락으로 추세가 변경될 수 있다. 주가가 일정한 기간 동안 상승세에 있으면 저항선이 새로운 지지선이 되고 이러한 현상이 몇 번 반복되면 주식의 장기투자에 있어서 큰 수익률을 거둘 수 있다. 반대로 하락추세가 이어지면 기존의 지지선이 새로운 저항선이 되는 현상이 반복되며 대세 하락의 분위기로 간다고 보면 된다. 이러한 추세선의 흐름만 파악해도 중장기적인 주가 흐름을 예측할 수 있고 매수와 매도시기를 정하는 데에 유용하게 사용되고 있다.

이러한 원리는 주가의 '파동원리'로 이해할 수 있는데 즉, 주가의 작용-반작용의 법칙이라고 해서 주가가 직선이 아닌 일정한 파동으로 움직이며 주가가 상승(작용)하면 매도하려는 심리에 따라 하락(반작용)하고,

주가가 하락(작용)하면, 매수하려는 심리에 따라 상승(반작용)함으로써 상승과 하락이 주기적으로 파동을 그리며 이어진다고 보면 된다.

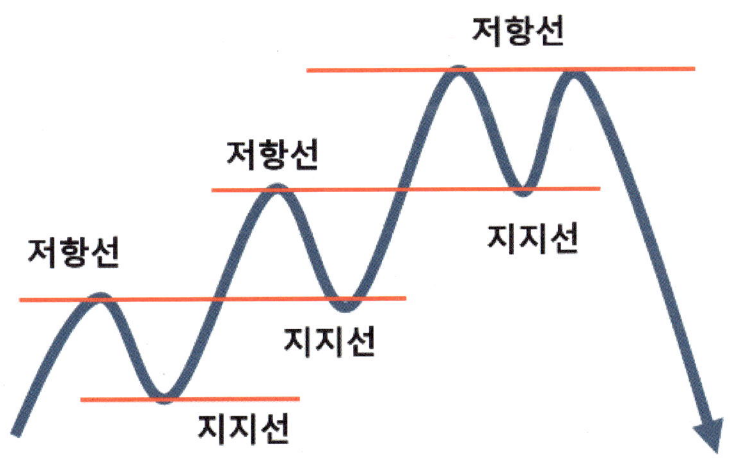

위에서 언급한 추세선이 중요한 이유는 한 번 주가의 방향이 결정되면, 주가는 지속적으로 같은 방향으로 움직이려는 성향이 있기 때문이다.

기본적으로 '추세'의 의미가 주식시장에서 주가가 일정기간 동안 동일한 방향으로 움직이는 현상을 의미하고 이러한 점을 연결한 것이 추세선이기 때문이다.

추세는 크게 상승추세와 하락추세, 횡보(박스권)추세로 나뉘는데, 상승추세는 우상향으로 움직이는 추세로 매수세가 매도세보다 많은 경우이고, 하락추세는 주가가 우하향으로 움직이는 추세이고 상승추세와 반대로 매도세가 매수세보다 많기 때문에 당분간 하락한다고 보면 된다. 횡보(박스권)추세는 말 그대로 평행하게 움직이는 특정한 구간으로 움직이는 추세라고 보면 된다.

아울러 상승 추세선은 지지선을 연결한 것이므로 보통 '바닥형'이라는 표현을 사용하고 있고, 하락 추세선은 저항선을 연결한 것이므로 '천장형'이라고 표현해서 예를 들어 3번 정도 상승을 시도했다가 꺾였다면 '3중 천장형 패턴'이라고 지칭한다.

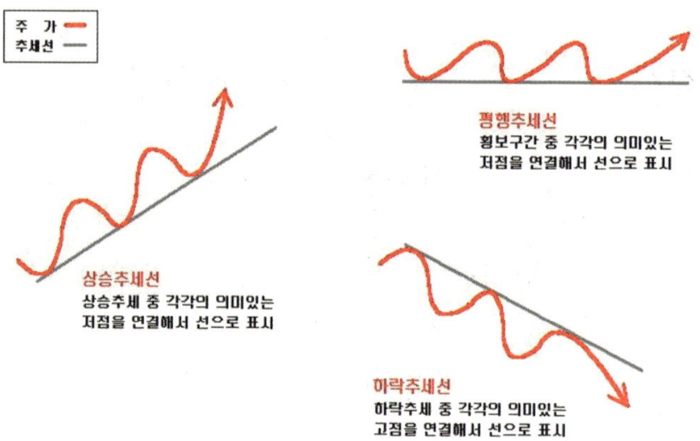

지금까지 추세선에 대해서 알아봤는데 추세선의 장점은 패턴분석과 달리 객관적이고 심리적으로 투자에 대한 확신을 주고 추세가 큰 폭으로 전환될 경우 흐름만 잘 파악한다면 높은 수익률을 올릴 수 있고 일정한 패턴에 대한 몇 가지 사례를 통해서 학습효과로 통한 고수익이 가능하다. 추세선에도 조심해야 하는 것은 사후성을 지니고 있다는 것과 과거의 성공이 미래의 성공을 보장해 주는 것은 아니다라는 것과 급격하게 추세변동을 이루며 움직이는 시장국면에서는 예측능력이 뛰어나지만, 보합국면처럼 추세의 움직임이 급격하지 못한 시장국면에서는 예측의 신뢰도가 크게 낮아진다는 것을 잊지 말자.

기술적 분석의 핵심 이동평균선

"영철아...오늘 주식투자의 바다에 빠져야 할 것 같구나...드디어 기다리던 기회가 왔어... 내가 관심 있게 보는 종목의 단기 이동평균선이 장기 이동평균선을 드디어 상향 돌파해버렸어... 지금이 매수의 적기지..."

"그게 무슨 말이예요? 선배? 이동평균선? 그게 뭔데요?"

"아니 아직 이동평균선도 모르고 있었다는 거니? 네가 그렇게 해서 이 주식해(가명)의 가장 아끼는 후배라고 할 수 있겠어?"

대학교 선후배인 두 사람의 얘기에 등장하는 '이동평균선'에 대해서 알아봐야 할 듯하다. 이동평균선은 특정기간의 주가를 평균하여 산출한 선(Line)을 의미한다.

보통 5일, 20일, 60일, 120일, 240일 등으로 사용하는데 최근 주가의 동향이 이동평균선을 위아래로 움직이는 아주 중요한 역할을 하는 투자의 요소라고 할 수 있다.

만약에 우리가 3일 이동평균선을 그린다고 하면 3일 이동평균선을 그리기 위해서 우리는 일단 3일간의 주가평균을 구해야 한다.

6월 3일의 3일 이동평균은 (15,000원+15,400원+15,210원)/3=15,203원이 되고, 6월 4일의 이동평균은 (15,400원+15,210원+15,600원)/3=15,403원, 6월 5일의 이동평균은 (15,210원+15,600원+15,870원)/3=15,560원이 된다.

	6월 1일	6월 2일	6월 3일	6월 4일	6월 5일
주가	15,000	15,400	15,210	15,600	15,870
3일 이동평균			15,203	15,403	15,560

보통 'Rolling Average'라고도 부르는 이 방법은 구간 누적평균으로 이해하면 될 것이고 위에서 구한 값을 연결을 하면 바로 이동평균선이 된다. 즉, 20일 이동평균선은 기준일 기준 최근 20일간의 주가를 평균 낸 값이고, 60일 이동평균선은 최근 60일간의 주가를 평균낸 값이다. 토요일, 일요일에는 주식 거래가 이루어지지 않는다는 사실을 고려하면 한 달의 기간 동안 투자자들이 주식을 사고판 평균가격이 대략 20일 이동평균이라고 할 수 있겠다. 그리고 60일 이동평균은 3개월간 사람들이 주식을 사고판 평균가격이라고 할 수 있다. 이동평균선의 주요 기간별 의미를 살펴보면 '5일 이동평균선'은 주가의 단기 추세를 보여주고 있고 단기 투자를 선호하는 투자자들이 챙겨야 하는 매수와 매도의 시기 선정의 기준이 되는 이동평균선이다. 20일 이동평균선은 세력선이라고도 하는데 어떠한 세력이 절대적으로 지지하고자 하는 이동평균선으로 중기 투자를 선호하는 투자자에게 적합하다고 볼 수 있다.

하락 돌파시에는 매도로, 지지시에는 보유로 판단하면 된다. 120일 이동평균선은 경기선이라고도 하는데 경기 사이클을 선행하는 이동평균선으로 주식시장이 경기를 약 6개월 선행한다는 것은 120일 이동평균선이 상향 전환한다는 것을 의미한다.

이동평균선 매매기법

지금까지 이동평균선의 의미와 산정방법에 대해서 알아봤고 지금부터는 중요한 매수와 매도시기를 정하는 '골든크로스'와 '데드크로스'에 대해서 알아보자.

골든크로스(Golden Cross)

골든크로스란 단기 이동평균선이 장기 이동평균선을 뚫고 상승하는 현상을 의미한다. 예를 들어 5일 이동평균선이 60일 이동평균선을 뚫고 상승하는 경우에 골든크로스가 발생했다고 한다. 이렇게 단기 이동평균선이 장기 이동평균선을 뚫고 상승하는 것은 의미있는 현상인데 60일 동안 평균이 15,000원인 어떤 주식이 있었는데 최근 5일간의 평균이 계속 15,000원을 훌쩍 넘어서 상승하고 있다는 의미이기 때문이다.

이는 최근에 어떤 호재가 생겼거나 실적이 상승했다는 등의 단기 투자매력이 커졌다는 것이고 그 호재가 장기적인 호재라면 주식투자의 적정한 시기라고 할 수 있겠다.

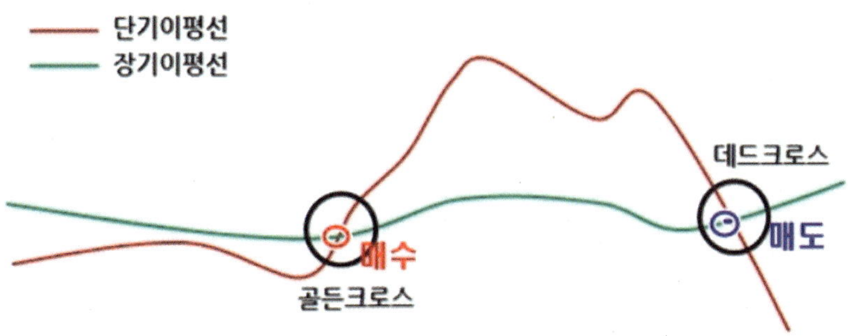

데드크로스(Dead Cross)

데드크로스란 단기이동평균선이 장기 이동평균선을 뚫고 하락하는 것을 말한다.

단기 이동평균선이 장기 이동평균선을 뚫고 하락하는 것에 굳이 죽음의 십자가라는 식의 표현을 하는 이유가 있다. 60일간 평균 15,000원인 어느 회사의 주가가 최근 5일간 계속 14,300원에서 이하로 주가가 보인다면 단기적으로 악재가 발생했다거나 매도 세력이 대량 매도를 한다는 등의 어떤 영향이 반영되었다고 볼 수 있다. 따라서 데드크로스 시기에는 전형적으로 주식을 매도해야 하는 시기라고 보면 된다.

이제 기술적 분석도 어렵지 않고 딱 차트만 봐도 '아...지금 매수 타이밍이구나...', '앗...빨리 매도를 해야 겠는걸?' 이런 식의 생각이 떠올라야 한다.

모든 투자에 있어서 중요한 포인트는 과연 지금이 시장에 들어가야 하는지 나와야 하는지를 결정하는 것이고, 그 시기에 따라서 오랫동안 쌓아온 수익률이 하루아침에 물거품이 될 수도 있고 오랜 기다림이 큰 결실로 다가올 수 있다는 점을 명심하고 기술적 분석의 기본적인 이해와 활용법에 대해서 나만의 활용방법을 고민해보도록 하자.

20. 바로 매수해야 하는 신문 기사들

투자에 대해서 필자에게 많은 분들이 하시는 질문 중에 재테크나 투자를 잘 하려면 어떤 책을 읽어야 하는지 책을 추천해달라는 내용이 많다. 그때마다 필자가 답변하는 내용 중의 하나가 바로 좋은 책을 읽는 것도 중요하지만 병행해서 하셔야 할 것이 바로 신문을 읽으라고 얘기한다. 신문 중에서도 이왕이면 경제신문 특히 국내외 경제 흐름에 대한 기사와 경제기사 중에 주식이나 부동산 등의 테마, 기획기사들은 꼭 읽어보라고 권한다. 좋은 책을 통해서 투자에 대한 마인드나 준비전략을 세우고 과거의 성공사례나 각종 재무비율이나 투자의 공식 등에 대한 이론을 익히는 것이 좋겠고 아울러 하루가 다르게 급변하는 경제나 금융시장의 트렌드와 가격 동향은 당연히 신문기사나 뉴스를 통해서 습득해야 한다.

이유는 간단하다. 신문기사는 끊임없는 주식투자 정보의 화수분이기 때문이다.

마르지 않는 샘물…아낌없이 주는 나무…이런 이미지가 바로 주식 투자에 활용할 만한 신문기사이다. 우선 전일자 주식이 어떻게 마감했는지 시황에 대한 기사를 읽어보고 관심종목이나 업종에 대한 기사가 있으면 꼭 읽어보도록 하자. 주식에 대한 기사를 읽으며 우리가 눈여겨 봐야 하는 주제나 내용들이 있다. 바로 주식투자에 긍정적인 의미를 부여해야 하는 기사들이 그것이다.

그럼 주식투자에 긍정적인 호재성 기사에는 어떤 것 들이 있을까?

주식투자를 위해서 개별 종목이나 업종, 산업에 대한 기사를 읽으면서 실적발표 시즌에 예상실적, 특히 매출액이 증가하면서 영업이익이 늘어났다는 기사는 최고로 인정해야 하는 호재성 기사이다. 주식회사는 물건이나 서비스를 만들고 제공해서 매출을 늘리고 이익을 창출하는 것이 근본적인 존재의 이유라고 한다면 영업이익의 증가는 궁극적인 주식회사의 최고의 목표 실현이라고 보면 된다. 아울러 개별 기업들이 속한 분야의 제조·영업환경에 대한 기사도 눈여겨 봐야 한다. 원재료가격 하락, 수출단가 상승, 환율 상승, 유통비용 증가나 감소 등의 다양한 환경변화에 따라서 각 기업들의 실적과 이익이 확연하게 달라지기 때문이다. 시야를 내부로 돌려서 개별 기업의 재무구조의 상황이나 변동에 대한 기사도 중요한 투자 정보이다. 흑자전환이나 부채의 출자전환 또는 관리종목 탈출 등 다양한 개별 기업의 적나라한 민낯에 대한 기사는 꼭 챙기도록 하자.

최근 몇 년 사이 제약주들의 주가상승이 눈에 많이 띈다. 갑자기 몇 개월 사이에 주가가 크게 오른 종목들이 있는데 그 원인 중에 가장 큰 것은 바로 신약개발이나 외국기업과의 대규모 수출계약 성사 등이 있다. 굳이 제약회사가 아니더라도 각 기업들이 심혈을 기울여 만든 신제품 출시나 신기술/신소재 개발, 특허나 영업권의 취득 등도 주식투자에 도움이 되는 기사들이다. 이외에도 새로운 사업에 진출 및 유전, 가스, 기타 자원개발 참여를 한다거나 무상/유상 증자와 액면 분할, M&A와 대주주와 임직원의 주식 매수, 자사주 매입 및 소각, 외자유치 성공 및 인지도 있고 유능한 CEO 영입, 경쟁사에 대형 악재 발생(2등 기업 입장에서 1등 기업의 악재 발생), 외국인, 기관, 큰손의 매집 및 증권회사 애널리스트의 강력 매수 추천 등의 기사는 주식투자에 있어서 긍정적인 요소로 생각하고 매수를 고민해도 된다. 물론 일부 뉴스는 해당 기업의 재무적인 상황에 따라서 때로는 호재성 기사이고 때로는 악재성 기사일 수도 있겠지만 대체적으로 긍정적인 의미로 해석하면 무리가 없겠다.

묻지도 따지지도 말고 팔아야 하는 기사들

그렇다면 반대로 주식투자를 고민할 때 투자해서는 안 되는 기사에는 어떤 기사들이 있을까? 주식에 투자 시 고려해야 할 기사나 뉴스는 상식적으로 보더라도 어느 정도 구분이 된다.

매출액이나 영업이익의 감소나 영업환경이 악화되며 동종업계에 강력한 경쟁업체 출현, 특허분쟁, 덤핑관세, 하자 등 대형 손해배상 발생과 피소, 대주주 및 임직원의 주식 매도, 유능한 CEO의 퇴진, 노사분규 발생, 대주주 및 임직원의 대규모 회사재산 횡령 및 부정부패, 외국인 · 기관 · 큰손들의 주식 매도, 증권회사 애널리스트들의 강력 매도 권유, 신용평가등급 하락 등이 있다.

어떤가? 딱 봐도 투자를 해서는 안 될 것 같지 않은가? 일단 매출액이나 실적이 하락하면 당연히 투자시 주의를 해야 하겠고 그 원인을 파악하는 것이 좋겠다.

또한 노사분규나 특허분쟁 등 기업이 대내외적인 분쟁 혹은 송사에 휘말리면 대표이사를 비롯한 임원들이 회사 업무에 전념할 수가 없고 회사가 원활하게 돌아가지 못하게 된다. 당연히 주식투자에 부정적인 뉴스라고 보면 되겠다. 대주주나 임직원들이 앞다투어 회사의 주식을 매도(dart.fss.or.kr이나 kind.krx.co.kr에서 공시를 보면 알 수 있다)하거나 애널리스트들의 부정적인 보고서가 나온다면 투자자들이 투자를 망설일 수밖에 없다. 두꺼운 주식투자 관련 이론서를 읽고 나만의 투자방법론을 만드는 것도 좋고 주식투자의 성공 사례나 모의 투자를 통해서 직접 상승과 하락하는 경험을 해보는 것도 좋다. 다만 상승과 하락의 원인이 무엇인가는 알고 있어야 하겠고 향후 같은 원인이 발생 시 매수와 매도 타이밍을 잡는 방법을 알 수가 있다. 계속 강조한다. 투자의 정보나 힌트는 멀리 있지 않고 가까운 데에 바로 발 밑에 있다는 것을 잊지 말고 항상 습관적인 투자를 실천하도록 하자.

왜 자사주 매도 소각이 호재인가?

우리는 지금까지 주식투자의 세 가지 체크 포인트로 PER(Price Earning Ratio)과 PSR(Price Sales Ratio), PBR(Price Book-value Ratio)를 알았다.

이 세 가지 지표의 공식은 모두 주가에서 각각 주당순이익(EPS: Earning Per Share), 주당순매출(SPS: Sales Per Share), 주당순자산(BPS: Book-value Per Share)으로 나눈 것이다.

즉 현재 해당 기업의 주가가 주당순이익의 몇 배인지 순매출액의 몇 배인지 순자산의 몇 배인지를 알아보자는 것이고 높을수록 좋은 주당순이익, 주당순매출액, 주당순자산이 분모가 되니 PER, PSR, PBR은 업종평균보다 낮으면 투자의 긍정적인 의미로 현재 주가보다 상승할 수 있는 여력이 많다고 보면 된다.

그런데 이 세 가지 지표를 산출하기 위해서 주가에서 나누어주는 주당순이익, 주당순매출액, 주당순자산의 공식은 순이익, 순매출액, 순자산에서 모두 주식수로 나누어주면 된다.

결론적으로 투자를 고민하는 회사가 있을 때 그 회사의 주가가 올라가려면 위에 언급한 공식들에서 PER, PSR, PBR이 업종평균보다 낮던가 아니면 EPS, SPS, BPS가 높던가...아니면 마지막 공식에서 순이익, 순매출액, 순자산이 높게 상승하면 된다.

이러한 몇 가지 사례가 있는데 아무리 열심히 회사를 경영해서 매출액이나 이익을 올리려고 해도 시장이 뒷받침해주지 않으면 주가가 요지부동이 될 수 있다.

따라서 인위적으로 주가를 올릴 수 있는 방법으로 EPS, SPS, BPS를 구하는 공식에서 분모인 '주식수'를 줄여주면 된다. 그럼 자연스레 EPS, SPS, BPS가 올라갈 것이고 PER, PSR, PBR이 낮아지면서 투자매력도가 상승하게 되는 것이다.

그리고 위의 공식대로 하지 않더라도 상식적으로 보더라도 어느 회사가 자사의 자금으로 자사주식을 대거 매입해서 소각해버리면 소각물량만큼 시중에 유통되는 주식수가 줄어들어 주식의 가치는 올라가게 되어 있다. 최근에 몇몇 기업들이 주주가치 극대화의 명목으로 가장 많이 추진하고 있는 전략이 바로 '자사주 매입 및 소각'이라고 본다면 여러 가지

지표의 변화가 가치가 높아지는 쪽으로 바뀌고 투자자들의 관심도 많이 받게 되어 아무래도 주식은 상승할 수밖에 없다.

즉 회사가 회사의 이익을 배당의 방식으로 주주들에게 나눠줄 수 있고 자사주 매입 및 소각의 방식으로 주가를 끌어올려서 주주들에게 자산가치 상승이라는 방식으로 회사의 이익을 공유할 수 있다.

이렇듯이 회사가 자사주를 매입해서 소각하는 이유는 주가를 끌어올리기 위함도 있고 회사의 주식이 저평가되어 있다는 것을 세상에 알리는 효과와 회사의 여유있는 현금을 마땅히 굴릴데가 없을 경우 자사주 매입 및 소각의 방법으로 소진하게 된다.

PER (Price Earnings Ratio, P/E)

- PER = Price / EPS

  주가 / 주당순이익(EPS: Earnings Per Share)

  EPS = (당기순이익 – 우선주배당금) / 평균발행주식수

- PSR (Price Sales Ratio, P/S)

  PSR = Price / SPS

  주가 / 주당매출액(SPS: Sales Per Share)

  SPS = 매출액 / 평균발행주식수

- PBR (Price Book–Value Ratio, P/B)

  PBR = Price / BPS

  주가 / 주당순자산(BPS: Book-value Per Share)

  BPS = 순자산 / 평균발행주식수

  → 순자산 = 자산 – 부채 (자본의 장부가치)

CHAPTER

4

부동산 투자수업

서기수 교수의 투자강의노트

1. 부동산 투자자 필수 마인드

부동산 투자가 일반 금융이나 주식 등의 투자와 다른 점은 거래금액이 크고 쉽게 현금화하기가 만만치 않다는 점이다. 또한 보유하고 있기만 해도 세금이나 기타 관련 비용이 든다는 점이다. 이러한 부분 때문에 부동산 투자를 신중하게 해야 한다고 누누이 강조하지만 최근 부동산이 거의 유동자산화되면서 언제든지 사고팔 수 있고 일정한 비용만 지출하면 훨씬 높은 수익을 가져다준다는 인식이 팽배해 있다.

일단 부동산 투자관련 매물 정보가 넘쳐나고 있고 공인중개사분들의 설득과 몇몇 업자들의 농간 등으로 부동산 투자경험이 없는 젊은 직장인들이나 주부들의 입장에서 쉽게 투자할 수 있는 또 하나의 투자종목이라는 생각들을 가지고 있는 듯 싶다.

이러한 생각은 절대 위험한 생각이다.

2022년 이후 '빌라왕'이라고 갭 투자 방식으로 과도한 전세보증금 산정으로 수천 채의 빌라를 보유한 집주인과 전세나 월세 계약을 해서 보증금을 못받고 이사도 못가는 경우를 우리는 주변에서 보고 있다. TV 시사프로그램에서 연일 이러한 피해자들의 사례와 눈물겨운 호소를 보면서도 언제 그랬냐는 듯이 가격이 저렴하다는...대출을 조금만 받으면 가능하다는...개발 호재가 있다는...식의 얘기에 다시 귀를 솔깃 세우고 있는 자신의 모습을 보게 된다.

부동산 투자는 반드시 목적을 가지고 있어야 한다. 물론 명확하게 매수와 매도과정을 거쳐서 엄청난 수익을 내는 게 대부분 투자자들의 목적이겠지만 조금은 더 구체적인 목적을 가지고 명확한 투자가치 분석과 개인이나 가계의 현금흐름 분석(대출이자 감당 여부나 보유 비용 등 유지), 기타 전체적인 자산 포트폴리오에 대한 사전 분석을 우선 진행하고 투자를 고민하는 것이 좋다.

아래 이미지는 2022년 10월 연합뉴스의 기자에 제공된 금리변동에 따른 대출이자의 증감 시뮬레이션 자료이다. 전세자금대출과 신용대출을 받은 사람과 주택담보대출과 신용대출을 받은 사람의 대출이자에 대한 부담금액이 크게 증가하는 것을 알 수 있다. 이 기사에서는 2023년 초까

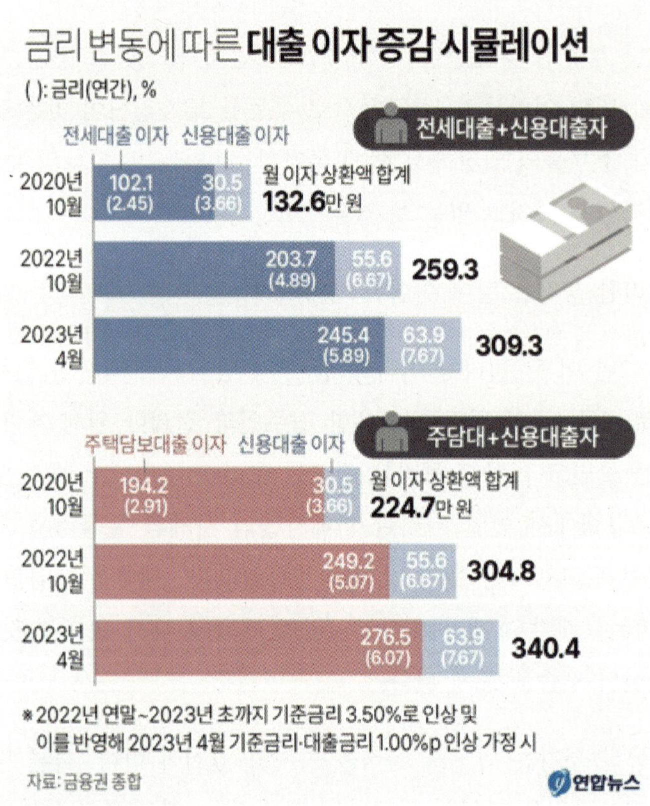

이재윤 기자 20221003

지 기준금리가 3.5%까지 인상되는 것을 가상해서 작성했는데 이후 실제 우리나라의 기준금리는 2023년 1월 13일 한국은행 금융통화위원회의 회의를 거쳐서 3.5%까지 인상되었다. 따라서 위의 기사 이미지에 대한 내용대로 대출이자 부담금액이 늘어난다고 봐야 한다. 신용대출이 없고 부동산 담보대출만 있거나 전세자금대출만 있다고 가정하더라도 한 달에 몇 십만원씩 대출이자 부담액이 늘어난다면 똑같은 급여를 받는 직장인들에게는 부담이 아닐 수 없다. 따라서 부동산 투자 시에는 반드시 대출 원금과 이자금액의 상환계획과 개인이나 가계의 부담 가능 여부와 기간에 대한 계획을 충분히 세워야 하겠다.

*** 부동산 투자 필수 마인드**

- ⊙ 현재 우리집의 재무 상황 파악과 향후 재무 목표가 명확하게 설정되어 있는가?
- ⊙ 이 부동산의 투자로 인한 리스크 5가지를 적어보았는가?
- ⊙ 정말 부부가 합의했고 누구도 고개를 조금이라도 갸우뚱하지 않았는가?

2. 부동산 투자의 명확한 목표 정하기

필지가 부동산 칼럼을 쓰거나 관련 수업을 진행하면서 항상 느끼는 점이 바로 명확하고 구체적인 목표가 없다는 것이다. 아니 부동산 투자도 재테크를 실천하는 것인데 당연히 목표는 높은 수익을 내는 거지요, 제가 산 가격보다 비싸게 팔면 되는 거 아닌가요?라고 얘기들 하는데 물론 맞는 얘기다.

하지만 조금 더 구체화해서 들어가 보면 살짝살짝 고민하거나 멈칫하시는 분들이 많으신 듯싶다. 즉 전세를 안고 투자하는 경우에는 명확하게 내가 투자한 순수 자기자본에 비해서 보유기간 중 발생하는 대출이자나 각종 세금, 중개수수료, 건강보험료, 추가 부담하는 금액 등 다양한 비용을 제외하고 손에 남는 돈을 극대화하는 것이 목표이겠다. 또한 자기자본에 대한 여유가 좀 있어서 월세 보증금을 받고 월세를 내어 매월 고정적으로 월세 수입을 목표로 투자하는 경우도 있다. 하지만 이런 분들의 또 다른 기대는 이왕이면 내가 투자한 부동산이 아파트건, 오피스텔이건, 상가건, 다세대나 다가구 주택이건 매매가격도 올라가길 기대하는 것이다.

하지만 투하된 자기자본 대비 월세를 감안한 임대수익률을 계산해본다면 초기 투자금액이 낮은 오피스텔이 아파트보다 높고 다세대주택이나 다가구주택의 경우 개별 물건마다 임대수익률이 천차만별인 경우가 많다.

즉, 월세를 겨냥한다면 임대수익률만 볼 것인지 아니면 임대수익률이 낮더라도 가격상승까지 볼 것인지를 결정해야 한다.

또한 가격상승을 통해서 매매수익을 극대화하려고 한다면 부동산의 단점이 보유에 대한 비용이 발생한다는 점이기 때문에 매수나 매도 시점과 함께 매년 발생하는 비용에 대해서 누적 예상비용을 계산하고 과연 몇 년 후까지 매도시기를 볼 것인가에 따라서 투자물건은 종류나 지역에 따라 완전히 달라진다는 것을 명심해야 한다.

지금까지 언급한 내용을 정리하자면 어떤 부부가 있다고 치자. 이 부부는 현재 거주하는 아파트가 하나 있고 이번에 퇴직금 중간정산을 통해서 많지는 않지만 목돈이 추가로 생겨서 전세를 안고 부동산을 투자하려고 한다. 맞벌이를 하고 있고 아이들이 아직은 어리기 때문에 당장은 목돈이 필요할 것 같지는 않다. 따라서 좀 장기적으로 보고 궁극적으로 매매가격이 상승할 만한 부동산 물건을 찾고자 한다. 또 한 부부가 있다. 이번에 남편이 명예퇴직을 해서 조금은 큰돈이 생겼다. 하지만 아직 젊다고 생각해서 다른 일자리를 알아보려고 하는데 실업급여를 좀 받고 불안한 마음이 커서 안정적이고 생활비를 대체할 월세를 최대한 많이 받고자 한다. 또 한 쌍의 부부가 있다. 현재는 부모님이 도와주셔서 부모님 명의의 아파트에서 거주하지만 아이가 중학교에 입학하는 2년 후에는 교육을 생각해서 다른 거주지로 옮길 생각이다. 이때에도 부모님에게 신세를 지기가 어려울 것 같아서 직접 내 집 마련을 하려고 한다. 물론 가격상승을 하면 좋지만 일단 가장 주목적은 결혼 후 처음으로 부모님께 신세지지 않고 직접 거주하는 집을 마련하는 것이다.

간단히 세 쌍의 부부의 사례를 살펴봤는데 이 외에도 미혼인데 당분간 결혼할 계획은 없고 직장이 있어서 오직 순수하게 재테크 목적으로 5년 정도 겨냥한 부동산 투자를 고민하거나 아예 은퇴를 해서 현재 거주하고 있는 아파트가 대형평형이라 굳이 두 부부가 깔고 앉아 있을 필요가 없을 것 같아서 현재 거주 아파트를 매도하고 작은 평형의 아파트로 옮겨가며 손에 얼마간의 목돈을 만들어 추가로 월세 목적의 부동산을 매수하는 등 참으로 다양한 경우가 있고, 부동산을 매수하는 주목적이 다르다는 것을 알 수 있다.

이처럼 큰돈이 들어가는 부동산 투자를 너무 쉽게 생각하지 말고 적어도 다양한 목적 중에 그래도 가장 우선적이고 핵심 목적이 무엇인지를 정하는 게 좋다. 순수 거주목적인지 3~5년 정도를 겨냥한 가격상승 목적인지, 10년 이상 묻어두는 개념의 장기투자 목적인지, 일단 매월 생활비를 대체할 월세를 최대한 많이 받는 것이 목적인지를 정해야 한다. 이렇게 네 가지 경우만 보더라도 투자 관심 지역과 투자 물건의 종류, 대출 여부, 부부 중에 누구 명의로 할 것인지 등 다른 그림이 나올 수 있다. 아래에 판서로 정리를 해봤다. 1번부터 4번까지의 핵심목표 중에 지금 현재 미혼인 경우에는 나에게, 결혼을 했다면 우리 부부에게 가장 시급하고 우선적인 목표가 무엇인지를 고민해보고 거기에 맞는 부동산 투자를 고민하고 준비하는 것이 성급하고 즉흥적인 투자를 피할 수 있는 지름길이라고 볼 수 있다.

또한 각 목적마다도 투자 물건의 종류가 달라질 수 있는데, 예를 들어 가격상승을 기대하며 5년 이내 매도를 할 생각이라면 낡은 연립주택이나 단독주택은 맞지 않는다. 또한 순수 월세를 많이 받기 위한 임대수익률이 최우선 목표라면 곧 재건축을 진행하는, 주차도 어렵고 당장 거주하기에 불편한 낡은 아파트도 맞지 않는다. 이처럼 매수 목적에 따라서 아파트, 단독주택, 연립주택, 다가구나 다세대주택, 오피스텔, 상가주택 등 명확하게 투자의 목적과 매수희망 물건을 결정해야 한다. 그리고 막연하게 거주에 대한 목적도 우선적으로 본인이나 부부의 선호 거주환경을 결정하고 매수지역과 물건을 찾는 것이 좋다.

자녀들의 교육을 위한 학군이나 학원가 밀집 지역을 선호하는지 순수하게 주변 자연환경을 선호해서 강가나 개천가, 인근의 대형공원이나 국립공원 등의 산이 근처에 있는 거주환경을 찾을 수도 있겠고, 어린 자녀의 양육을 지원받기 위해서나 혹은 기타의 이유로 본가나 친정 근처의 지역에서 매수 물건을 찾아야 하는 경우도 있다. 또한 출퇴근 거리가 가깝고 편리한 지역이나 미혼인 경우에는 주변에 문화시설이나 체육 혹은 대형 쇼핑몰 등의 거주 편의성을 우선적으로 선택하는 경우도 있다. 이렇게 뚜렷한 목표가 희망 지역 및 물건까지 정해져 있다면 일단 주변의 갑작스런 매수추천 유혹에 흔들리지 않을 수 있고 분위기에 편승해서 계약금만 있다면 매수가 가능하거나 엄청나게 낮은 가격이라 덥썩 매수하는 등의 즉흥적인 투자를 피할 수 있는 장점이 있다. 일단 가장 중요한 핵심은 뚜렷하고 명확한 부동산 매수의 최우선 목적을 다시 확실하게 정하고 시작하자는 것이다.

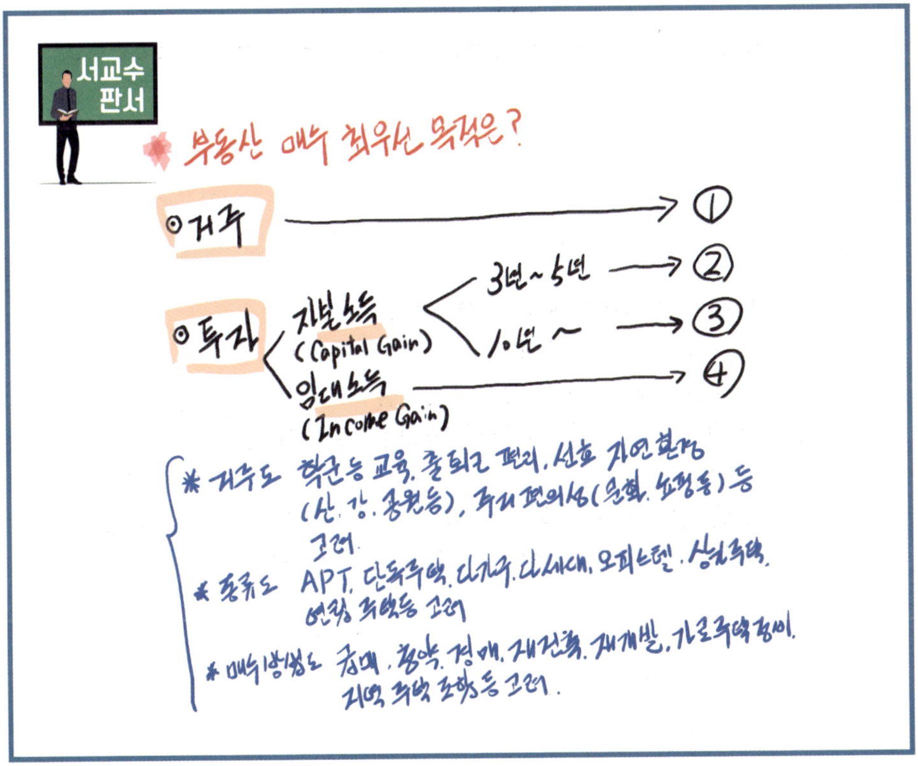

서기수 교수의 부동산 투자 강의 교안

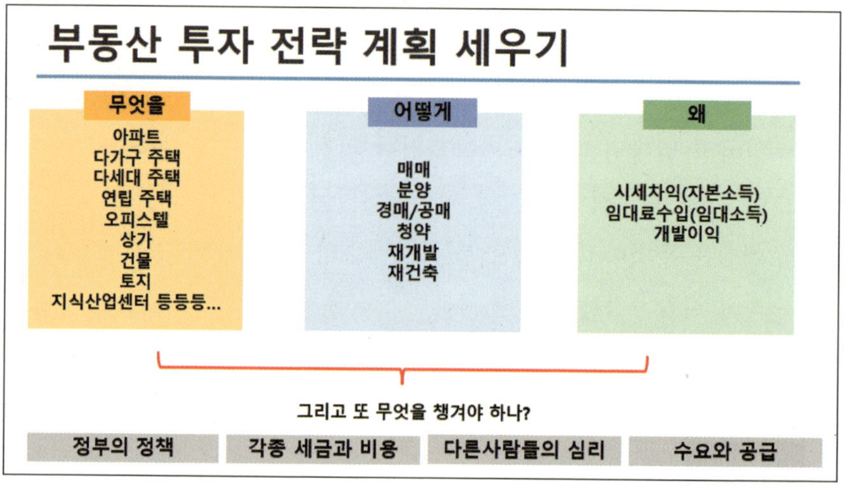

내가 갖추어야 할 것들

1. 부동산 투자에 대한 기본 지식
2. 평소 부동산에 대한 관심과 습관포인트
   ➔ 신문기사, 뉴스, 각종 자료 등
3. 현재의 재무상황 파악과 명확한 부동산 투자 목표와 계획
4. 주변사람들 얘기에 흔들리지 않는 나만의 투자원칙
5. 기본적인 자본과 확정적인 현금 흐름 보유

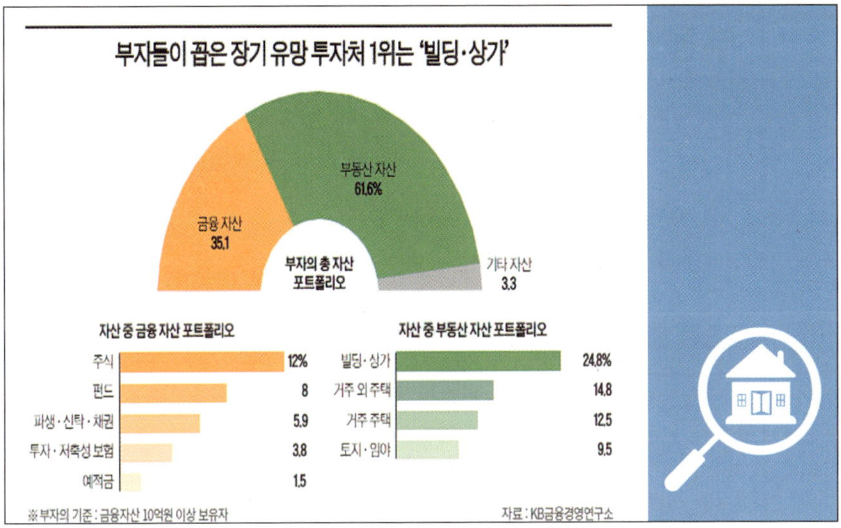
부자들이 꼽은 장기 유망 투자처 1위는 '빌딩·상가'
부동산 자산 61.6%
금융 자산 35.1
기타 자산 3.3
부자의 총 자산 포트폴리오
자산 중 금융 자산 포트폴리오
주식 12%
펀드 8
파생·신탁·채권 5.9
투자·저축성 보험 3.8
예적금 1.5
자산 중 부동산 자산 포트폴리오
빌딩·상가 24.8%
거주 외 주택 14.8
거주 주택 12.5
토지·임야 9.5
※부자의 기준 : 금융자산 10억원 이상 보유자
자료 : KB금융경영연구소

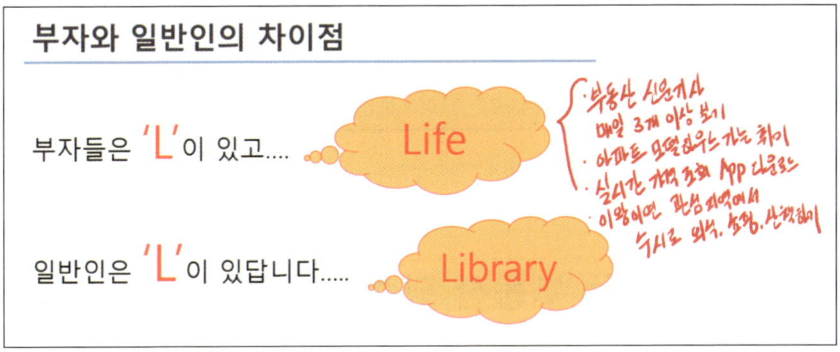
부자와 일반인의 차이점
부자들은 'L'이 있고....
Life
일반인은 'L'이 있답니다.....
Library
·부동산 신문기사 매일 3개 이상 보기
·아파트 모델하우스 가는 취미
·실시간 가격 조회 App 다운로드
·이왕이면 관심 지역에서 수시로 외식, 쇼핑, 산책하기

부동산 투자의 기본중의 기본인 면적구분
아파트/오피스텔보다
넓은 전용면적(77%)
강남동 THE HILL
도시형생활주택
32㎡ 41㎡ 45㎡ 80㎡
분양문의
000-000-0000
시공사 : (주)OO종합건설
도시형생활주택 강남동 THE HILL
10평형 13평형 14평형 25평형
2018년 4월 입주예정
선착순 우선분양중
분양문의
000-000-0000
시공사 : (주)OO종합건설
출처 : 디자인 홍비팡 홈페이지 전단지 샘플 이미지 활용

부동산 투자의 기본중의 기본인 면적구분

< 면적 단위의 환산 >

- 평(坪)을 ㎡로 환산하는 식 : 평 X 3.3058 = ( ) ㎡
- ㎡를 평(坪)으로 환산하는 식 : ㎡ X 0.3025 = ( )평(坪)

기본적인 아파트 분양공고나 안내장에는 면적이 ㎡로 표시되어 있습니다.

< 면적 단위의 환산 >

- 평(坪)을 ㎡로 환산하는 식 : 평 X 3.3058 = ( ) ㎡
- ㎡를 평(坪)으로 환산하는 식 : ㎡ X 0.3025 = ( )평(坪)

기본적인 아파트 분양공고나 안내장에는 면적이 ㎡로 표시되어 있습니다.

아파트등 부동산 평수 환산표

평수 환산표

제곱미터	평형	제곱미터	평형	제곱미터	평형
13.2㎡	4평	36.4㎡	11평	59.5㎡	18평
16.5㎡	5평	39.7㎡	12평	62.8㎡	19평
19.8㎡	6평	43㎡	13평	66.1㎡	20평
23.1㎡	7평	46.3㎡	14평	69.4㎡	21평
26.4㎡	8평	49.6㎡	15평	72.7㎡	22평
29.8㎡	9평	52.9㎡	16평	76㎡	23평
33.1㎡	10평	56.2㎡	17평	79.3㎡	24평
82.6㎡	25평	105.8㎡	32평	128.9㎡	39평
86㎡	26평	109.1㎡	33평	132.2㎡	40평
89.3㎡	27평	112.4㎡	34평	135.5㎡	41평
92.6㎡	28평	115.7㎡	35평	138.8㎡	42평
95.6㎡	29평	119㎡	36평	142.1㎡	43평
99.2㎡	30평	122.3㎡	37평	145.5㎡	44평
102.5㎡	31평	125.6㎡	38평	148.8㎡	45평

※ 단위는 소수점 두자리에서 반올림(1㎡)=0.3025평

10단위 ㎡ (제곱미터) 환산표

30㎡	약 9평	90㎡	약 27평
40㎡	약 12평	100㎡	약 30평
50㎡	약 15평	110㎡	약 33평
60㎡	약 18평	120㎡	약 36평
70㎡	약 21평	130㎡	약 39평
80㎡	약 24평	140㎡	약 42평
30㎡	약 9평	90㎡	약 27평

출처 : 직방 공식 블로그

용적률과 건폐율 넌 뭐니?

용적률과 건폐율의 이해

1. 도로나 학교, 상하수도 등 일정한 기반시설에는 수용의 한계가 있는데 무분별하게 건물을 짓는 것을 방지하기 위해 지역마다 밀도를 관리

2. 용적률 : 대지면적에 대한 연면적의 비율
(연면적 = 전체 건물의 바닥면적의 합계)

3. 건폐율 : 대지면적에 대한 건축면적의 비율

용적률과 건폐율의 이해

용적률 = (연면적 / 대지면적) X 100

건폐율 = (건축면적 / 대지면적) X 100

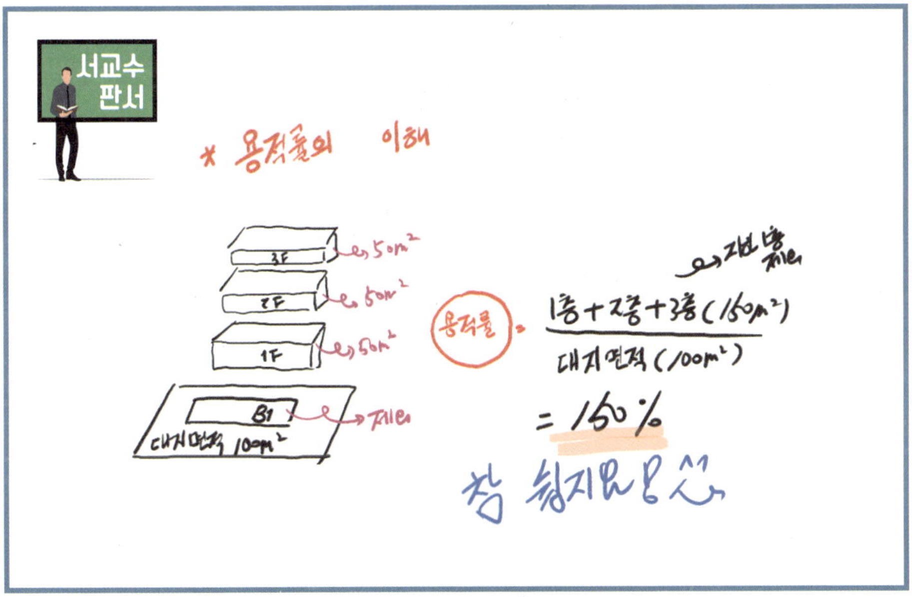

대지면적에 대한 연면적(대지에 건축물이 둘 이상 있는 경우에는 이들 연면적의 합계)의 비율.

- 용적률을 산정할 때에는 지하층의 면적, 지상층의 주차용(해당 건축물의 부속용도인 경우만 해당)으로 쓰는 면적, 주민공동시설의 면적, 초고층 건축물의 피난안전구역의 면적은 제외한다.
- 용적률은 부지면적에 대한 건축물 연면적의 비율로서, 건폐율과 함께 해당 지역의 개발밀도를 가늠하는 척도로 활용.

용적률 계산방법

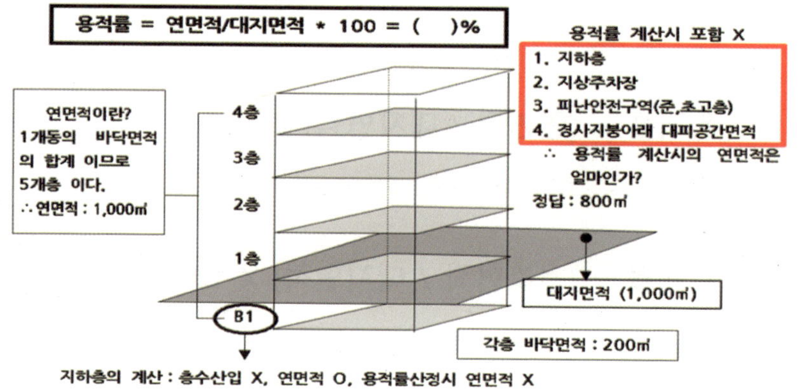

건폐율도 자세히 알아볼까?

대지면적에 대한 건축면적(대지에 건축물이 둘 이상 있는 경우에는 이들 건축면적의 합계)의 비율.

건폐율은 대지면적에 대한 건축면적의 비율로서, 용적률과 함께 해당 지역의 개발밀도를 가늠하는 척도로 활용.

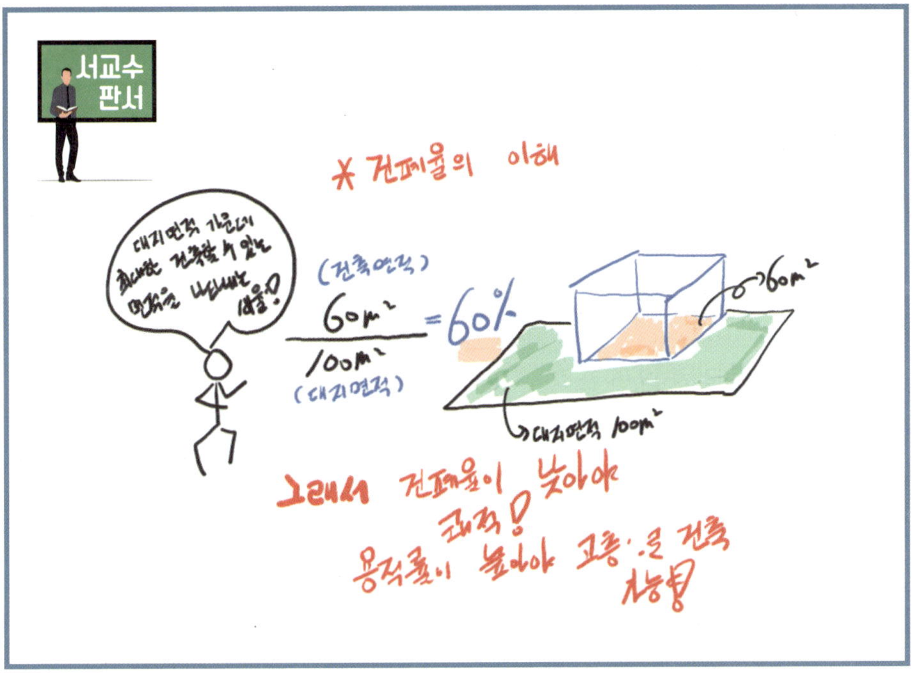

관련 신문기사(서울경제신문 2022년 6월 9일자 기사이미지)

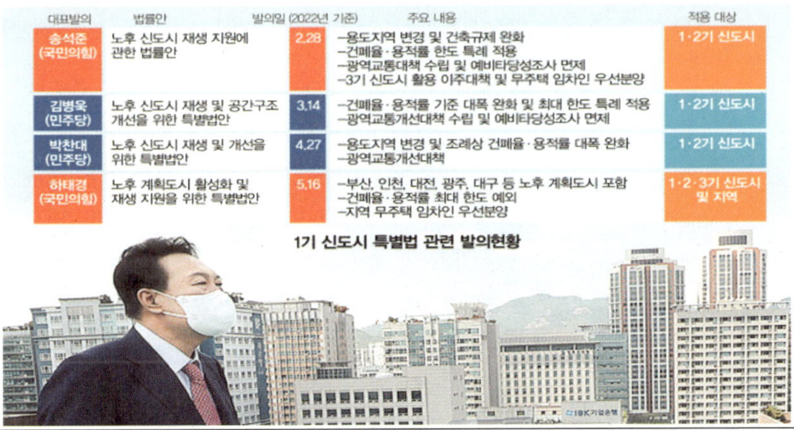

대표발의	법률안	발의일 (2022년 기준)	주요 내용	적용 대상
송석준 (국민의힘)	노후 신도시 재생 지원에 관한 법률안	2.28	–용도지역 변경 및 건축규제 완화 –건폐율·용적률 한도 특례 적용 –광역교통대책 수립 및 예비타당성조사 면제 –3기 신도시 활용 이주대책 및 무주택 임차인 우선분양	1·2기 신도시
김병욱 (민주당)	노후 신도시 재생 및 공간구조 개선을 위한 특별법안	3.14	–건폐율·용적률 기준 대폭 완화 및 최대 한도 특례 적용 –광역교통개선대책 수립 및 예비타당성조사 면제	1·2기 신도시
박찬대 (민주당)	노후 신도시 재생 및 개선을 위한 특별법안	4.27	–용도지역 변경 및 조례상 건폐율·용적률 대폭 완화 –광역교통개선대책	1·2기 신도시
하태경 (국민의힘)	노후 계획도시 활성화 및 재생 지원을 위한 특별법안	5.16	–부산, 인천, 대전, 광주, 대구 등 노후 계획도시 포함 –건폐율·용적률 최대 한도 예외 –지역 무주택 임차인 우선분양	1·2·3기 신도시 및 지역

1기 신도시 특별법 관련 발의현황

관련 신문기사

2022년 5월 25일 브릿지경제 기사

용적률 따라 울고 웃는 '1기 신도시'

1기 신도시 재정비 기대감에 분당 · 일산에서는 연일 신고가 행진이 이어지며 집값 상승세가 이어지고 있는 데 반해 평촌 · 산본 · 중동은 오히려 하락세를 이어가는 등 1기 신도시 내에서도 지역에 따라 집값 온도차가 나타나고 있다.

25일 KB부동산 주간 주택시장 동향에 따르면 지난주(15일 기준) 평촌신도시(안양시 동안구) 주간아파트 매매가격은 전주 대비 0.07% 하락했다. 반면 성남시 분당구(0.05%)와 고양시 일산동구(0.04%) · 일산서구(0.02%) 등은 전주 대비 상승했다.

같은 1기 신도시에서도 집값 차별화가 나타나는 것에 대해 용적률 영향이 크다는 분석이 나온다. 분당 · 일산에 비해 상대적으로 용적률이 높은 평촌의 경우 재건축을 추진해도 사업성이 낮을 것으로 관측되면서 관망 분위기가 커지고 있다는 것이다.

1기 신도시가 있는 경기 5개 시에 들어선 아파트 단지의 평균 용적률은 분당 184%, 일산 169%, 평촌 204%, 산본 205%, 중동 226%다.

이에 평촌 신도시의 경우 재건축 가능성이 높은 구축 아파트에서도 하락 거래가 이어지고 있다. 국토교통부 실거래사 공개시스템에 따르면 안양시 동안구 평촌동 '초원2단지대림' 전용 84.9㎡은 지난달 10일 직전 신고가보다 1억원 가량 떨어진 10억 4000만원(8층)에 거래됐다. 같은 달 16일 '초원3단지대원' 84.9㎡ 도 직전 신고가보다 8000만원 하락한 9억 4000만원(4층)에 팔렸다.

서기수 교수의 부동산 투자 강의 교안

주택의 종류

- 주택은 크게 '단독주택' 과 '공동주택' 으로 구분
- 단독주택은 단독주택, 다중주택, 다가구주택으로...
- 공동주택은 다세대주택, 연립주택, 아파트로 다시 나누어 짐
- 별도로 준주택으로 오피스텔과 실버타운 등 노인복지시설도 있음.

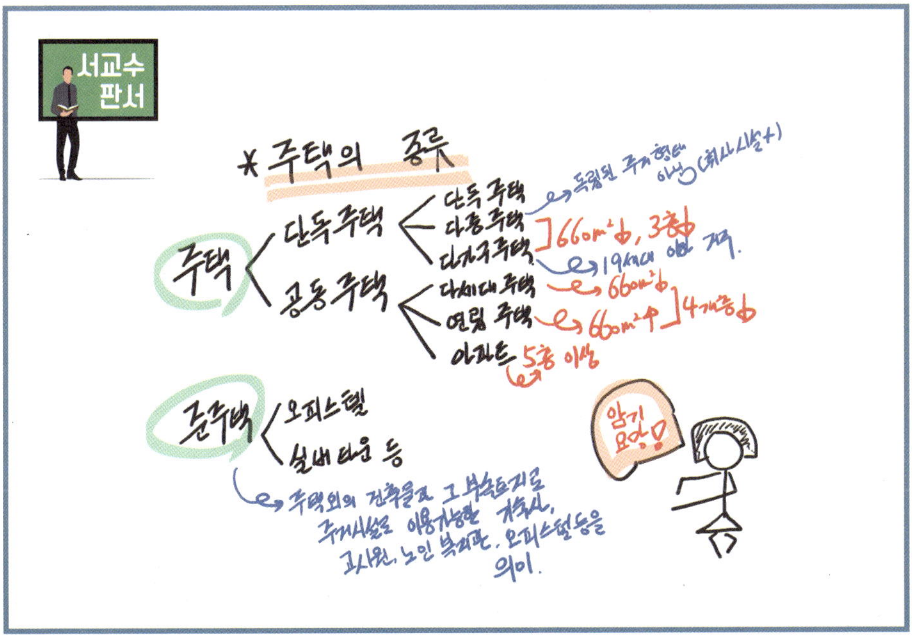

주택의 종류(단독주택)

- **다중주택**

① 학생 또는 직장인 등 여러 사람이 장기간 거주할 수 있는 구조로 되어 있는 것

② 독립된 주거의 형태를 갖추지 아니한 것
(각 실별로 욕실은 설치할 수 있으나, 취사시설은 설치하지 않은 것을 말한다)

③ 1개 동의 주택으로 쓰이는 바닥면적이 660㎡ 이하이고 주택으로 쓰는 층수(지하층은 제외한다)가 3개 층 이하일 것. 다만, 1층의 전부 또는 일부를 필로티 구조로 하여 주차장으로 사용하고 나머지 부분을 주택외의 용도로 쓰는 경우에 해당 층을 주택의 층수에서 제외

④ 적정한 주거환경을 조성하기 위하여 건축조례로 정하는 실별 최소 면적, 창문의 설치 및 크기 등의 기준에 적합할 것
여기서, 독립된 주거의 형태를 갖추지 아니한 것이란 각 실별로 욕실은 설치할 수 있으나, 취사시설은 설치하지 아니한 것.

다중주택은 「건축법」에 의한 용도별 건축물의 종류상 단독주택에 해당.

(출처 : 토지e음)

주택의 종류(단독주택)

- **다가구주택**

주택으로 쓰이는 층수(지하층 제외)가 3개 층 이하이고,

1개 동의 주택으로 쓰는 바닥면적(지하주차장 면적 제외)의 합계가 660㎡ 이하이며,

19세대 이하가 거주할 수 있는 주택으로서 공동주택에 해당하지 않는 것

다만, 다가구주택의 층수를 산정함에 있어서 1층의 전부 또는 일부를 필로티 구조로 하여 주차장으로 사용하고 나머지 부분을 주택 외의 용도로 쓰는 경우에는 해당 층을 주택의 층수에서 제외.

다가구주택은 「건축법」에 의한 용도별 건축물의 종류상 단독주택에 해당한다.

(출처 : 토지e음)

주택의 종류(공동주택)

- 다세대주택

주택으로 쓰는 1개 동의 바닥면적 합계가 660㎡ 이하이고, 층수가 4개 층 이하인 주택.

다만, 2개 이상의 동을 지하주차장으로 연결하는 경우에는 각각의 동으로 보며 지하주차장 면적은 바닥면적에서 제외하고, 층수를 산정할 때는 1층의 전부 또는 일부를 필로티 구조로 하여 주차장으로 사용하고 나머지 부분을 주택 외의 용도로 쓰는 경우에는 해당 층을 주택의 층수에서 제외.

다세대주택은 「건축법」에 의한 용도별 건축물의 종류상 공동주택에 해당.

(출처 : 토지e음)

주택의 종류(공동주택)

- 연립주택

주택으로 쓰이는 1개 동의 바닥면적(2개 이상의 동을 지하주차장으로 연결한 경우에는 각각의 동으로 봄) 합계가 660㎡를 초과하고, 층수가 4개 층 이하인 주택

다만, 연립주택 층수를 산정함에 있어서 1층 전부를 필로티 구조로 하여 주차장으로 사용하는 경우에는 필로티 부분을 층수에서 제외하고, 지하층을 주택의 층수에서 제외

연립주택은 「건축법」 에 의한 용도별 건축물의 종류 상 공동주택에 해당.

(출처 : 토지e음)

주택의 종류(준주택)

주택 외의 건축물과 그 부속토지로서 주거시설로 이용가능한 시설.

준주택은 고령화 및 1~2인 가구 증가 등 변화된 주택수요 여건에 대응하여 주택으로 분류되지 않으면서 주거용으로 활용이 가능한 주거시설의 공급을 활성화하기 위해서 도입한 제도이며, 준주택의 범위와 종류는 다음과 같음.

① 「건축법 시행령」 별표1 제2호라목에 따른 기숙사

② 「건축법 시행령」 별표1 제4호거목 및 제15호다목에 따른 다중생활시설

③ 「건축법 시행령」 별표1 제11호나목에 따른 노인복지시설 중 「노인복지법」 에 의한 노인복지주택

④ 「건축법 시행령」 별표1 제14호나목2)에 따른 오피스텔

서교수 판서

* 도시형 생활주택은 넌 뭐니?

이촌주택이 개발한 서울 도곡동 도시형생활주택.

- 1~2인 가구가 증가함에 따라 서민 주거 안정을 위해 2009년부터 도입된 주거형태.
- 전용면적 85m^2 이하 300세대 미만
- 청약 통장 없어도 청약 가능.
- 청약 자격, 재당첨 제한 없음.
- 19세 이상이면 누구나 분양
- 2021년 3월부터 4층이상 임대사업자 가능.

* 단지형 연립주택, 단지형 다세대, 원룸형 주택 종류가 있음.

아파트의 면적 집중 분석

- 주거 전용면적

각 세대가 독립적으로 사용하는 전용 공간.

거실, 침실, 화장실, 주방, 현관처럼 가족이 실제 생활하는 공간이고 정부는 주택 면적에 따른 혼동을 줄이기 위해 계약서, 아파트 입주자 모집 공고 등에서 법적으로 전용면적을 표기하도록 권장.

그러나 우리가 흔히 '베란다'라고 부르는 발코니는 실제 사용하는 공간이지만 전용면적에 미포함

발코니는 서비스면적으로 분류되며, 전용면적과 서비스면적을 합쳐서 실거주면적이라고 부름.

전용면적과 비교해 실거주면적 수치가 높다면 그만큼 발코니가 넓다는 의미.

- **공용면적**

공용면적은 아파트 면적 중에 여러 세대와 사람이 함께 사용하는 면적을 의미

1. 주거공용면적

아파트 계단, 복도, 엘리베이터 앞 등 주거공간과 인접하지만 앞집이나 옆집과 같이 사용하는 공간

2. 기타공용면적

주차장, 관리사무소, 노인정, 독서실 등 주거와는 관련이 없지만 단지 전체 세대와 거주민이 공동으로 사용하는 공간

- **계약면적**

'공급면적(주거전용면적 + 주거공용면적) + 기타 공용면적(지하주차장 포함)'을 의미

서비스면적(발코니)은 계약면적에 포함되지 않음.

아파트의 면적 집중 분석

- **공급면적(분양면적)**

'주거전용면적 + 주거공용면적'을 의미.

2009년 4월 1일 부터 아파트 공급면적을 세대별로 표시하는 경우 주거의 용도로만 쓰이는 '전용면적'으로 표시.

일반적으로 XX아파트 OO평에 산다면 바로 '공급면적(분양면적)'을 의미

아파트의 면적 정리

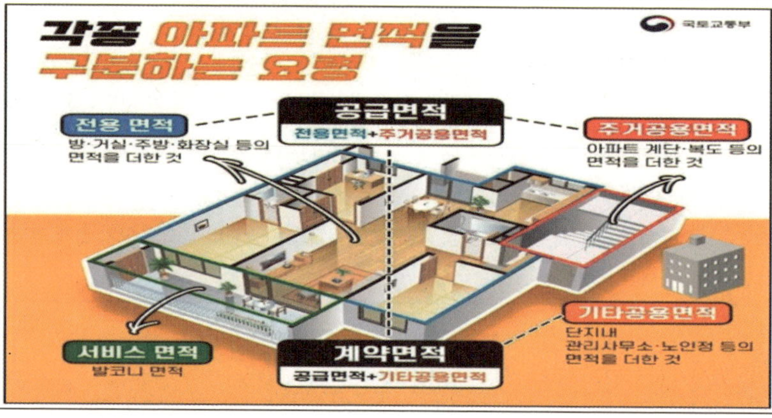

아파트의 면적 집중 분석(분양공고 사례)

블록	① 주택형	② 주택타입	③ 발코니유형	세대당 주택면적(㎡)					⑩ 공유대지면적(㎡)	공급세대수								⑫	최고층수	1층세대수	입주예정시기
				④ 공급면적		⑤ 그 밖의 공용면적		⑨ 계약면적(계)		계	이주자	⑪ 특별공급						일반공급			
				⑥ 주거전용	⑦ 주거공용	⑧ 기타공용	지하주차장					다자녀	신혼부부	생애최초	노부모	국가유공자	기타특별				
A-3	합계									1,059	65	105	158	211	52	52	105	311		47	'20.10
	059.0000A	59A1	확장	59.94	24.5547	4.0481	32.1799	120.7227	43	528	63	52	79	105	26	26	52	125	21	27	
	059.0000B	59A2	확장	59.94	24.5547	4.0481	32.1799	120.7227	43	103	1	10	15	21	5	5	10	36	21	5	
	059.0000C	59A3	확장	59.95	24.5588	4.0488	32.1853	120.7429	43	80		8	12	16	4	4	8	28	20	4	
	059.0000D	59B1	확장	59.94	24.5547	4.0481	32.1799	120.7227	43	128		13	19	26	6	6	13	45	21	2	
	059.0000E	59B2	확장	59.94	24.5547	4.0481	32.1799	120.7227	43	83		8	12	17	4	4	8	30	23	2	
	059.0000F	59C1	확장	59.97	24.5670	4.0502	32.1960	120.7832	43	96		10	15	19	5	5	10	32	21	5	
	059.0000G	59C2	확장	59.92	24.5465	4.0468	32.1692	120.6825	43	41	1	4	6	7	2	2	4	15	21	2	

(출처 : 한국토지주택공사)

같은 평형이라도 아파트가 오피스텔보다 실평수가 큰 이유는?

- 아파트와 오피스텔의 분양평수가 같더라도 아파트의 실제 평수가 오피스텔보다 큼
- 각 적용하는 법이 달라서 아파트는 [주택법]의 적용을 받아 분양면적을 '공급면적' 으로 하고 오피스텔은 [건축법]의 적용을 받아서 분양면적을 '계약면적' 으로 함.

❖ 아파트 분양평수 = 공급면적(주거전용면적 + 주거공용면적)

❖ 오피스텔 분양평수 = 계약면적(주거전용면적 + 주거공용면적 + 기타공용면적)

같은 평형이라도 아파트가 오피스텔보다 실평수가 큰 이유는?

	아파트	오피스텔
근거법	주택법	건축법
실사용면적	주거전용면적 + 서비스면적	서비스면적 없음
분양면적	공급면적 (주거전용면적 + 주거공용면적)	계약면적 (공급면적 + 기타공용면적)
전용률	80%안팎	50%안팎
㎡당 분양가	분양가 / 공급면적	분양가 / 공급면적+기타공용면적)

아파트 평면도의 중요성

* 거실과 주방, 완전 개방형, 1/2 개방형, 완전분리형
* 발코니 직선형, ㄱ형, ㄴ형, 타원형
* Island식 주방.

> 항상 부동산 중개업소에서 발급받아서 확인만 시켜주는 서류나 지인, 개발업자들이 가져다 주는 서류보다는 내가 직접 인터넷 열람이나 서류를 발급받아보는 연습이 필요합니다.

부동산 공부서류 탐구생활

- 부동산 서류를 일반적으로 공부서류라고 하는데 크게 5가지의 종류로 분류

1. 등기사항전부 증명서

(1) 예전 등기부등본

(2) 이 서류를 통해서 진짜 소유주가 맞는지 계약 전 확인하고 건물, 토지, 집합 총 3종류의 증명서로 구성

(3) 건물과 토지에 관한 사항을 파악하게 되는데 건물소유자와 그 건물에 소유권 이외의 권리관계(근저당권, 전세권, 지상권 등)를 알 수 있음

(4) 크게 **표제부**(지번, 건물명칭, 번호, 건물내역, 지목, 면적 등)와
갑구(소유권에 관한 사항과 가압류, 가처분, 가등기, 경매예고등기 등),
을구(소유권 이외의 권리관계로 저당권, 전세권 등)로 구성.

(5) 발급처는 관할 등기소에서 직접 발급받거나 인터넷 사이트는 대법원인터넷 등기소(www.iros.go.kr)에서 발급

부동산 공부서류 탐구생활

- 부동산 서류를 일반적으로 공부서류라고 하는데 크게 5가지의 종류로 분류

2. 건축물대장

(1) 건물에 대한 면적, 층수, 소유자, 각종 변동상황과 불법 건축물 여부 등을 확인

(2) 구청이나 군청, 정부민원 포털 정부24(www.gov.kr)에서 발급

3. 토지대장

- 토지의 소유자, 분할 합병의 역사, 사용용도(지목), 실제 면적 등을 알 수 있고 토지의 지목(쓰임새), 소재지, 지번 등을 알 수 있으며 발급은 건축물대장과 마찬가지로 정부민원 포털 정부24에서 발급가능.

4. 지적도

(1) 토지의 정확한 면적을 보기위해 꼭 필요한 서류로 인근 다른 토지와의 경계 등을 통해서 '맹지 '여부 등을 파악 아울러 토지모양, 지적도상의 도로 유무, 도로의 용도 등 전체적인 지역의 현황을 확인

(2) 발급은 정부민원 포털 정부 24에서 가능.

부동산 공부서류 탐구생활

- 부동산 서류를 일반적으로 공부서류라고 하는데 크게 5가지의 종류로 분류

5. 토지이용계획 확인서

(1) 토지에 건축할 수 있는 건물의 용도 및 규모를 결정해 놓은 지역, 지구, 구역 등 도시계획사항을 알 수 있고 토지에 대한 허용 및 제한사항을 확인

(2) 비슷한 위치에 비슷한 면적의 토지라도 주거지역인지 상업지역인지에 따라 건축할 수 있는 용도와 규모가 이미 도시계획상에 결정되어 있기 때문

(3) 발급은 앞서 소개한 국토교통부 토지e음 사이트(eum.go.kr)이나 토지주택공사의 씨:리얼(seereal.lh.or.kr) 사이트에서 확인 및 인쇄가 가능.

부동산 공부서류 탐구생활

공부서류	발급방법	서류 내용		사용시기
등기사항 전부증명서	관할등기소 대법원 인터넷등기소 (www.iros.go.kr)	건물등기사항 전부증명서	소유주 확인 및 소유권과 그 외 권리 등	건물이 있는 부동산 투자 시
		토지등기사항 전부증명서	소유주 확인 및 소유권과 그 외 권리 등	
건축물대장	구청이나 군청, 정부 민원 포탈 정부24(www.gov.kr)	건물의 면적, 층수 별 사용현황, 구조, 용적률과 건폐율 등		
토지대장		토지의 소유자, 분할 합병의 역사, 사용용도(지목), 실제 면적 등을 알 수 있고 토지의 지목(쓰임새), 소재지, 지번		아파트, 오피스텔 등 공동주택 외 토지가 있는 부동산
지적도		대상 토지의 방위, 축적, 경계선, 도로 인접 여부 등		
토지이용 계획 확인서	정부 민원 포탈 정부24(www.gov.kr), 국토교통부 토지e음 (eum.go.kr), 토지주택공사의 씨:리얼(seereal.lh.or.kr)사이트	토지에 건축할 수 있는 건물의 용도 및 규모를 결정해 놓은 지역, 지구, 구역 등 도시계획사항을 알 수 있고 토지에 대한 허용 및 제한사항		

부동산 공부서류 발급받는 사이트(인터넷등기소: iros.go.kr)

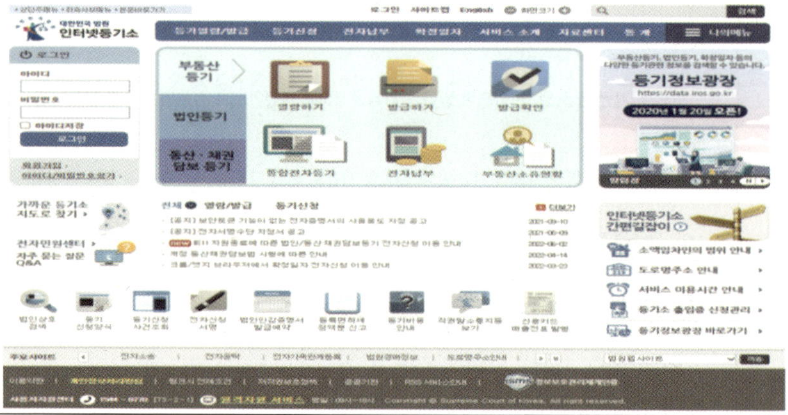

부동산 공부서류 발급받는 사이트(정부24 : www.gov.kr)

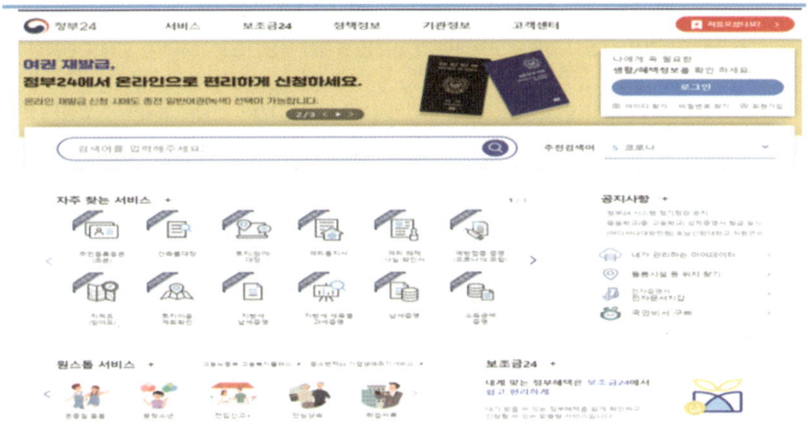

부동산 공부서류 주요 용어의 이해

1. **가등기 :** 권리의 설정, 이전, 변경, 소멸의 청구권을 보전하려고 할 때 또는 그 청구권이 시기부, 조건부이거나 장래에 있어서 확정할 것인 때에 그 본등기의 순위보전을 위하여 하는 예비등기

2. **가압류 :** 법원이 채권자를 위하여 장래에 강제집행을 할 목적으로 채무자의 재산을 임시로 확보하는 가압류에 대한 등기

3. **가처분 :** 금전채권 이외의 청구권에 대한 집행을 보전하기 위하여 또는 다투어지고 있는 권리관계에 대해 임시적인 지위를 정하기 위해 법원이 행하는 일시적인 명령에 대한 등기

4. **강제경매개시결정 :** 채권자가 채권을 증명하는 판결문과 같은 서류를 법원에 제출하여 채무자 소유의 부동산에 대한 환가를 위해 경매절차를 진행시켜 달라는 경매신청에 따라 법원이 경매개시결정을 한 때에 촉탁으로 하는 등기

5. **경정등기 :** 어떤 등기를 하였는데 그 절차에 착오 또는 유루가 있어서 원시적으로 등기와 실체관계 사이에 불일치가 생긴 경우, 이를 시정하기 위해 하는 등기를 말한다. 예를 들면,소유권이전등기에 있어서 신청인 또는 등기관의 잘못으로 소유자의 주소를 잘못 기재하거나 그 일부를 빠뜨린 때에 이를 바로잡기 위하여 하는 등기가 경정등기

부동산 공부서류 주요 용어의 이해

6. 구분건물 : 1동의 건물을 구분하여 각 부분을 별개의 부동산으로 소유하는 형태를 건물의 구분소유라 하고, 구분된 건물부분을 구분건물이라 함. 건물의 구분은 수직으로 할 수도있고 (예를 들어 1층으로 길게 늘여 지은 연립주택), 수평으로 할 수도 있으면(예를들어 빌딩의 층에 의한 구분), 이 둘을 결합한 형태로도 할 수 있다. 등기하는데 있어서 1동 전체를 1개의 건물로 등기할 수 있음은 물론 구분건물을 각각 독립된 1개의 건물로 등기할 수도 있음.

7. 근저당권 : 계속적인 거래관계(예 : 당좌대월계약)로부터 발생하는 불특정 다수의 채권을 장래의결산기에 일정한 한도액까지 담보하기 위하여 설정하는 저당권. 근저당의 설정을 위해서는 보통의 저당권 설정의 경우와 같이 물권적 합의와 등기가 있어야 하는데, 그 등기에는 근저당권이라는 취지를 밝히고 채권의 최고액 및 채무자를 명시. 이 경우, 최고액으로서 등기되는 것은 채권원본만의 한도액이 아니라 이자를 포함하는 원리금의 한도액. 근저당의 존속기간은 이를 반드시 등기할 필요는 없으며, 당사자의 자유임.

8. 신탁등기 : 등기 또는 등록하여야 할 재산권에 관하여는 신탁은 그 등기 또는 등록을 함으로써 제3자에게 대항할 수 있는데, 부동산의 신탁의 등기에 대하여는 수탁자를 등기권리자로 하고, 위탁자를 등기의무자로 함.

> “같은 부동산 특히 토지를 매수하더라도
> 토지의 용도에 따라서 투자가치는 하늘과 땅
> 차이입니다.
> 개별 토지의 쓰임새…용도에 대해서 지금부터
> 알아보겠습니다.”

토지의 용도 총정리

구분		세분(시행령)	범례	지정목적
도시지역	주거지역	제1종전용주거		단독주택 중심의 양호한 주거환경 보호
		제2종전용주거		공동주택 중심의 양호한 주거환경 보호
		제1종일반주거		저층주택 중심의 주거환경 조성
		제2종일반주거		중층주택 중심의 주거환경 조성
		제3종일반주거		중 고층 중심의 주거환경 조성
		준주거		주거기능에 상업 및 업무기능 보완
	상업지역	중심상업		도심, 부도심의 상업·업무기능 확충
		일반상업		일반적인 상업 및 업무기능 담당
		근린상업		근린지역의 일용품 및 서비스 공급
		유통상업		도시내 및 지역간 유통기능의 증진
	공업지역	전용공업		중화학공업, 공해성공업을 수용
		일반공업		환경을 저해하지 아니하는 공업의 배치
		준 공업		경공업 수용 및 주·상업무기능의 보완
	녹지지역	보전녹지		도시의 자연환경·경관·산림 및 녹지공간 보전
		생산녹지		농업적 생산을 위하여 개발을 유보
		자연녹지		보전할 필요가 있는 지역으로 제한적 개발허용
관리지역	보전관리			보전이 필요하나 자연환경보전지역으로 지정이 곤란한 경우
	생산관리			농림업의 진흥과 산림의 보전을 위하여 필요
	계획관리			도시지역 편입이 예상, 계획·체계적관리 필요
농림지역	-			농림업의 진흥과 산림의 보전을 위하여 필요
자연환경보전지역	-			자연환경등의 보전과 수산자원의 보호·육성

↓투자가치 높아요!

* 종상향
- 관련법에 따라 용도지역 중 1·2종 일반주거 지역을 2·3종으로 올려주는 것 투자가치 엄청 올라가요!

Wow~.

(출처 : 경기도 부동산 포털)

관련 신문기사

2023년 1월 17일 대한경제 기사

목동 1~3단지, 조건부 종상향에 뿔났다.

서울 양천구 목동신시가지 1~3단지의 조건부 종상향을 두고 주민과 서울시가 팽팽한 대립이 이어지고 있다. 목동 1~3단지 주민들의 16년간의 숙원이었던 종상향이 이뤄졌지만, 과도한 임대주택 공급이 조건으로 따라오게 되면서다.

17일 서울시에 따르면 목동 지구단위계획구역 변경안이 지난해 말 공람공고를 마치고 고시를 앞두고 있다.

목동 1~3단지는 목동 1~14단지 중 유일하게 2종 일반주거지역으로 지정됐으나, 이번 지구단위계획구역 변경안이 통과되면서 3종 일반주거지역으로 종상향할 수 있게 됐다. 목동 1~3단지가 2종 일반주거지역에서 3종 일반주거지역으로 종상향되면서 5100여가구를 더 지을 수 있게 됐다.

목동1·2·3단지 주민들이 지난달 14일 양천구 양천문화회관에서 조건없는 3종 일반주거지역 지정을 요구하며 집회를 개최했다. (제공: 목동 1·2·3단지 3종 환원추진위원회)

하지만 서울시가 종상향을 조건으로 늘어난 용적률의 20% 수준의 공공기여(임대주택)를 요구하면서 주민들의 반발이 거세지고 있다. 주민들은 형평성을 제기하며 조건 없는 '종 환원'을 요구하고 있다. 늘어난 용적률의 20%를 공공지원 민간임대주택으로 공급해야 하기 때문이다. 목동 1~3단지 주민들은 이에 불복하며 지난달 22일 목동 1·2·3단지 조건부 3종 반대 주민 서면의견서 1만657부를 전달하고 도시계획포탈을 통해 약 7000건의 주민의견 청취로 반대 의견을 접수했다.

목동 1·2·3단지 3종 환원추진위원회 관계자는 "2019년 12월 도시건축공동심의에서 심의위원들의 목동 1~3단지 3종 타당성과 환원을 해야 한다는 지적에도 서울시가 적법한 절차도 거치지 않고 억지 임대조건을 붙여 종상향을 결정했다"며 "이번 결정에 따라 단지별로 300가구씩 약 900가구 규모의 임대주택을 공급하게 됐으며 평형에 따라 더 많은 임대주택을 공급할 수도 있는 상황이다"고 주장했다.

문제의 발단은 2003년 7월 시행된 '도시 및 주거환경정비법'에 따라 서울시가 모든 일반주거지가 1~3종으로 세분화하면서다. 당시 3종 일반주거지역 기준으로 13층 이상 건물의 수가 총 건물의 10% 이상을 초과해야 했다. 목동 1~14단지는 이 같은 기준을 충족해 3종 일반주거지역으로 지정될 수 있었다. 목동 1~3단지도 각각 23.5%, 21.6%, 20%로 3종 일반주거지역의 조건을 충족했다. 그러나 서울시가 양천구에 3종 일반주거지역의 비중을 줄이라는 지침을 내리면서 그나마 저층비중이 높은 1~3단지가 2종 일반주거지역으로 지정되게 됐다. 당초 서울시가 양천구에 3종 일반주거지역의 비중을 36.6%로 한정하라는 지침을 내렸으나, 다른 자치구와의 형평성을 이유로 10%포인트 낮춘 41%로 최종 결정됐다. 여기서 당시 추재엽 양천구청장은 재건축 연한이 도래하면 3종 일반주거지역으로 바꿔주겠다고 약속한 것으로 전해졌다.

서울시의 입장은 확고하다. 서울시 관계자는 "종상향이 이뤄질 때 밀도 등 여러 가지를 고려해 공공기여를 하도록 정하고 있으며, 2019년 목동 아파트 단지에 대한 종세분화 관련해서 심의를 이미 진행한 바 있다"고 말했다. 이어 "이미 심의에서 수정가결됐고 지난해 말 공람공고를 마치고 도시관리계획 결정 절차에 따라 고시만 남겨놨다"고 고 덧붙였다.

최중현기자 high-ing@

주거지역

① **전용주거지역** : 양호한 주거환경을 보호하기 위하여 필요한 지역.

· **제1종 전용주거지역** : 단독주택 중심의 양호한 주거환경을 보호하기 위하여 필요한 지역

· **제2종 전용주거지역** : 공동주택 중심의 양호한 주거환경을 보호하기 위하여 필요한 지역

② **일반주거지역** : 편리한 주거환경을 조성하기 위하여 필요한 지역.

- 저층주택, 중층주택 및 고층주택을 적절히 입지시켜 양호한 주거환경을 보호하고 인근의 주거 및 근린생활시설 등과 조화를 이룰 필요가 있는 지역을 대상으로 지정.

· **제1종 일반주거지역** : 저층주택을 중심으로 편리한 주거환경을 조성하기 위하여 필요한 지역

· **제2종 일반주거지역** : 중층주택을 중심으로 편리한 주거환경을 조성하기 위하여 필요한 지역

· **제3종 일반주거지역** : 중·고층주택을 중심으로 편리한 주거환경을 조성하기 위하여 필요한 지역

③ **준주거지역** : 주거기능을 위주로 이를 지원하는 일부 상업기능 및 업무기능을 보완하기 위하여 필요한 지역.

- 주거용도와 상업용도가 혼재하지만 주로 주거환경을 보호하여야 할 지역, 주거지역과 상업지역 사이에 완충기능이 요구되는 지역 등을 대상으로 지정하며, 장례식장·공장 등 주거환경을 침해할 수 있는 시설은 주거기능과 분리시켜 배치하고 주변에 완충녹지를 배치.

주거지역 용적률과 건폐율

구 분		국토의 계획 및 이용에 관한 법률	
		건폐율	용적률
전용주거지역	제 1종	50%이하	50%이상 100%이하
	제 2종	50%이하	100%이상 150%이하
일반주거지역	제 1종	60%이하	100%이상 200%이하
	제 2종	60%이하	150%이상 250%이하
	제 3종	50%이하	200%이상 300%이하
준주거지역		70%이하	200%이상 500%이하

관련 신문기사

2021년 1월 13일 서울경제신문 기사

공급확대 곳곳 불안…영등포·성수 "이곳 개발 된다" 술렁

정부 · 여당 "도심 고밀개발" 추진
소규모 공장 · 저가 빌라 밀집지
대체 투자처 급부상, 가격 들썩
외곽 집값까지 올려놓을 수도
일산 등 1기 신도시는 역풍 전망

정부와 여당이 서울 주택공급 대책으로 용적률 상향 및 용도지역 변경 등 다양한 카드로 고밀개발을 추진할 것으로 알려지면서 일부 지역 · 상품이 벌써부터 기대감으로 들뜨고 있다. 대표적인 곳이 준공업지역과 빌라 밀집지역이다.

〈영등포 문래동 준공업지역(서울경제DB)〉

이런 가운데 서울 고밀 개발이 활발해질 경우 일산 등 1기 신도시의 경우 역풍을 맞을 수 있다는 전망도 나오고 있다. 한 부동산 전문가는 "실제 공급이 이뤄지려면 수 많은 시간이 필요하다. 문제는 이 기간 동안 정책 수혜 대상이 되는 부동산 시장이 불안정해질 수 있다는 점"이라며 "한 예로 공공재개발만 놓고 봐도 서울 외곽 빌라 가격마저 급등시키고 있다"고 지적했다.

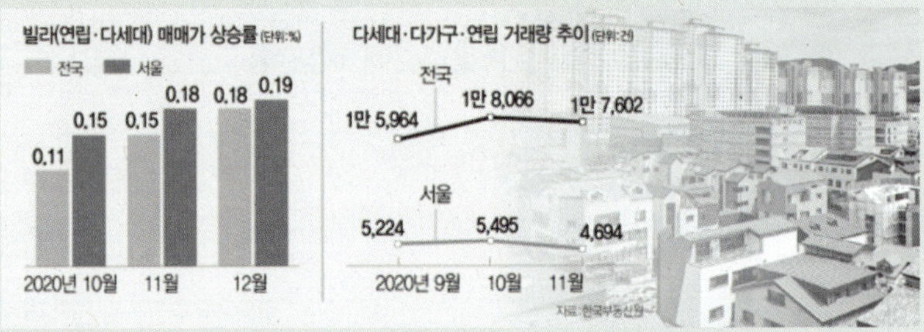

◇ 관심 높아지는 준공업지역

현재 정부와 여당의 구상을 보면 역세권, 저층 주거지, 준공업지역 일대를 고밀 개발하는 것이 핵심이다. 이를 위해 용적률을 높이는 것 외에 용도변경도 검토하고 있다. 홍익표 더불어민주당 정책위의장은 전날 "주택공급을 획기적으로 늘리기 위해 일부 고밀화 또는 용도변경 방안을 검토하고 있다"고 밝힌 바 있다. 이 경우 1~3종 일반주거지역, 준주거지역 등은 종을 높이고 용적률을 올려 고밀 개발될 전망이다. 또 준공업지역은 용도지역을 변경해 주택개발이 이뤄질 가능성이 높다. 이와 더불어 서울내 역세권 반경을 현행 350m에서 500m까지 늘리고 용적률을 최대 700%까지 적용하는 방안도 검토 중이다.

당정의 주택공급 방안이 흘러나오면서 현재 서울 영등포구, 용산구, 성동구, 종로구 등 소규모 공장과 다세대주택 밀집지역이 대체 투자처로 급부상하고 있다.

서울 영등포구 양평동의 한 공인중개업소 관계자는 "정부의 주택공급대책을 통해 롯데제과 공장이 이전할 것이라는 루머가 돌고 있다"며 "해당 부지에는 고층아파트가 들어설 수 있다는 기대감이 작용하면서 인근 빌라에 대한 매매 문의가 최근 증가하고 있다"고 설명했다. 상가와 저층주거지가 혼재한 서울 종로구 익선동 일대도 마찬가지다. 익선동의 한 공인중개업소 관계자는 "지난해 8월 정부가 임대차법 개정을 시행한 이후 빌라 매매가격이 20% 정도 올랐는데 최근 분위기를 보면 더 오를 것 같다"며 "역세권 개발 등이 화두로 떠오르면서 빌라를 팔겠다는 사람은 물량을 거둬들이고, 매수 문의는 늘어나고 있다"고 설명했다. (이하 생략)

강동효 기자 kdhyo@sedaily.com

관련 신문기사

2015년 10월 13일 내 손안에 서울 뉴스 기사

'기회의 땅' 준공업지역, '맞춤형 재생'으로 재정비

영등포구 문래동 철강거리 일대

온수산업단지, G밸리, 문래동, 성수동… 이 장소들의 공통점은 무엇일까요? 바로 과거 70년대 서울의 경제성장을 견인했던 '준공업지역'들입니다. 서울시 전체 면적의 3.3%에 불과한 작은 규모지만, 업무기능부터 주거·상업기능까지 폭 넓은 역할을 감당하고 있는 복합공간입니다.

서울시민의 일터이자 삶터로 중요한 역할을 감당하고 있는 이곳이 최근 산업기반의 쇠퇴와 노후화로 인해 재정비가 요구되고 있는데요. 이에 서울시는 각 지역의 특성에 따라 맞춤형 도시재생을 추진해 다시금 서울시의 신성장 동력 거점으로 육성하겠다는 내용의 <준공업지역 재생과 활성화 방안>을 내놓았습니다. 기회의 땅이 될 '준공업지역'의 새로운 모습, 궁금하시죠? 지금 바로 알려드리겠습니다.

• 서울시 내 '준공업지역' 각 장소별 맞춤형 재생
 - 7개 자치구 총 19.98㎢ 대상 <준공업지역 재생과 활성화 방안(案)> 마련
 - 기존 산업 유지 · 강화, 신규 산업 유치, 주거지 재생… 지역경제 활력, 일자리 창출
 - 지역별 특성 고려, 산업거점지역, 주거산업혼재지역 등 4개 유형으로 맞춤형 재생 가이드라인 제시
 - 시민 대토론회 등 거쳐 12월 중 확정, 관련 법 · 제도 정비 후 2016년 본격시행

서울시가 7개 자치구 총 19.98㎢에 지정된 준공업지역을 서울의 미래 산업을 선도하고 일자리 창출을 견인하는 기회의 땅으로 재도약시키기 위해 <준공업지역 재생과 활성화 방안>을 마련했습니다.

여기에서 '준공업지역'이란 공업지역의 하나로 "경공업과 그 밖의 공업을 수용하되 주거기능 · 상업기능 및 업무기능의 보완이 필요한 지역"을 말하며, 서울에는 영등포, 구로, 금천, 성동, 도봉, 강서, 양천 등 7개 자치구 내 일부지역이 준공업지역으로 지정돼 있습니다.

준공업지역은 서울시 일자리의 10.3%, 특히 제조업(32.6%)과 첨단산업(30.4%)이 집적된 경제핵심지이자, 대규모 부지가 비교적 많아 주목받고 있습니다. 미국, 독일, 일본 등 세계 주요 국가들도 제조업의 중요성을 재조명하고 공업지역을 재생시켜 도시 성장을 꾀하고 있습니다.

■ 준공업지역 4대 재생유형

지역특성	준공업지역 내 비율 (100%)	재생 유형	재생 방향
산업거점지역	(향후 선정)	전략재생형	지역의 산업특성과 연계한 새로운 복합거점으로 육성
주거산업혼재지역	30.7%	산업재생형	산업과 주거의 공생공간 창출
주거기능밀집지역	46.9%	주거재생형	직주근접형 주거공간으로 재생
산업단지	22.4%	산업단지 재생형	일자리 거점으로 혁신

이에 시는 각 준공업지역의 물리적 · 산업적 특성에 따라 ▲전략재생형 ▲산업재생형 ▲주거재생형 ▲산업단지 재생형 등 4개의 재생

유형으로 구분하고, 맞춤형 재생 방향을 제시합니다. 각 재생유형별 주요 내용은 다음과 같습니다

① 전략재생형 재생방안

준공업지역 중 지역중심지로 기능강화가 필요하고 지역발전을 견인할 수 있는 곳을 선정해 산업거점지역으로 육성하는 방안입니다. 이 지역의 경우, 용적률 상향(400%→480%) 등의 재생기준 개선과 SH공사의 사업 참여 추진으로 사업실현성을 높입니다. 강서권역, 구로권역, 영등포권역, 금천권역 등 서남권 지역이 이 유형에 해당됩니다.

② 산업재생형 재생방안

공장비율이 10% 이상을 차지하고, 산업 활성화와 주거환경 개선이 동시에 필요한 지역이 대상입니다. 이 지역은 정비대상을 현재 대규모 부지(1만 ㎡ 이상)에서 중소규모 부지(3,000㎡ 이상~1만 ㎡ 미만)까지 확대하고, 규모에 따라 차별화된 재생방식을 적용합니다. 성수동과 문래동 일대 등의 지역이 이에 해당됩니다.

산업재생형 재생방안 개요

③ 주거재생형 재생방안

공장비율이 10% 미만인 주거화된 지역이 대상이며, 주거지역에 준하는 재생방안(재개발사업, 재건축사업, 주거환경관리사업, 가로주

택정비사업 등)을 확대 적용합니다. 또, 역세권에 임대주택이나 기숙사를 건축하는 경우 용적률을 400%(현재 250% 이하)까지 완화합니다. 특히, 이번 주거재생형은 개발시대에 간과됐던 준공업지역 내 주거지에 대한 구체적인 첫 재생방안으로, 그동안 노후되고 열악했던 주민들의 주거환경 개선에 숨통이 트일 것으로 기대됩니다. 영등포구 당산동 일부와 고척동 등이 이에 해당됩니다.

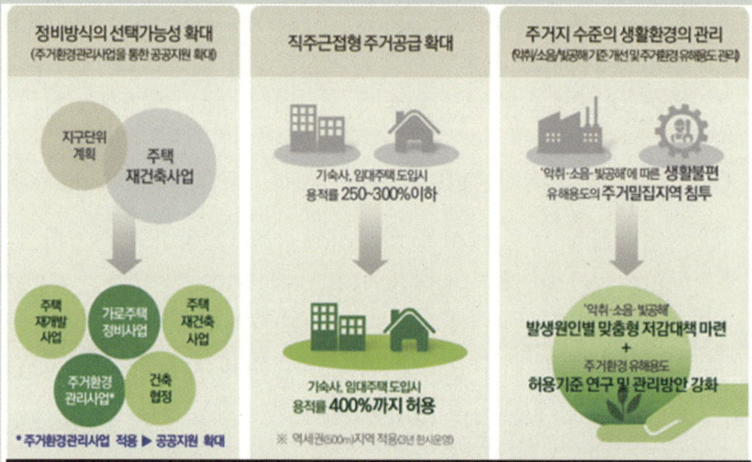

주거재생형 재생방안 개요

④ 산업단지 재생형

준공한지 40년 이상 경과한 G밸리, 온수산업단지는 단지별 특성에 따른 재생 가이드라인을 통해 일자리 거점으로 혁신합니다. G밸리는 전략거점과 특화가로를 조성해 창조경제 중심의 융복합 산업거점을 만들고, 온수산업단지는 토착제조업의 지원 및 육성과 점진적 고도화를 함께 추진하는 식입니다.

한편, 시는 <준공업지역 재생과 활성화 방안>을 마련하기 위해 2만 6,113개 필지를 대상으로 한 전수조사와 1,918개 업체 관계자를 방문해 실시한 심층면접조사 등을 통해 준공업지역의 실태를 진단했습니다. 이를 바탕으로 각 분야 전문가와 시 · 구 공무원 등이 참여해 58차례의 심도 있는 논의를 가졌습니다.

이번 방안은 오는 15일과 22일 두 차례의 '시민 대토론회'와 '관련 공무원 토론회' 등을 거쳐 올해 12월 중 확정되고, 시 계획조례 등 관련 법 · 제도를 정비해 2016년부터 본격 시행될 예정입니다.

시는 이번 <준공업지역 재생과 활성화 방안>을 통해 ▲4만 6,000개 일자리 창출 ▲연면적 기준 약 10만 ㎡ 임대산업시설 확보 ▲청년주택 약 2,700호 공급 등의 효과도 기대하고 있습니다.

류훈 서울시 도시계획국장은 "준공업지역은 서울의 3.3%에 불과한 작은 지역이지만, 서울의 미래를 품고 있는 원석 같은 존재"라며 "이번 <준공업지역 재생과 활성화 방안>을 통해 준공업지역이 지역경제를 살리고 일자리를 만들어내는 미래 서울의 다이아몬드로 연마되길 기대한다"고 말했습니다.

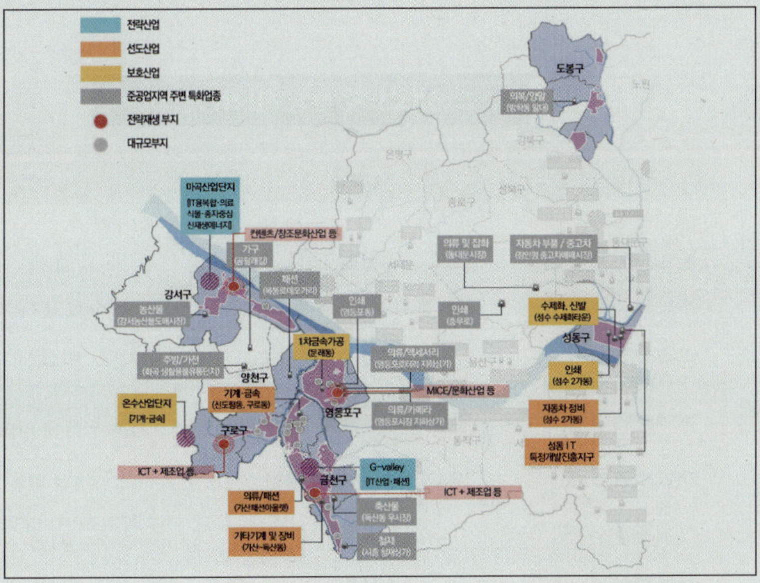

> "
> 아파트를 투자해서 돈 버는 시대는
> 지났다고 합니다.
> 세금이나 비용을 감안하면
> 실익이 없습니다. 그러한 측면에서
> 장기적인 관점에서 투자의 중요한 방법으로
> 떠오르는 재개발 투자에 대해서 알아보겠습니다.
> "

재건축 vs 재개발

	재건축	재개발
근거법령	도시 및 주거환경 정비법	
정비기반시설	양호	열악
조합원 조건	건축물과 토지 동시 소유	건축물 또는 토지
안전진단실시	실시 (단독주택 재건축 제외)	미실시
임대주택건설	상한용적률과 법정상한용적률 차이의 50%	전체 세대수의 15%이상 (시·도조례에 따라 다름)
개발부담금	초과이익환수법 적용	해당 없음
사업외 보상비	해당 없음	주거이전비, 영업보상비 지급
기부채납	적음	많음
사업진행	상대적으로 쉬움	상대적으로 어려움
투자수익 예측	예측 가능	예측 어려움
실제 투자금	상대적으로 많음	상대적으로 적음

(부자아빠의 부동산연구소 블로그

3. 재건축과 재개발의 차이점

흔히 부동산에 투자를 하려고 고민하면서 두 가지 방향성에 대해서 마주하게 된다. 바로 '재건축'과 '재개발'이 그것인데, 재건축은 일반인이 생각하기에 아파트나 연립주택, 다세대주택 등 건물이 존재하는 것에 대한 새로운 건물과 단지로의 개발이고, 재개발은 무언가 더 낡고 단층 주택이나 2층짜리 다세대, 다가구 주택 밀집지역에 대한 종합적인 개발, 즉 해당 지역의 판을 바뀌는 느낌으로 생각한다. 일부는 맞고 일부는 틀린 생각이다. 차분하게 재건축과 재개발에 대해서 알아보도록 하자. 우선 앞의 수업교안 표를 참고하도록 하자.

재건축은 '주택재건축사업'의 약식 표현이다. 명확하게 '주택'이라는 표현이 들어가 있다. 주변 환경은 양호하나 노후, 불량 건축물이 밀집한 지역에서 주거환경을 개선하기 위하여 시행하는 사업을 의미한다고 보면 된다. 여기서 핵심은 주변 환경, 즉 정비기반시설이 양호한 지역이라는 점이다. 따라서 대체할 수 없는 기존의 인프라인 학교, 쇼핑환경, 문화, 체육시설 및 교통은 아주 좋은데 주거하는 주택만 낡았기 때문에 서울의 강남 지역의 재건축 아파트들이 가격이 비싸고 투자가치가 높다는 것이다. 정비기반시설에는 도로나 주차장 등의 교통시설, 광장이나 공원 등의 녹지공간, 학교나 문화체육시설, 기타 공동시설 등 생활의 편의를 위한 다양한 시설을 의미한다. 따라서 재건축이 반드시 공동주택, 아파트 단지만을 대상으로 하는 것이 아니라는 것을 의미하고 있다. 물론, 정비기반시설이 대체로 잘 갖춰져 있는 곳이 낡았지만 아파트를 중심으로 한 주거 밀집 지역이기 때문에 일부분은 맞지만 무조건 아파트만을 의미하는 것은 아니고 서울에 서초구 방배동 일대처럼 단독주택 재건축사업도 진행되고 있기 때문에 관심을 가져볼 만하겠다. 주변 환경이 쾌적하고 대규모 주택들이 노후화되었다면 충분히 재건축사업이 진행이 가능하다는 것이다.

재개발은 주택재개발사업의 약식 표현으로 위에서 언급한 주변 환경, 즉 정비기반시설이 열악하고 노후·불량 건축물이 밀집한 지역에서 주거환경을 개선하기 위하여 시행하는 사업이다. 여기서 핵심은 정비기반시설이 낡고 열악해서 사람이 주거하기에는 어려움이 있고 큰 불편함이 많은 지역이라는 점이다. 건물 노후도뿐만 아니라 주변 환경이 열악해서 살기 불편해야 재개발사업이 진행되는 것이다. 필자도 이러한 이유 때문에 여자 분이 밤에 혼자 무서워서 못 다니는 지역이나 공포영화의 배경으로 나올 만한 지역이 투자가치가 높다라고 언급하곤 했다. 예를 들어 낡은 주택들이 밀집하고 골목이 좁아서 소방차나 응급차도 못 지나가고 마을버스도 못 다닐 정도로 경사가 심하거나 여름에 비만 많이 와도 항상 침수가 되고 겨울에 눈이 조금만 와도 외출이 불가능한 지역들이 대상이다.

지금까지 재건축과 재개발에 대한 간단한 의미를 살펴봤는데 흔히 하수도 공사까지 하면 재개발이고 하수도 공사까지는 안하는 것이 재건축이라는 표현도 사용하니 일단 지면 위의 건물 위주로 개발하는 것과 해당 지역의 지면 위와 아래까지 전부 개발하는 것이라고 나름 판단하면 되겠다.

앞에서 알아본 것처럼 재건축과 재개발의 공통점은 노후·불량 건축물이 밀집한 지역이고 차이점은 '정비기반시설'에 있다. 아무래도 재개발이 정비기반시설이 낙후되고 좋지 않기 때문에 재개발과정에서 공동으로 사용하는 토지가 필요하고 이를 확보하기 위해서 부담을 줄여주면서 일부 민간토지를 기부채납(정비기반시설)하는 사례가 있다. 이러한 정비기반시설은 개인소유가 될 수 없기 때문에 지자체에 조합원들이 기여하는 부분이 많아지게 되는데 사업성 측면에서는 기부채납비율이 낮은 재건축이 개발에 대한 이익이 크다고 볼 수 있다. 기부채납비율이 낮다

서교수 판서

* 투자가치 있는 재개발 투자 지역은?

① 사업이 확정된 초기 단계인 구역 지정 이후

② 입주시까지 5년 이내로…

③ 사업 진행이 빠르고 조합원 간 단결력이 좋은…

* 재개발 수익을 좌우하는 3요소!

① 감정평가액

$$= \frac{A\ \text{감정평가 법인 평가액} + B\ \text{감정평가 법인 평가액}}{2}$$

② 비례율

$$= \left(\frac{\text{종후 토지 및 건축물 총가액} - \text{사업총비용}}{\text{종전 토지 및 건축물 총평가액}}\right) \times 100$$

③ 권리가액

= 감정평가액 × 비례율

* 조합원 분양가 − 권리가액 ⇒ 추가부담금!

완전 중요!

는 것은 기부해야 할 땅이 적고 건물을 지을 면적이 넓어지기 때문에 세대수가 많아지면 일반분양 물건이 많아지면서 그만큼 개발이익이 커진다. 반대로 기부채납비율이 높은 재개발은 일반분양 물건이 줄어들게 되고 조합원들의 분담금도 상대적으로 많아서 개발의 의미가 작아진다. 또한, 재건축에는 세입자의 주거이전비나 상가영업보상비가 없지만 재개발은 모두 지급해야 하기 때문에 사업 외 보상비가 많이 발생하기도 한다. 결론적으로 재건축은 기간이 재개발에 비해서 짧다고 볼 수 있지만 초기 투자금액이 만만치 않고 매매에 대한 실거래가격이 투명하게 공개되어 있기 때문에 세금이나 보유비용을 감안했을 때 자본소득을 취하는 부분이 크지 않을 수 있다. 하지만 재개발투자는 초기투자금액이 재건축에 비해서 높지는 않지만 그만큼 언제 끝날지 모르는 막연함과 기간이 길다는 점이 단점이고 조합에 대한 사업진행 능력이 차이가 크고 조합원들의 단합이나 협의가 녹록치 않은 점 등 고려해야 할 사항들이 많다고 보면 된다.

비례율은 알고 투자하자

재개발 투자 시 챙겨야 할 내용 중에 '비례율'이 있다.

비례율은 재건축·재개발 사업성을 나타내는 지표로, 개발이익률이라고 보면 된다.

계산하는 방식은 종후자산평가액(조합이 얻게 될 총수입)에서 총사업비를 뺀 금액을 총종전평가액(조합원들이 종전에 보유하고 있던 자산들의 평가액 총합)으로 나눈 뒤 100을 곱해서 구한다. 따라서 이 비례율이 100%라는 의미는 총사업이익과 조합원 전체 감정평가액이 같다는 뜻이기 때문에 보통 100%가 넘어야 사업성이 있다고 판단하게 된다. 비례율이 나왔으면 권리가액을 계산할 수 있는데 권리가액은 감정가에 비례율을 곱한 금액이 된다. 즉 재개발이나 재건축 사업이 진행될 때 내가 가진 부동산 가치를 금액으로 산정한 것으로, 이 권리가액이 실제 조합원이 보상받는 금액이고 조합원 분양가에서 이 권리가액을 빼준 금액이 바로 추가부담금이 되는 것이다.

예를 들어 아파트 조합원 분양가가 4억 원인데 권리가액이 3억 원이라면 1억 원을 추가로 부담해야 새 아파트 분양이 가능하다는 계산이 나온다. 따라서 비례율이 높아야 권리가액이 올라가고 추가부담금이 낮아지게 된다.

재개발지역 투자 체크리스트

① 현지 공인중개사 의견	여러 중개사무소 관계자들의 말을 종합해 **도움이 되는 정보를 상당히 얻을 수 있음.**
② 대지지분	구역 내 단독·다세대 주택의 대지지분은 **클수록 좋다.** (땅의 가치는 시간이 지나도 변하지 않음.)
③ 감정평가액	동일 대지지분, 비슷한 형태의 두 물건. **가격이 똑같다면, 감정평가액이 높은 것을 택하라.**
④ 비례율	종전 자산 대비 종후 자산 비율. **높을수록 좋다.**
⑤ 종세분화	**1종보다는 2종, 2종보다는 3**종이 많을수록 수익성이 높아 사업에 유리.
⑥ 조합원수	**조합원수는 적을수록 유리.**
⑦ 건물상태	동일 구역 비슷한 조건이라면, **건물상태가 양호한 곳을 선택하라.**
⑧ 무허가 건물 매입	**반드시 무허가건물대장에 등재돼 있어야.**

[땅집고] 재개발 투자시 점검 사항. /손희문 기자

여기서 추가로 부담해야 하는 1억 원을 추가 분담금(조합원 분양가에서 권리가액을 뺀 금액)이라고 하고, 반면 권리가액이 5억 원일 경우 조합원 분양가보다 더 높아 1억 원을 되돌려 받게 되는데 이 금액을 청산금이라고 한다.

> "최근 금리가 조금씩 오르고 있지만
> 장기적인 저금리의 연속에
> 100세 시대의 도래로 인해서 노후생활자금의
> 고민으로 수익형 부동산에 대한 관심이
> 커지고 있습니다. 바로 오늘 실패하지 않는
> 수익형 부동산 투자의 비법을 알아봅니다."

4. 수익형 부동산 투자전략

앞에서 필자가 '부동산 매수의 4가지 최종 목표'를 언급했었다. 기억하시는가?

1번이 순수 거주목적, 2번이 투자목적(Capital Gain)인데 3~5년 안에 수익실현 목적, 3번이 10년 이상 묻어두고 수익을 실현하는 목적이고, 4번이 순수 임대수익(Income Gain) 목적의 수익형 부동산 투자라고 정리했었다. 이번 장에서는 이 중에서 4번 목적인 수익형 부동산에 대해서 알아보도록 하자.

수익형 부동산은 어떤 부동산 종류(아파트, 다세대주택, 연립주택, 다중주택, 오피스텔, 상가, 건물 등)에 투자를 하더라도 일단은 매월 받는 임대수익과 초기 투자금액의 비율인 임대수익률이 높은 투자가 성공한 투자이다. 하지만 아직까지도 많은 투자자들이 그래도 가격상승이 될 것이기 때문에 당장 임대수익률이 작아도 가지고만 있으면 되겠지...라는 막연함으로 덥썩 투자하는 경우가 많다. 물론 부동산시장 전체가 엄청난 상승세이고 호황기이면 모르겠지만 영원히 가지고 있을 것도 아니고 부동산시장도 하나의 자산시장이라 등락이 있는 사이클이라는 것이 있는데 장기투자의 대표적인 투자방법인 부동산 투자에는 맞지 않는 마인드라고 볼 수 있다.

수익형 부동산의 정의는 일단 '임대수익을 얻기 위한 부동산'이다.

절대 가격상승을 최우선 목적으로 하는 투자가 아니라는 의미이다. 일단 세입자들이 거주를 해야 하는데 아무래도 지은 지 얼마 안 된 새 거주환경을 좋아하고 그럴수록 매수가격이 비싼 건 당연하다. 그럼 자연스레 같은 임대료를 받아도 임대수익률은 낮을 수밖에 없다. 그렇다고 재건축이나 재개발을 기대하고 투자한다면 일단 낡은 주거환경인데 임대료가 높을 리가 없다. 자연스레 임대수익률은 떨어지기 마련이고 이렇게 투자가격과 임대료의 관계에 있어서 향후 가격 상승을 기대하는 것과 당장의 임대수익률은 엇박자를 보일 수밖에 없다.

수익형부동산의 종류에는 몇 가지가 있는데 우선 주거용 수익형부동산이 있다. 주거용에는 단독주택, 다가구주택, 오피스텔, 다중주택, 도시형 생활주택, 다세대주택, 아파트 등이 있고 주거시설을 통한 임대수익을 얻는 수익형부동산이다. 상업용은 근린상가, 주상복합 상가, 단지 내 상가 등 상업시설을 통한 임대수익을 얻는 수익형부동산이고, 숙박용은 게스트하우스, 모텔, 펜션, 분양형 호텔, 레지던스 호텔 등 숙박시설을 통한 임대수익을 얻는 수익형부동산, 토지용은 주말농장, 캠핑장, 주차장, 임대용 토지 등으로 임대수익을 얻는 수익형부동산을 의미한다. 최근에 많은 관심을 받고 있는 업무용은 지식산업센터, 물류창고, 사무용 빌딩 등 업무용 사무실이나 생산시설을 통한 임대수익을 얻는 수익형부동산을 의미한다.

따라서 나의 현재의 상황, 즉 여유자금이나 목표 임대수익률, 보유 예상기간, 관리의 편리성 등 다양한 관점에서 고민해서 어떤 수익형부동산이 적합한지 따져보고 투자를 해야 하겠고, 위에서도 언급했지만 무엇보다 중요한 것은 제반 비용을 고려해서 비용대비 전혀 위험이 없고 확정수익이 가능한 은행권의 정기예금이나 월 이자지급식 상품의 이자율보다는 높아야지 투자하는 의미가 있다고 하겠다. 하지만 최근 시중금리가 인플레이션을 잡기 위한 각국의 경쟁적인 금리인상으로 저금리라고 하기에는 상당히 높아져 있는 상황이라 수익형부동산에 대한 투자의 메리트가 거의 없어졌다고 볼 수 있다.

일반적으로 수익형부동산의 장점으로는 안정적인 임대수익 확보, 투자금액에 대한 부담이 일반 부동산보다 상대적으로 낮음(아파트보다는 오피스텔 등), 시중금리 이상의 기대수익과 향후 매도차익이라고 여겨져 왔는데, 시중금리 이상의 기대수익이 아예 사라져버린 상황이고 월 임대료로 대출이자와 보유세 등의 비용만 충당한다면 추후 가격상승을 기대하기에는 여간 만만치 않은 투자가치 분석이 있어야 한다.

이렇게까지 강하게 몇 번을 강조하는 이유는 지금까지 언급하지 않았던 수익형부동산의 가장 큰 고민 중의 하나인 '공실'에 대한 위험을 안고 투자하는 것이기 때문이다. 아무리 손해 보는 건 아니야...라고 하더라도 몇 개월 비워버리면 모든 임대수익률 계산이 무너지는 것이다. 이러한 부분을 충분히 고민하고 투자하기 바란다.

수익형부동산 종류와 특징

(1) 주거용: 주거시설을 통해 임대수익을 얻는 목적.

- 가장 전형적인 수익형부동산
- 유동인구가 많은 지역 등 위치만 나쁘지 않으면 공실위험 가장 적음
- 고시텔이나 다가구주택 등 관리가 필요한 경우 다양한 비용과 시간할애 필요
- 도시형 생활주택[1]은 2009년 도입된 도시에 지을 수 있는 공동주택의 일종. 전용면적 85제곱미터 이하, 300가구 미만이 공동주택이며 일반적인 주택에 비해 주택으로서 갖춰야 할 기준들이 덜 까다로움

1 1인~2인 가구, 서민의 주거안정을 위해서 기존의 주택 건설기준, 부대시설 설치 기준을 많이 완화하거나 배제함으로써 주택 보급 확충 기대. 원룸형 주택, 단지형 연립주택, 단지형 다세대주택이 있고 도시형생활주택은 주택법을 적용하는 반면 오피스텔은 건축법을 적용. 국민 주거 안정을 위한 주택 보급 차원의, 300세대 미만의 국민주택 규모에 해당되는 주택.

(2) 상업용: 상업을 통해 임대수익을 얻는 목적.

- 단지 내 상가, 복합상가, 주상복합상가, 근린상가 등
- 상권 파악이 무엇보다 중요
- 대규모 아파트 단지 등의 수요층을 보유하고 있는 상가의 경우 유리
- 주거용에 비해서 상대적으로 공실위험이 크지만 개발이나 교통호재를 노려볼 만함
- 과도한 수익률과 지나친 분양 혜택은 한번쯤 의심해야 함
- 주차장 규모나 대중교통과의 거리 등 방문편의성을 꼼꼼하게 따져봐야 함
- 이왕이면 1층 및 건물 출입구 옆이나 횡단보도 맞은편 상가, 모퉁이 상가 등이 유리

(3) 업무용: 생산시설이나 사업용 용도 등을 통해 수익을 내는 구조

- 지식산업센터, 업무용 오피스, 물류창고, 소형빌딩, 공장 등
- 물류창고나 소형빌딩은 입지 규모에 따라 초기 투자금이 크고 지식산업센터나 업무용 오피스의 경우 초기 투자금액은 작은 편이지만 그만큼 투자가치의 편차가 큼
- 지식산업센터는 3층 이상의 건물에 6개 이상의 공장이 입주할 수 있도록 건축된 건물로 아파트형 공장이라고도 하고 상대적으로 저렴한 분양가와 높은 수익률을 가진 틈새 수익형 부동산으로 인식. 오피스텔·상가에 비해 수요가 많지 않았지만, 오피스텔 및 상가 수익률이 감소되자 대체 투자상품으로 최근 많은 관심
- 입지가 좋지 않거나 차별화된 매력이 없는 매물은 건물이 다 지어진 이후에도 장기 공실상태로 관리비만 부담되는 경우가 많음
- 현장 방문을 통해서 주변에 대한 입지와 개발계획 실현 가능성, 향후 입주물량과 주변 시세, 공실현황 등 직접 확인

(4) 숙박용: 숙박시설을 이용해 수익을 내는 구조

- 코로나 바이러스 이후 관광산업의 기대감으로 최근 많은 관심
- 주 5일 근무 시행과 레저나 힐링에 대한 관심이 늘어나면서 펜션산업의 꾸준한 성장과 외국 관광객 유입으로 게스트하우스 등 다양한 수익창출 방법으로 기대
- 다른 수익형부동산 종류에 비해 경기변동과 계절별 요인에 민감하기 때문에 신중한 투자가 필요
- 입지와 개별 상품별, 연식에 따라서 관리비용 대비 수익률에 대한 꼼꼼한 체크가 필요
- 분양형 호텔은 투자자들이 객실별로 소유권을 갖고 호텔을 위탁 운영하는 업체가 수익을 배분하는 형태의 부동산 상품으로 호텔업 자체가 수익이 안정적이지 않아서 고정적인 임대수익을 기대하기가 어려운 것이 현실

* 수익형 부동산 임대수익률 계산법

$$\left\{\frac{(월\ 임대료 \times 12) - (월\ 대출이자 \times 12)}{매매가 - (보증금 + 대출금)}\right\} \times 100$$

(취득·보유세금 + 중개수수료 + 건강보험료 + 기타 비용)

추가 고려 비용!

⇒ 은행 등 금융기관 이자율 보다는 높아야지요!
막연한 투자는 절대 금지!

* 수익형 부동산의 2개의 지뢰!

- 공실...
- 그 와중에 매매 가격 하락.

이 위험을 계속 가지고 있는것을
잊지 마시길...
그래서 신중하게~.
공실이 없는게 최우선!

아~~.

* 공실없는 수익형 부동산 3초 지역!

① 초대학가
- 옵션, 주차공간, 보안 등 체크
- 옥상, 지하 정원 등 휴게 공간 확보 여부
- 대학교 기숙사 여부와 규모
- 주변 비슷한 거주 환경 공급 규모
- 방학철에도 수요가 탄탄한지.
- 기타 주변 편의시설 (극장, 쇼핑몰 등)

② 초역세권
- 도보로 남자 5분, 여자 10분 이내
- 이왕이면 환승역.
- 거리로 약 600~1km 이내
- 지상철 보다는 지하철로

③ 초오피스가.

<시기별 부동산 투자 절대원칙>

지역

R

P

T

물건

S

V
- RV
- PV
- MV
- LV

\+ NU, OV, GV

B

E

CHAPTER

5

보충수업

1. ETF를 빼고 투자를 논하지 마라

투자를 얘기할 때 ETF를 빼놓고는 포트폴리오를 만들 수 없는 시대이다. 그만큼 ETF에 투자를 많이 하고 있고 전체 코스피 거래 금액의 30% 이상 ETF가 거래되고 있다. ETF(Exchange Traded Fund)라고 해서 상장지수펀드라고 한다. 어떤 주머니가 있다고 가정해보자. 그 주머니 안에 KOSPI200, 나스닥, S&P500이나 홍콩 H지수 등 특정한 지수를 넣었거나 은행업, 반도체, 자동차산업 등의 특정한 업종의 대표주식을 넣었거나 달러 등의 통화, 금이나 농산물 등의 원자재, 금리 등 다양한 투자 관련 기초자산을 넣어서 주식처럼 사고팔 수 있는 것이 ETF이다. 그 주머니를 만든(설정) 운용사에 따라서 삼성자산운용이 만든 ETF주머니 이름이 'KODEX', 미래에셋자산운용이 'TIGER', 한국투자신탁운용이 'KINDEX', 한화자산운용이 'ARIRANG', 교보악사자산운용이 '파워' 이런 식으로 정해진다. 따라서 각 운용사들이 만든 주머니 이름 뒤에 어떤 단어가 들어가느냐에 따라서 딱 보면 어떤 기초자산을 담은 주머니인지 알 수 있다.

ETF의 특징에 한국거래소에 상장되어 있기 때문에 일반주식과 같은 방법으로 거래를 할 수 있다. 즉, 장중 거래시간에 전화주문 혹은 HTS, MTS를 사용하여 실시간으로 매매할 수 있다. 또한 ETF는 기초지수를 구성하는, 즉 주머니 안에 들어가 있는 투자의 포트폴리오 내역에 대해서 실시간 확인이 가능하다. 일반 펀드의 경우 실시간 확인이 어려워서 ETF의 장점이라고 할 수 있다. ETF의 특징에 소액 분산투자가 가능한 점도 들 수 있다. 1주만 매수하더라도 미국주식이나 국내 주식시장에 투자가 가능하고 채권이나 원자재 등 투자가 가능하기 때문이다.

ETF의 장점

1. 소액투자로 지수, 산업, 원자재 전체에 투자가 가능하다.
2. 주식투자와 같이 실시간 매수와 매도가 가능하다.
3. 낮은 수수료와 거래세가 없다.
4. 연금과 청약통장 외에 대부분의 자산의 분산투자가 가능하다.
5. 개별 주식에 투자하는 것보다 낮은 변동성과 리스크를 가지고 있다.
6. 한국거래소에서 거래되고 LP(유동성공급자)들이 시장조성을 하기 때문에 높은 유동성을 유지할 수 있다

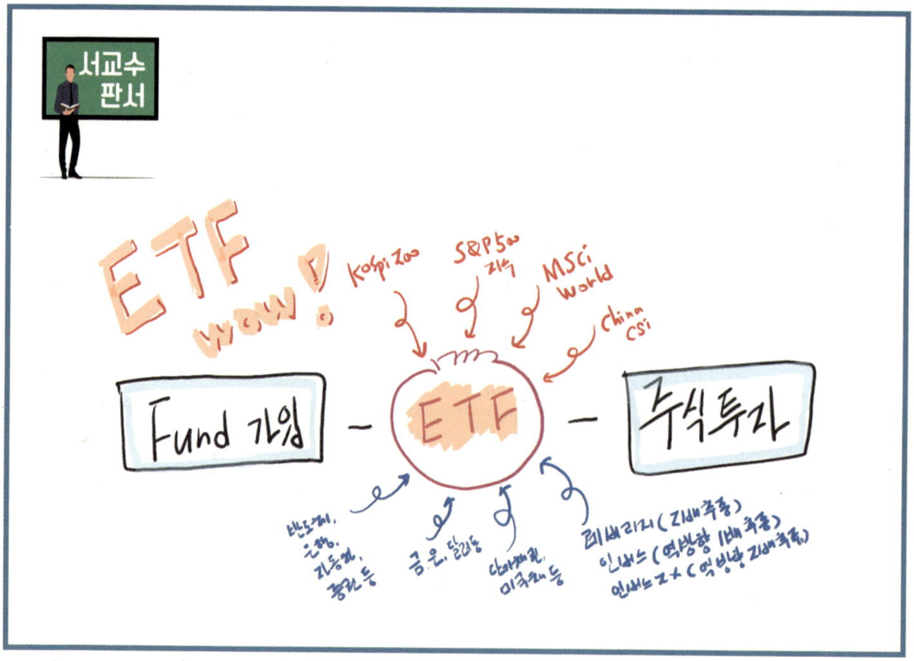

ETF, 펀드, 주식 차이점 비교

구분	ETF	펀드	주식
투명성	높음(PDF공시)	낮음	높음
결제주기	T+ 2일	T+3~8일	T+2일
거래비용	위탁수수료 및 총보수 (0.15~0.93%)	총보수 (1~3%)	위탁수수료
매매시 세금	없음	소득세 (보유기간과세15.4%)	거래세 (매도시 0.3%)
위험	시장위험	시장위험	시장+개별위험
장중 거래	가능	불가	가능
거래처	증권사	판매사	증권사

(자료: 한국거래소(KRX))

2. ETF의 활용방법

이처럼 ETF는 청약통장과 보험상품, CMA나 MMF의 가입 이외에 모든 자산 포트폴리오가 가능하다는 장점이 있다. 주식이면 주식, 지수면 지수, 원자재, 채권, 금리, 달러 등의 통화까지 투자를 못하는 분야가 없다고 보면 된다. 이러한 ETF의 제대로 된 활용에 대해서 삼성자산운용의 KODEX 홈페이지에서 설명하는 내용을 토대로 알아보도록 하자.

적립식 펀드처럼 투자 가능

적립식 펀드는 매월 일정 금액을 펀드에 투자함으로써 평균비용효과(Cost Average Effect) 등 장기투자의 효과를 노리는 방법이다. 일정한 주기마다 같은 금액으로 ETF를 매수하는 방법을 사용하면, 몇 번의 클릭만으로 적립식 펀드의 효과를 낼 수 있고 투자자가 매수/매도시기를 직접 결정하므로 보다 자유롭게 투자할 수 있다.

다양한 투자의 포트폴리오 가능

위에서 언급했듯이 다양한 종류와 종목에 투자가 가능하다.

선물은 한 계약의 크기가 수천 만원 수준으로 소액 투자자들이 접근하기에는 어려운 큰 금액이지만 ETF는 최소 거래단위가 1주이기 때문에, 그동안 선물 거래와 유사한 매수/매도 전략을 원했던 많은 소액투자자들은 ETF의 신용 거래를 통해서 비슷한 효과를 누릴 수 있다. 또한, 선물과는 달리 마진콜(Margin call)의 위험이 없다.

마진콜(Margin call)이란?

선물거래 시 가격의 하락으로 인해 증거금이 하락한 경우 추가 증거금을 납부해야 하는 제도. 추가 증거금이 납부되지 않으면 거래소는 자동반대 매매(청산)를 통해 거래관계를 종결시키므로 투자자가 원하지 않는 시점에 거래가 청산될 수 있는 위험이 있다.

손쉽게 해외 투자를 할 수 있다.

개인 투자자들에게 해외 주식투자는 어려운 문제이지만 해외 시장에 투자하는 해외투자 ETF를 거래할 경우 손쉽게 해외투자를 진행할 수 있다.

China H / 중국본토 A50 / China H 레버리지(H) / 일본TOPIX100 및 미국과 유럽 시장에 다양한 방법으로 투자가 가능하다.

ETF만으로 자산배분 투자가 가능하다.

ETF는 해외, 국내 시장지수, 주식테마, 주식업종, 채권에 투자하는 ETF 등 다양한 투자종목으로 구성되어 있다. 따라서 ETF를 통해 시장 전체 또는 업종, 채권 등으로 자산배분 투자가 가능하다. 예를 들어 자산의 일부분은 주식시장 전체의 흐름에 소외되지 않는 시장지수 ETF에 투자하고, 반도체 업종 등 일부 업종에의 투자가 유망하다고 판단될 경우 업종, 테마 ETF에, 안정자산 투자를 위해 채권 ETF에, 그리고 해외 시장에 가장 쉽고 빠르게 투자하는 해외 ETF에 자산을 나누어 투자하는 것만으로도 훌륭한 자산 배분 투자가 가능하다.

3. ETF 투자의 첫걸음 기초용어 이해하기

ETF를 좀 더 이해하고 활용하기 위해서는 순자산가치(NAV: Net Asset Value)나 괴리율 등의 용어에 대해서 알아야 한다. 친절하게 설명하고 있는 한국거래소의 POST를 통해서 이러한 기초용어들을 알아보도록 하자.

괴리율은 시장가격과 순자산가치(NAV)의 차이라고 할 수 있다. 이러한 괴리율을 통해서 ETF의 가격이 주머니 안에 담겨 있는 순자산가치(NAV)를 얼마나 잘 추종하고 있는지 알 수 있다. 만약에 불고기버거 세트가 있다고 하자. A운용사가 불고기버거 세트 ETF를 판매하고 있다. 불고기버거 세트 ETF는 불고기버거, 감자튀김, 콜라 등으로 구성되어 있다. 이 상품은 불고기버거 세트 지수를 벤치마크(기준지수)하는 A불고기버거 세트 ETF이다. 그런데 B운용사도 같은 불고기버거 세트 ETF를 새로이 출시했다.

A, B 운용사의 불고기버거 세트 ETF는 순자산가치 5,000원에 형성되어 있다. 두 ETF 모두 같은 구성 종목과 같은 비중으로 만들었기 때문에 순자산가치는 같다. 그런데 엄청난 광고로 인해서 A운용사의 ETF가 큰 인기를 얻어서 10,000원에 거래가 되고 있다. B제품 ETF는 순자산가치와 같은 5,000원에 거래가 되고 있다. A제품이 비싸게 팔리는 이유는 광고효과로 사람들의 인기가 높아지면서 수요가 많아져서이다. 이는 ETF의 내재가치가 아닌 시장에서 형성되는 수요와 공급에 의해서 가격이 형

성되어 기초자산의 순자산가치(NAV)와 시장가격의 차이, 즉 괴리율이 높아진 것이다.

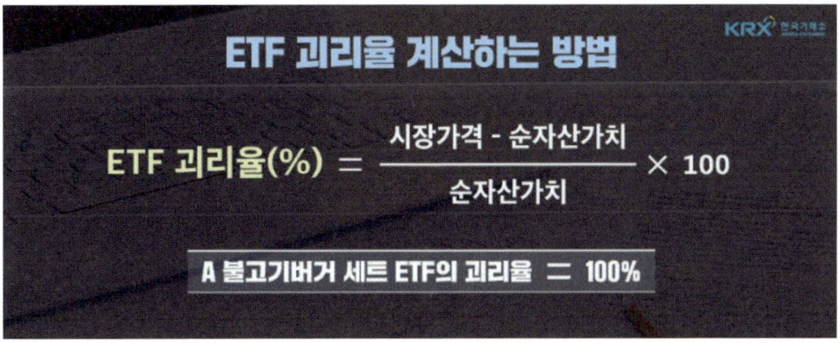

ETF 괴리율은 이처럼 시장가격과 순자산가치(NAV)의 차이이며, 괴리율은 {(시장가격 – 순자산가치)/순자산가치}×100으로 계산할 수 있다.

순자산가치(NAV)는 자산총액에서 ETF 운용 중 발생한 부채총액을 차감하고 ETF의 총 발행 좌수로 나눈 값이다.

이처럼 괴리율은 시장가격과 순자산가치(NAV)의 차이에 따라 발생하는데 10,000원에 거래된 A불고기버거 세트 ETF의 경우 순자산가치(NAV)인 5,000원보다 2배 가격으로 거래가 되었기 때문에 100%의 괴리율이 발생한 것이다. 반대로 B불고기버거 세트 ETF는 순자산가치(NAV)와 시장가격이 같아 괴리율이 발생하지 않았다. 괴리율은 ETF의 시장가격이 실제 자산가치보다 고평가 또는 저평가되었을 때 발생하게 된다. ETF의 시장가격이 순자산가치(NAV)보다 높은 할증(Premium), 시장가격이 순자산가치(NAV)보다 낮은 상태를 할인(Discount)이라고 한다. 괴리율은 할증과 할인의 정도를 나타내고 괴리율이 할증상태면 높은 가격에 매수할 위험이 있고, 할인상태면 낮은 가격에 매수할 기회가 생기는 것이다.

할증상태는 시장가격이 내려갈 가능성이 크기 때문에 위험이 발생할 수 있다. 괴리율은 1% 이내에서 움직이는 것이 안전한데 할증은 그 종목의 전망이 좋아서 시장가격이 올라간 것을 의미하지는 않는다. 할인도 거래되는 종목이 전망이 좋지 않아 시장가격이 내려간 것을 뜻하지 않는다. 따라서 ETF의 투자전망과 괴리율의 상관관계는 크지 않다고 보면 된다.

그렇다면 ETF의 괴리율은 언제 발생할까?

첫 번째가 유동성이 낮은 ETF의 경우이다. 투자자간 호가 경쟁이 치열하지 않거나 호가 당 수량이 적어서 호가 간 간격이 벌어져 정상적인 범위 내에서 이탈할 가능성이 높다. 두 번째로 분배금 및 기타 비용 문제이다. 배당 소득세를 회피하기 위해서 분배금 지급이 결정되기 전에 매도하거나, 배당 소득세를 감안해서 정상가격보다 낮게 매수하는 심리가 작용하면 괴리가 발생하게 된다. 이외에도 분배금, 운용보수 등 기타 비용을 지급하게 되면 순자산가치(NAV)는 줄어들게 되어 괴리가 발생할 수 있다.

세 번째가 공급지연 문제이다. ETF의 거래가 급증하면 유동성 공급자(LP)가 증권을 공급해야 하는데 유통 주식수가 없어서 ETF 추가 공급이 지연되는 경우 시장가격은 정상 수준보다 높게 또는 낮게 형성될 수 있다. 네 번째가 장 종료시점(15:20~15:30)에 단일가 매매가 발생할 수 있다. 장 종료시점 단일가 매매시간에는 유동성 공급자(LP)가 유동성을 공급해야 하는 의무가 없다. 즉 유동성 공급자(LP)가 활동하지 않기 때문에 시장가로 주문을 하게 되면 시장가격과 순자산가치(NAV)간 차이가 생길

수 있다. 마지막으로 거래시간이 다른 경우이다. 해외지수나 원자재 ETF는 24시간 거래되기 때문에 국내 장 종료 후 순자산가치(NAV)를 반영하지 못하여 괴리가 발생할 수 있다. 해외자산을 기초로 하는 ETF는 해외증권시장과 국내증권시장 간 시차, 정규시장 운용시간, 가격제한폭 차이가 가격 괴리 원인이 될 수 있다. 따라서 괴리율은 수요와 공급의 차이, 배당소득세 등 회피, 거래시간 차이로 발생하기 때문에 가급적 괴리율이 낮을수록 투자가치가 있는 ETF라고 할 수 있다.

아래 이미지는 2023년 1월 20일에 네이버금융에서 조회한 'KODEX 은행' ETF의 정보 중에서 괴리율에 대해서 조회한 화면이다. 2023년 1월 18일 현재 해당 ETF의 종가는 7,270원이고 순자산가치(NAV)가 7,301원이기 때문에 위에서 언급한 공식으로 계산을 하면 약 -0.42459로 괴리율이 산출된다.

순자산가치 NAV 추이

더보기

날짜	종가	NAV	괴리율	추적오차율	위험평가액 비율
2023.01.19	N/A	N/A	N/A	N/A	N/A
2023.01.18	7,270	7,301	-0.43%	1.49%	N/A
2023.01.17	7,400	7,402	-0.02%	1.48%	N/A
2023.01.16	7,490	7,520	-0.39%	1.48%	N/A
2023.01.13	7,165	7,176	-0.15%	1.46%	N/A
2023.01.12	7,020	7,012	+0.11%	1.45%	N/A
2023.01.11	6,990	7,001	-0.16%	1.45%	N/A
2023.01.10	7,135	7,156	-0.29%	1.45%	N/A
2023.01.09	7,045	7,078	-0.46%	1.45%	N/A
2023.01.06	7,005	7,039	-0.48%	1.45%	N/A

* NAV는 ETF의 순자산가치로, 이론적인 적정가격에 해당합니다.
* 괴리율은 NAV와 시세의 차이를 나타내는 지표로, 시세가 고평가 또는 저평가 되었는지를 보여줍니다.
* 추적오차율은 기초지수를 얼마나 잘 추종하는지 보여주는 지표로, 작을수록 ETF가 잘 운용된다고 볼 수 있습니다.
* 일부 ETF는 추적오차율이 제공되지 않습니다.
* 위험평가액 비율은 합성 ETF에 대해서만 제공되며, 5%를 넘어설 경우 위험하다고 볼 수 있습니다.

❶ ETF 투자 기본 용어

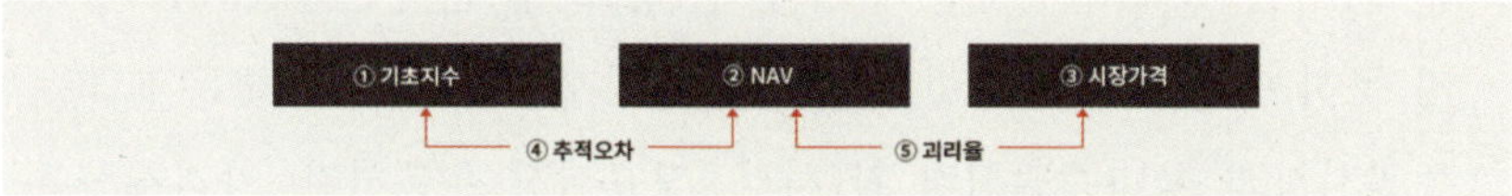

① 기초지수	ETF가 추종하는 지수입니다. 대표적인 기초지수로는 코스피 200 지수, 코스닥 150 지수, S&P500 지수 등이 있습니다.
② NAV (Net Asset Value)	펀드의 순자산가치를 의미합니다. 펀드 자산 총액에서 부채 및 비용을 뺀 금액입니다.
③ 시장가격	한국거래소에서 실시간으로 거래되는 ETF의 가격입니다.
④ 추적오차	기초지수의 일간변동률과 NAV의 일간변동률의 차이의 표준편차(연환산)입니다. ETF 운용능력을 가늠할 수 있는 지표입니다.
⑤ 괴리율	시장가격과 NAV와의 격차를 측정하는 지표입니다.
⑥ LP (Liquidity Provider)	유동성 공급자를 의미하며 증권사가 그 역할을 담당합니다. 투자자가 ETF를 원활하게 거래할 수 있도록 호가를 제시합니다.
⑦ PDF (Portfolio Deposit File)	ETF가 담고 있는 투자종목정보입니다. ETF의 자산내역을 실시간으로 확인할 수 있습니다.

이런 식으로 매일매일의 종가대비 모든 ETF들의 순자산가치(NAV)와 괴리율 및 추적오차율 등이 조회가 되기 때문에 투명하게 내가 투자를 고민하고 있는 ETF가 기초자산이나 지수를 얼마나 제대로 추종하는지와 실제 순자산가치 대비 시장가격이 얼마나 차이가 나는지 확인하고 투자하는 습관이 중요하겠다.

관련 신문기사 **2023년 1월 19일 한국경제신문 기사**

엔터·미디어 ETF, 새해부터 '볼만하네'

5개 ETF · ETN 모두 상승세
OTT 경쟁 심화로 콘텐츠 수요↑

미디어 · 엔터 상장지수펀드(ETF)가 상승세를 이어가고 있다. 단기 실적 개선을 넘어 업종의 펀더멘털(기초체력) 변화가 나타나고 있다는 분석이 나오면서다.

엔터 · 미디어 ETF, 새해부터 '볼만하네' 19일 한국거래소에 따르면 국내 상장된 콘텐츠 ETF · ETN 5개 모두 올 들어 높은 수익률을 보이고 있는 것으로 나타났다. 이날까지 'KODEX 미디어&엔터테인먼트'는 8.2%, 'KODEX Fn웹툰&드라마'는 6.7% 뛰었다. 'TIGER 미디어컨텐츠'(5.7%)와 'HANARO Fn K-POP&미디어'(5.2%)도 상승세다. ETN인 미래에셋 미디어엔터 Core5도 3.4% 올랐다.

국내 미디어·엔터 ETF·ETN (단위:%)

상품명	가격 상승률
TIGER 미디어컨텐츠	5.7
KODEX Fn웹툰&드라마	6.7
KODEX 미디어&엔터테인먼트	8.2
HANARO Fn K-POP&미디어	5.2
미래에셋 미디어엔터 Core5	3.4

*기간은 1월 2~19일

미디어, 엔터 업종 모두 단기적 수익 개선이 아니라 산업 구조의 변화가 나타나면서 수급이 몰리고 있다는 분석이다. 미디어 업종은 온라인동영상서비스(OTT) 플랫폼 시장의 경쟁 심화가 드라마 및 영화 제작사에 펀더멘털을 다지는 기회가 되고 있다는 평가다.

넷플릭스, 디즈니, 티빙, 웨이브 등 국내외 OTT 업체의 구독자 확보 경쟁이 치열해지면서 콘텐츠 수요가 가파르게 늘어나고 있어서다. 스튜디오드래곤의 지난해 제작 편수는 34편, 콘텐트리중앙의 제작 편수는 24편이었다. 전년 대비 각각 36%, 33.3% 늘어난 수치다.

중국 시장이 본격적으로 열리고 있다는 점도 긍정적 요인으로 꼽힌다. 중국 OTT업체들의 국내 영화, 드라마 수입이 크게 늘어날 것이란 전망이 많다.

엔터업종 내수를 벗어나 수출산업으로 자리잡으면서 위상이 높아지고 있다는 분석이 나온다. 주요 엔터사의 올해 해외매출 비중은 국내 매출 비중을 넘어설 것으로 예상된다.

특히 해외투어 등으로 하이브, JYP, 에스엠, 와이지엔터테인먼트 4개사의 올해 예상 콘서트 관객 수가 지난해보다 70% 이상 늘어난 723만 명으로 전망된다. 코로나 이전인 2019년과 비교해도 30% 이상 높은 수치다. 해외 앨범판매 등도 크게 증가하고 있다. 이들 4개사의 올해 영업이익 합계는 지난해 대비 16.8% 늘어날 것으로 전망된다.

성상훈 기자

관련 신문기사 **2022년 12월 27일 머니투데이 기사**

'수익률 62% vs -69%'…올해 수익률 1등·꼴찌 ETF는?

금리인상 · 원자재 급등에 '에너지' · '곱버스' 웃고, '성장주' 울고

'수익률 62% vs -69%'…올해 수익률 1등 · 꼴찌 ETF는?

올 한해 'KODEX 미국S&P에너지(합성) ETF'는 62.66%의 수익률을 올리며 국내 상장된 ETF 중 수익률 1위를 차지했다. 반면 'TIGER KRX BBIG K-뉴딜레버리지 ETF'의 수익률은 -69.44%로 꼴찌를 했다. 금리인상과 원자재 가격 상승의 영향으로 두 ETF의 희비가 갈렸다.

원유 가격 상승 덕에 에너지ETF 방긋

26일 머니투데이가 1월3일부터 이달 23일까지 ETF 수익률을 분석한 결과 수익률 상위에 이름을 올린 ETF들은 에너지, 증시 하락에 베팅하는 '곱버스', 미국 장기채 인버스 관련 상품들이다. 가장 수익률이 높은 KODEX 미국S&P에너지(합성) ETF는 국제 유가 상승의

수혜를 톡톡히 봤다. 김선화 삼성자산운용 ETF운용2팀장은 "팬데믹 이후 경기 회복과정에서의 원유 수요는 증가했지만, 신규 투자가 감소하면서 원유 가격이 상승했다"며 "미국 에너지 기업들의 이익이 크게 증가했다"고 설명했다.

김 팀장은 "내년에도 미국에너지 기업들의 주식 상승을 이끌었던 요인들이 이어질 것"이라고 강조했다. 이어 "고물가, 고금리 상황은 소폭 완화되겠지만 기준금리 정책 선회로 이어질 정도로 완화되진 않을 것"이라며 "러시아와 우크라이나 전쟁이 끝나더라도 경제 제재로 인해 러시아 석유 산업이 부흥하기는 어려울 것이기 때문"이라고 설명했다.

2022년 ETF 수익률 상위·하위

상위

ETF명	수익률
KODEX 미국S&P에너지(합성)	62.66%
TIGER 200선물인버스2X	55.01%
KOSEF 200선물인버스2X	53.85%
ARIRANG 200선물인버스2X	53.62%
KODEX 200선물인버스2X	53.24%
KBSTAR 200선물인버스2X	51.96%
KBSTAR 미국장기국채선물인버스2X(합성 H)	50.13%
KODEX 미국나스닥100선물인버스(H)	39.31%
KODEX 미국채울트라30년선물인버스(H)	37.21%
KODEX 코스닥150선물인버스	36.61%

하위

ETF명	수익률
TIGER KRX BBIG K-뉴딜레버리지	-69.44%
ACE 러시아MSCI(합성)	-68.12%
ACE 베트남VN30선물블룸버그레버리지(H)	-61.90%
KODEX 코스닥150레버리지	-61.54%
KODEX 미국나스닥100레버리지(합성 H)	-61.11%
TIGER 코스닥150 레버리지	-60.94%
KBSTAR 코스닥150선물레버리지	-60.44%
TIGER KRX인터넷K-뉴딜	-60.43%
KOSEF 코스닥150선물레버리지	-60.11%
HANARO 코스닥150선물레버리지	-59.86%

*자료: 한국거래소
1월3일~12월23일 종가 기준

MT 머니투데이

"하락에 베팅하자"…주식도 채권도 곱버스

올해 코스피가 22.30%, 코스닥은 33.15% 하락한 만큼 인버스 ETF의 수익률도 도드라졌다. ETF 수익률 상위 2위부터 5위까지는 모두 코스피 200선물인버스2X 상품이다. 해당 ETF는 코스피200 선물지수의 일별 수익률을 두 배로 역추종한다. 코스피 200선물 곱버스 ETF 5종의 수익률은 51~55% 수준이다. 'KODEX 코스닥150선물인버스 ETF'의 수익률은 36.31%를 기록했다. 미국 증시도 올해 크게 하락한 만큼 'KODEX 미국나스닥100선물인버스(H) ETF'도 수익률 상위 ETF에 이름을 올렸다. 해당 ETF의 수익률은 37.21%다. 기준금리 인상으로 미국 장기채 인버스 ETF를 사들인 투자자들도 재미를 봤다. 'KBSTAR 미국장기국채선물인버스2X(합성 H) ETF'의 수익률은 50.13%, 'KODEX 미국채울트라30년선물인버스(H) ETF'의 슈익률은 37.21%를 기록했다.

금리인상에 성장주 외면받아

TIGER KRX BBIG K-뉴딜레버리지 ETF는 수익률 -69.44%를 기록하며 부진한 성적을 보였다. 'TIGER KRX인터넷K-뉴딜 ETF'도 수익률 -60.43%를 기록했다.

'BBIG'(배터리 · 바이오 · 인터넷 · 게임)'는 대표 성장주에 투자하는 뉴딜펀드로 코로나19(COVID-19)가 발생한 2020년부터 지난해까지 특수를 누리며 크게 상승했다.

그러나 올해 초부터 금리인상과 인플레이션의 영향으로 관련 ETF들이 휘청거렸다. 금리인상은 기업 미래 이익에 대한 할인율을 높여 성장주 투자심리에 악영향을 미친다. 여기에 최근 기업 실적 악화와 내년 경기 침체 우려까지 겹치면서 주가 상승 동력이 약해지고 있다.

러시아 베트남 ETF 울상

'ACE 러시아MSCI(합성) ETF'와 'ACE 베트남VN30선물블룸버그레버리지(H) ETF'의 수익률은 각각 -68.12%와 -61.90%로 부진했다. ACE 러시아MSCI(합성) ETF의 경우 러시아와 우크라이나 전쟁이 발발하면서 직격타를 맞았다. 러시아가 우크라이나 침공을 하면서 러시아 주식시장이 폭락했고, 러시아 주식은 글로벌 벤치마크에서 제외됐다.

ACE 러시아MSCI(합성) ETF은 지난 3월부터 매매거래 중지 상태다. 한때 상장폐지 위기에 놓이기도 했으나, 한국투자신탁운용은 내년 말까지 상장 폐지를 하지 않기로 했다고 지난 8월 밝혔다. ACE 베트남VN30선물블룸버그레버리지(H) ETF는 올해 베트남 증시가 폭락하면서 휘청였다. 호치민VN지수는 지난 23일 기준 1020.34로 올해 들어 31.90% 하락했다. 글로벌 증시의 변동성이 커지면서 베트남 증시가 급락했고, 지난 3월 베트남 정부가 자본시장 교란행위를 한 일부 부동산 기업 등에 강도 높은 제재를 단행하면서 투자심리도 악화됐다. 금융투자업계 관계자는 "올해 금리인상과 인플레이션으로 인해 세계증시가 하락하고, 원자재 가격이 급등하면서 인버스, 에너지 관련 ETF의 수익률이 좋았다"며 "내년에도 경기침체로 인해 성장주 ETF의 반등은 쉽지 않을 것"이라고 말했다.

김근희 기자

4. ETN도 알아두면 좋을 투자꺼리!!

앞장에서 우리는 최근 가장 중요하고 투자비중이 높은 ETF(상장지수펀드)에 대해서 알아봤다. 그런데 그 사이사이 가장 눈에 띄는 투자방법이 있는데 그것이 바로 ETN(Exchange Traded Note: 상장지수증권)이라는 상품이다. ETF가 시장에서 거래되는 펀드(Fund)라고 한다면 ETN은 시장에서 거래되는 증권(Note)이라고 보면 된다.

ETF는 펀드로 발행주체가 자산운용사이고 펀드로 지켜야 할 규정 등이 있는데 예를 들어 펀드의 기본인 분산투자나 만기가 없다는 점, 기초자산으로 10개 이상의 종목을 담아야 한다는 점과 시장에서 바로 매도해서 현금화가 가능하다는 점이다. 물론 일반 펀드는 증권회사나 은행을 방문하거나 온라인으로 가입하고 환매를 하지만 ETF만의 특징으로 주식시장에서 자유롭게 매수와 매도가 가능하다는 점은 펀드 내에서의 차별점이라고 보면 된다.

하지만 ETN은 발행 주체가 기본적으로 증권회사가 된다. 따라서 ETF와 차이점은 신용 리스크라고 해서 해당 증권(Note)를 발행한 증권사의 부도리스크가 있다는 점이라고 할 수 있다. ETF는 펀드이므로 펀드 자산을 별도의 회사가 맡아서 보관하므로 ETF라는 주머니를 만든 운용사가 부도가 나도 안전하다. 하지만 ETN은 증권사가 자신의 명의로 발행한 채권의 성격을 가지고 있기 때문에 증권사가 부도가 나면 원리금을 못 받을 수도 있다는 점을 명심해야 한다. ELS(주가지수연계형증권)와도 비교가 되는데 ELS는 증권회사가 투자자로부터 투자를 받아 일정조건이 충족이 되면 원리금을 지급하기로 한 채권이고 ETN은 증권사가 투자자로부터 돈을 받아 만기까지 기초자산의 수익률을 그대로 복제해서 돌려주겠다고 약속한 채권이라고 보면 된다.

모 증권회사의 홈페이지에 있는 ETN에 대한 설명은 '기초지수 변동과 수익률이 연동되도록 증권회사가 발행한 파생결합증권으로서 거래소에 상장되어 주식처럼 거래할 수 있는 만기가 있는 증권입니다'라고 되어 있다.

따라서 ETF나 ETN모두 투자 시 챙겨야 할 점은 주머니 안에 무엇이 들어있는지와 손익구조를 잘 확인해봐야 한다. ETN의 특징으로 다양한 손익구조가 가능하기 때문이다. 기초자산을 단순히 추종하는 것이 ETF라고 한다면 ETN은 롱숏 전략도 추가로 들어가는 등 다양한 손익구조로

| ETN 발행 및 유통구조 |

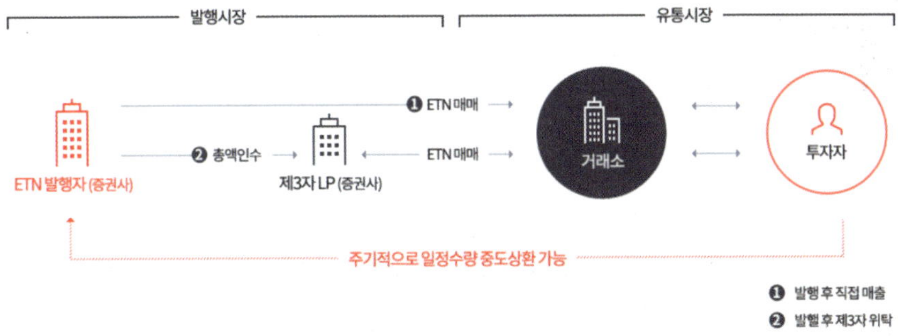

(유진투자증권)

만들어지는 상품이다. 발행사들이 시장의 상황과 투자자들의 요구에 맞는 상품을 시의 적절하게 만들어서 판매하고 있기 때문에 ETF에 비해서는 선택의 고민이 많지 않고 편리하게 투자할 수 있겠다.

따라서 ETN의 특징으로 매매의 편의성과 다양한 상품군, 낮은 거래비용들을 들 수 있고 ETF와 더불어 투자에 관심이 많은 투자자라면 한번쯤 관심을 갖고 투자를 고민해볼 만하다고 할 수 있다.

서교수 판서

<ETN과 ETF 차이점>

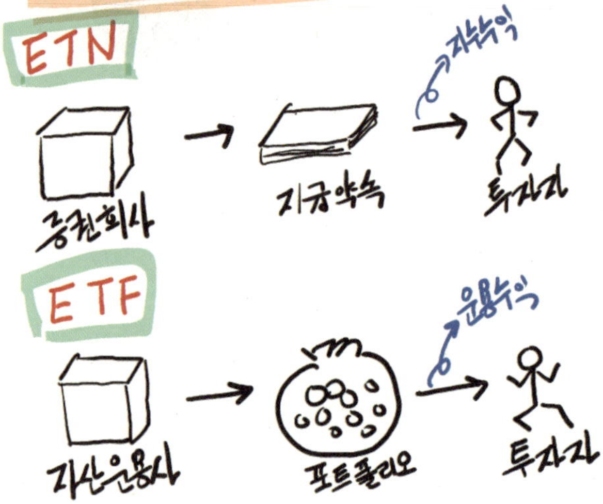

구분			ETN (Exchange Traded Note)	ETF (Exchange Traded Fund)
공통점	상품유형		지수추종형 상품	
	시장관리		거래소 상장 상품	
	수익구조		기초자산 가격변화 추종형 선형 수익구조 (단 ETN 일부 옵션 포함상품 제외)	
차이점	법적성격		파생결합증권	집합투자증권
	발행주체		증권사	자산운용사
	신용위험		있음	없음(신탁재산으로 보관)
	기초지수	성격	맞춤형 지수	시장추종형 지수
		구성 종목수	5종목 이상	10종목 이상
		제한영역	시가총액 가중 방식의 시장대표지수, 섹터지수	-
	상품구조		약정된 기초수익 제공	운용실적 등에 따라 수익 상이
	만기		1~20년	없음

출처: 신한금융투자

* ETF vs ETN
- 추종 자산에 따라 다른 수익
- ETN은 증권사가 만들어 상장
- ETN은 만기가 있음
- ETN은 신용리스크 존재

* ELS는 주식연계증권 (Equity Linked Securities)의 약자로 해당종목의 지수나 종목, 채권등을 투자하여 결산일까지 주어진 조건 충족시 일정한 원금+수익 제공!

◎ 총정리

① 투자는 습관 ⇒ ~~별도 공부~~

② 매일매일 Kospi 지수, 환율, 금값, 유가 확인!

③ 향후 3년, 5년, 10년 후의 목표 설정!

④ 모든 투자는 부부가 함께~

⑤ 호황기 때는 모두 수익 ⇒ 불황기를 노려라.

⑥ 가장 좋은 최고의 투자는 분산투자.

⑦ 부동산 내집 마련은 무조건 하자..

⑧ 죽을 때까지 부동산 투자 기회는 딱 3번
이라는 마음으로 신중하게~.

행복한
부자되세요!

서강대학교 금융정보공학과
서기수 교수
moneymst@naver.com

서기수 교수 (경영학 박사)

現) 서경대학교 금융정보공학과 교수
現) 한국금융연수원 겸임교수
現) 서울시민대학 자문교수
前) 한미은행, 한국시티은행 재테크팀장
前) 서울사이버대학교 세무회계학과 겸임교수
前) 한성대학교, 광운대학교 대학원 출강

국세청, 삼성전자, LG전자, KT&G 등 기업체와 다양한 정부기관 및 지자체 등
연 100회 이상 출강 중

저서
천만원부터 시작하기, 돈의 심리 부자의 심리, 재테크 선수촌, 꿈의 습관, 이명박 정부시대의 부동산 투자전략, 자산관리의 이론과 실무, 서기수교수의 슬기로운 투자 노트 등 다수

연락처
moneymst@naver.com

서기수 교수의
투자강의 노트

초판 1쇄 발행 2023년 3월 15일

지은이 서 기 수
펴낸이 이 구 만
편 집 전 충 영
조 판 홍익m&b
디자인 이 채 현
펴낸곳 유원북스 도서출판
04091 서울특별시 마포구 토정로 222, 416호
(신수동, 한국출판콘텐츠센터)
Tel (02)593-1800 Fax (02)6455-1809
출판등록 2011.9.6. 제25100-2012-3호
www.uwonbooks.com uwbooks@daum.net

ISBN 979-11-6288-167-5 (03320)

정 가 | 28,000원